北京舆图集成

图说北京五园三山

翁莹芳　白鸿叶　著

北京出版集团
文津出版社

图书在版编目（CIP）数据

图说北京五园三山 / 翁莹芳，白鸿叶著 . — 北京：
文津出版社，2023.1
ISBN 978-7-80554-815-9

Ⅰ．①图… Ⅱ．①翁… ②白… Ⅲ．①古典园林—北
京—图集 Ⅳ．① K928.73-64

中国版本图书馆 CIP 数据核字（2022）第 064617 号

项目统筹　董拯民
责任编辑　高　琪
责任印制　燕雨萌
责任营销　猫　娘
封面设计　风尚传媒
内文设计　云伊若水

图说北京五园三山
TUSHUO BEIJING WUYUAN-SANSHAN

翁莹芳　白鸿叶　著
*

北 京 出 版 集 团
文 津 出 版 社　出版

（北京北三环中路6号）
邮政编码：100120

网　　　址：www.bph.com.cn
北京伦洋图书出版有限公司发行
新 华 书 店 经 销
北京汇瑞嘉合文化发展有限公司印刷
*
787毫米×1092毫米　16开本　20.25印张　245千字
2023年1月第1版　　2023年9月第2次印刷
ISBN 978-7-80554-815-9
定价：98.00元

如有印装质量问题，由本社负责调换
质量监督电话：010-58572393

目　录

第一章

五园三山漫谈

北京西郊很早便是风景名胜之区。南北逶迤的西山有"神京右臂"之称，其余脉在香山折而向东延伸，像屏障一样远远拱列于平原的西面、北面，其腹地有玉泉山、瓮山拔地而起，两山之间的低洼地带有丰沛的山泉汇集，形成瓮山泊，也就是昆明湖的前身。这里景致优美，宛如江南水乡。如此景观在华北地区并不多见。辽、金以降，随着北京地区逐渐成为政治中心，西郊也开始获得持续开发。

北京地区的八景，最早见于金代的《明昌遗事》，书中所记名目为"燕山八景"，其中"西山积雪""玉泉垂虹"都位于西郊。12 世纪末的金朝，国力强盛。金章宗看中西山水源，开始在西山脚下营建行宫，称为"西山八大水院"。这开启了北京西郊建造皇家园林的序幕，此后历代王朝均在此营建行宫别苑。

元朝建立后，西郊至元大都的距离比金中都时期缩短。既然这里的水乡景色享誉都下，城中来此郊游之人便自然日渐增多。由于水源充沛，水利工程也被提上日程。水利工程专家郭守敬主持开挖通惠河，开辟上游水源，引昌平县白浮村神山泉水走人工水渠——全长 60 余里的白浮瓮山河向西北至西山，沿西山东麓向南，注入西郊瓮山泊中，使之与玉泉山下的水源汇合。瓮山泊得到扩建，由一个完全天然的湖泊成为保障宫廷用水和接济漕运的蓄水库，这也是北京城历史上第一座人工水库。

明代，随着永乐皇帝迁都北京，大批江南文人、官宦来到北京，进一步推动了北京西郊的人文开发。瓮山泊水位此前已经得到控制，因此，环湖一带寺庙、园林建置渐多。湖中遍植荷花，周围水田遍插稻谷，湖旁又有寺院、亭台之胜，可谓山水俱佳、风景优美。也是在这一时期，瓮山泊改称为"西湖"。"西湖十寺""西湖十景""宛如江南风景""环湖十里，一郡之盛观"等，都是时人对西湖周边自然风光的赞誉。每年桃红柳绿之时，京城百姓扶老携幼，争往西湖踏青赏春，称作"耍西湖景"。据说正德皇帝、万历皇帝都曾在此泛舟、钓鱼。京西一带成为达官贵人集中建造私家园林的区域。在这里，皇家行宫、私家园林和名门古刹汇集，"京西小江南"初具规模。

清康熙皇帝平定三藩后，每年夏季要前往京西避暑，从而开始经营香山的香山寺，将其作为消夏避暑的行宫。京西大规模的皇家园林建设由此展开。历经康熙、雍正、乾隆时期，京西园林建设达到鼎盛。畅春园、圆明园、静宜园、静明园和清漪园等大型皇家园林陆续建成。西郊园林成为紫禁城之外，清朝最重要的政治中心，同时也是皇帝和后妃游乐生活的场所。朝廷文武大臣们为了方便每日早朝，也纷纷在皇家御苑附近兴建或租赁宅园。例如，康熙年间大学士们集体居住的澄怀园又被称为"翰林花园"。在全盛时期，自海淀镇至香山还分布着西花园、熙春园、镜春园、淑春园、鸣鹤园、朗润园、弘雅园、自得园、含芳园、墨尔根园、诚亲王园、康亲王园、寿恩公主园、礼王园、泉宗庙花园、圣化寺花园等90多处皇家离宫御苑、赐园等。这些园林彼此成景，互为资借，连绵20余里，蔚为壮观。从现在的区域来看，大概是西至海淀区界，东至清华大学校园，北起寿安山南麓，南达万泉庄，方圆几十里的区域。

我们如今用"三山五园"来称呼这一带的皇家园林，过去也作"五园三山"。本书用"五园三山"来代替目前更常用的"三山五园"，

"园"在"山"前,"是因为清帝园居理政的中心在园而非在山"①,也是因为本书重点在于介绍园林。"五园"与"三山"原本各有所指。早在明天启年间,就有太仆寺少卿掌管"三山"一事。但此"三山"并非本书所指"三山"。因为"五园三山"中的"三山"专指万寿山、玉泉山和香山。其中的万寿山得名于清乾隆年间。乾隆十五年(1750)三月十三日,经过堆培修整后正式成型的瓮山山体被乾隆皇帝命名为"万寿山"。从这以后,"三山"的说法真正出现。"'三山'一词,自乾隆朝中叶起即为官称,在《大清会典·内务府园囿》中,专列'三山职掌'条目。它是特指对万寿山清漪园(后改称颐和园)、玉泉山静明园和香山静宜园这三座园林的管理。"②例如,乾隆三十六年(1771)三月十七日,皇帝有谕"内务府大臣四格兼管万寿山三山及织染局事务",乾隆五十四年(1789)三月二十二日,皇帝"命福克精额管理所有三山事务"③。

"在清代的各种志书、会典、实录及清宫档案史料中,从未见'五园三山'或者'三山五园'称谓,'五园'之称也从不独立成词。"④只是在清咸丰十年(1860),鲍源深在《补竹轩文集》中写道:"九月初,夷人焚五园三山,圆明园内外胜景,悉成煨烬矣。"这说明"五园三山"应该是民间对京西一带皇家园林的称呼。过去学者们对"五园"有不同的见解,有人认为五园指圆明五园,即圆明园、长春园、绮

① 何瑜主编:《清代三山五园史事编年:顺治－乾隆》,中国大百科全书出版社,2014年,第8页。
② 张恩荫:《五园三山溯源》,《圆明园》学刊第十五期,2014年,第33页。
③ 孙文启主编:《颐和园志》,颐和园管理处编,中国林业出版社,2006年,第13、15页。
④ 张恩荫:《五园三山溯源》,《圆明园》学刊第十五期,2014年,第33页。

春园、熙春园和春熙院，也有人认为五园指畅春园、圆明园、清漪园、静宜园和静明园。目前公认及官方的说法是后者。

尽管有具体所指，"三山五园"事实上已经成为北京西北郊以清代皇家园林为代表的历史文化遗产的统称。甚至有些学者认为应当把与"三山五园"同时期修建起来的倚虹堂、乐善园、紫竹院、钓鱼台等一批皇家赐园和寺庙园林都纳入"三山五园"历史文化景区的范畴之内。后者我们暂且不表，但是"三山五园"作为统称已经被写入政府方案中。2021 年 4 月，海淀区人民政府发布了《北京海淀三山五园国家文物保护利用示范区建设实施方案》。"三山五园"区域已经成为国家文物保护利用示范区，其经验将逐步向北京历史文化名城全域辐射。保护利用的前提是了解。古旧地图、样式雷图档以及照片等将带我们直观地了解五园三山的过往。

第一节
早期的五园三山地区

　　地图，包括有地图功能的示意图，是一种图形语言，反映了人类赖以生存的自然资源和环境，以及社会的生产水平和生活空间。它记载着历史，也传承着历史。地图上的地理内容被称作"地理要素"，包括自然地理要素和社会经济要素两大类。自然地理要素包括表示地球表面自然形态所包含的要素，如地貌、水系、植被和土壤等；社会经济要素指人类在生产活动中改造自然界所形成的要素，如居民地、道路网、通信设备、工农业设施、经济文化和行政标志等。

　　无论是最初城郊的西山余脉和天然湖泊，还是后来封建帝王和王公贵族的私家园林，五园三山地区都是地图上不可忽略的地理要素。古往今来的许多地图和示意图都对这一区域有着不同的描绘，最初更多是作为自然地理要素存在，后期则是不折不扣的社会经济要素。

　　北京西郊一带从金代就开始营建皇家行宫，所以以西山和瓮山泊为主题的地图出现时间较早。目前发现的最早绘制京西一带景色的地图（示意图）是《三才图会》中的《西山图》。《三才图会》是明代著名的百科全书式图录类书，由明代进士王圻及其子王思义编纂而成。该书于明万历三十五年（1607）编辑完成，万历三十七年（1609）出版，目前有万历刊本存世。全书共有 106 卷，分天文、地理、人物、时令、宫室、器用、身体、衣服、人事、仪制、珍宝、文史、鸟兽、草木等 14 个门类，其中地图就有 170 余幅。《三才图会》以图文对照的方式介绍了京郊西山。

　　《西山图》采用中国传统山水画法，如果忽略图上标注的地名，我们基本可以把这幅图当作山水画来看待。不过，既然是地图，《西

《三才图会》之《西山图》

山图》的表述重点就不是画面的艺术性，而是对西山地图地理要素的绘制。全图基本方向为上北下南、左西右东，描绘了从城南永定河畔北望西山的景色。图幅中央是波光粼粼的西湖。西湖西侧是绵延不断的西山。西山脚下，由北向南依次标绘瓮山、功德寺、玉泉（山）、甘露（寺）、碧云（寺）几处景致，这些都是西郊的代表性景点。西山占据了整幅画面的一半，显然是这幅地图的绘制主体。不过，现实中的瓮山至碧云寺所在香山其实为东西走向，略微向南倾斜，而非图中的环列西湖。可见地图的真实性也为艺术性做出了一定的让步。西湖东侧是云雾缭绕中的九重城阙，代表城墙环绕的北京城。北京城在此仅有示意作用，从位置对比可以看出，西山位于北京城的西面。这幅《西山图》反映了17世纪初期的北京西郊景致。

书中文字介绍了西山周边的主要景色以及景点之间的路程距离等。"西山自太行联亘起伏数百里，东入于海，而都城中受其朝拱。灵秀之所会，屹为层峰，汇为西湖。湖方十余里，有山趾，其涯曰瓮山，其寺曰圆静寺，左田右湖。近山之境，于是始胜。又三里，为功德寺，洪波衍其东，幽林出其南。路尽丛薄，始达于野，乃有玉泉出于山。喷薄转激，散为溪池。上有亭，宣庙巡幸所驻跸处也。又一里，为华严寺，有洞三，其南为吕公洞。一窍深黑，投之石，有水声。数步不可下，竟莫有穷之者。又二十里，为香山，楼宇台殿，与石高下，其绝顶胜瓮山，其泉胜玉泉。又二十里，为平坡寺，俗所谓大小青（龙）居之。迴绝孤僻，其胜始极，而山之大观备矣[1]。"这段描述实际出

---

[1] [明] 王圻、王思义编集：《三才图会》，上海古籍出版社，1985年，第227页。

　　自明代李东阳撰《游西山记》,明代《图书编》、清代《春明梦余录》《畿辅通志》等书均有引用。从时间来看,这段文字描述的是 15 世纪下半叶至 16 世纪初期之间的西山景致。

　　清乾隆五十三年（1788）,《宸垣识略》成书并刊印,其中也有一幅《西山图》。《宸垣识略》是记录清乾隆时期北京史地沿革和名胜古迹的著作,由清代吴长元根据清康熙年间朱彝尊编辑的《日下旧闻》和清乾隆年间英廉等奉敕编辑的《日下旧闻考》两书钩玄提要、去芜存菁而成。全书记录了北京城近郊区的史地人文情况,书前有 18 幅地图。其中的《西山图》是五园三山建成之后,第一幅绘制京西园林全景的地图（示意图）。

《宸垣识略》之《西山图》

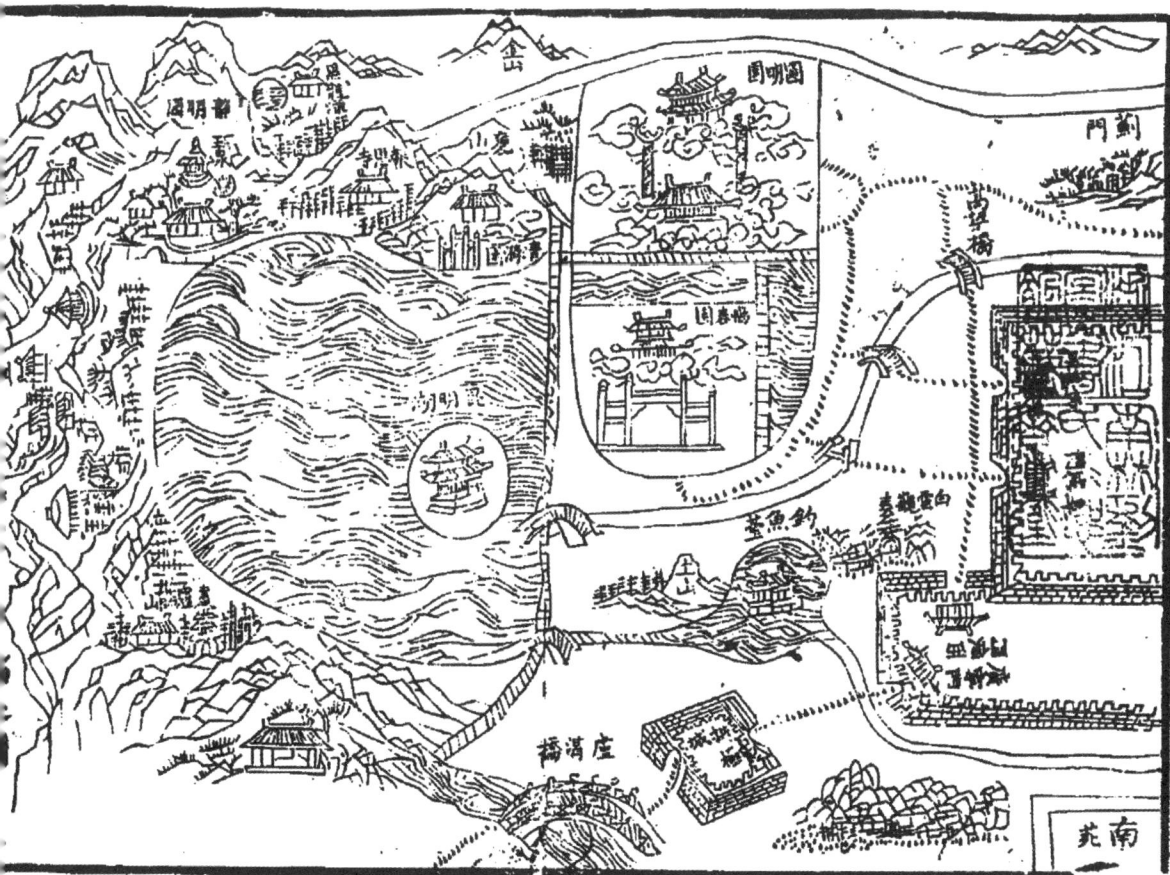

《宸垣识略·西山图》与《三才图会·西山图》图名相同，视角接近，构图方式也基本相同，但在图中加入了近200年间新建的园林，并且丰富了地理内容。两图基本方向均为上北下南、左西右东，但具体视角仍有些许差异。《三才图会·西山图》采用由南向北侧视的视角，更接近传统山水画，仿佛绘图者站在南侧桥梁附近观看整个京西地区的景象。《宸垣识略·西山图》采用俯视视角，更接近现代地图，仿佛绘图者从空中俯视整个京西区域。

从地理要素的展示来看，《宸垣识略·西山图》也更接近于实际情形和现代地图。这幅《西山图》也将"湖"置于全图中央，湖面北、西、南三面是连绵起伏的西山，东侧是北京城。但是，当年的"西湖"已经更名为"昆明湖"，湖周边的景物、建筑等也增多了。西山的东侧有畅春园和圆明园，分列南北。西山上标注了清漪园、静明园、静宜园，以及瓮山、玉泉（山）和香山，瓮山即万寿山。五园三山全部得以在图中呈现，并且隐隐展现了各自特点。圆明园和畅春园的宫殿建筑在图中所占面积明显大于清漪园、静明园、静宜园的宫殿建筑，说明这两园以宫殿建筑见长。清漪园南部昆明湖水面辽阔，可见这是一座以水著称的园林。静明园和静宜园坐落于山中，显然是山景园。

畅春园、圆明园和清漪园的宫殿建筑都耸立在云端。清乾隆时期，这三座园林都是皇帝经常巡幸的地方。以祥云点缀体现了它们至高无上的地位。《三才图会·西山图》中也有祥云点缀，点缀处为北京城内的宫殿。《宸垣识略·西山图》中的祥云转移到京西园林，或许可以理解为清代西郊园林政治地位提升的结果。

五园三山和北京城之间的区域是《三才图会·西山图》中隐去

未画的部分。《宸垣识略·西山图》对这个区域的绘制则十分详细，包含很多内容。其一，这个区域画出了京西园林与北京城之间的河道水系。北侧有圆明园北面的北旱河河道，中间是由昆明湖流至内城护城河的长河，南侧是南旱河经钓鱼台流入外城护城河的河道。其二，图上以虚线画出京西园林与北京城之间的道路。既有从德胜门、西直门、阜成门和西便门通向圆明园和畅春园的道路，也有从广宁门（广安门）出城通向拱极城（宛平城）和卢沟桥的道路。其三，图上还画出了最具代表性的地标——钓鱼台湖面和西便门外白云观。

19世纪初，日本人编绘的《唐土名胜图会》一书中有幅《苑囿总图》，描绘的也是北京西郊园林。《唐土名胜图会》又名《唐土名

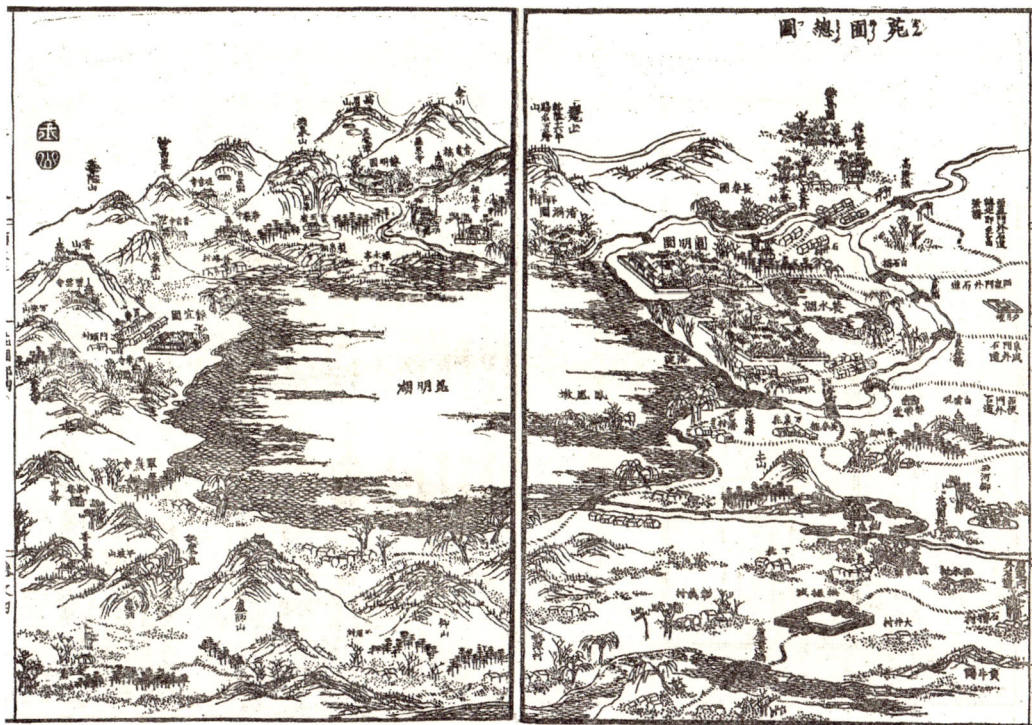

《唐土名胜图会》之《苑囿总图》

胜图绘》，是日本著名的画师和木刻版画家冈田玉山等编绘而成的插图卷集，成书于日本文化二年，即清嘉庆十年（1805）。该书原拟从京师、直隶开始，陆续出版中国各地府县卷，实际仅出版了京师、直隶部分，共有6卷，前4卷都是有关北京名胜古迹的介绍。全书收录了大量版画和地图。这部书同样采用图文对照的形式，描绘清乾隆年间中华大地古今沿革、风土人情、皇宫内苑等方面的内容。《苑囿总图》的刻绘时间仅比《宸垣识略·西山图》晚了十几年，但图中增绘的地理要素却非常丰富。

从"苑囿总图"这个名称可以看出，绘制者意图囊括北京地区所有园林，但其实际主要绘制范围仍然是北京西郊地区。由此可见，当时的北京西郊确实已经成为皇家园林专属地。《苑囿总图》基本方向依旧为上北下南、左西右东，构图仍然以昆明湖为中心，昆明湖的北、西、南三面依然是西山山脉。但是，图中没有标出北京城，而是用整幅画面展现京西园林，空间更大，余地更大，可以呈现的细节自然就增多了。图上不仅标绘了畅春园、圆明园、长春园、清漪园、静明园、静宜园以及瓮山（万寿山）、玉泉山、香山这些主要的园林和山峰，也标注了园中或园子周边的建筑，例如清漪园中的凤凰墩、静明园中的裂帛湖、静宜园中的买卖街等。

《苑囿总图》不仅和《宸垣识略·西山图》一样，标绘了五园三山至北京城之间的河道、石路等，还增添了对京西其他园林、村庄、寺庙、桥梁的绘制，例如倚虹堂、乐善园、万泉庄、彰义村等。总体而言，这是一幅刻绘非常精细的版画地图，整幅画面山与湖相对应，各式不同的树木草丛点缀其中，既写实又充满艺术感，令人如临其境。

随着清代皇家园林营建的兴盛和完善，北京西郊皇家园林逐渐在以城市为主的地图上也有了一席之地。例如，清代《大清一统志》中的《京城图》上就有"五园三山"的体现。《大清一统志》是一部清朝官修的全国性地理总志，从清康熙二十五年（1686）至道光二十二年（1842），根据国情的变化，前后经历了三次编辑，因此共有三部。康熙《大清一统志》的记述时间截至康熙朝结束，最后成书于乾隆八年（1743），刊印于乾隆九年（1744），全书共 356 卷。乾隆续编《大清一统志》增加了雍正元年（1723）至乾隆时期国内的情况变化，成书并刊印于乾隆五十年（1785），全书共 424 卷，其体例与康熙《大清一统志》相同。嘉庆重修《大清一统志》又补充了乾隆四十九年（1784）至嘉庆二十五年（1820）的国情变化，最终成书于道光二十二年（1842），全书共 560 卷，另加凡例、目录二卷。除增补内容外，其体例也在前两志的基础上进行了一些增补。例如，在直隶承德府增加了"行宫"门，在各省统部"田赋"之后增加了"税课"门等。

《大清一统志》中有大量地图，以被收入《四库全书》的乾隆续编本为例，全书共有地图 298 幅，包括十八省图、各府州图以及蒙古、西藏、青海、新疆等图，另有《京城图》1 幅。《京城图》的绘制其实较为简略，但却绘出了西郊的五园三山区域。对比前后三个版本的《京城图》，可以发现西郊园林区域的变化。

康熙《大清一统志》中的《京城图》反映了康熙时期的北京西郊。在畅春园和静明园以外，此时圆明园的营建刚刚拉开序幕，香山行宫尚未更名为静宜园，清漪园仍无踪影。"三山"早已存在，只不过瓮山仍是个小土丘，也未更名为万寿山。乾隆续编《大清一统志》中的《京城图》上，文字标注了"万寿山""玉泉山""香山"和"圆

明园""畅春园"。圆明园和畅春园早已具备园林规模，图上已经绘
出各自的院墙。从图中占比能看出，当时这两个园子比较受重视。
图中"三山"的绘制更为粗略。万寿山附近的水面绘制详细，可见
此处的水域确实为一大特色。玉泉山上有塔形建筑两座，说明塔是
玉泉山的标志性建筑。香山一地仅有山形示意。嘉庆重修本中的《京
城图》改名为《京师图》。该图清晰标绘了"五园三山"，包括畅春
园、圆明园、长春园、绮春园、清漪园、静明园、静宜园以及万寿山、
玉泉山和香山，说明此时的"五园三山"已经完全成型。在这两幅
描绘京城的图中，五园三山地区是除内、外城以外唯一被着重描述
的区域，可见这些园林已经成为紫禁城之外最重要的政治区域。

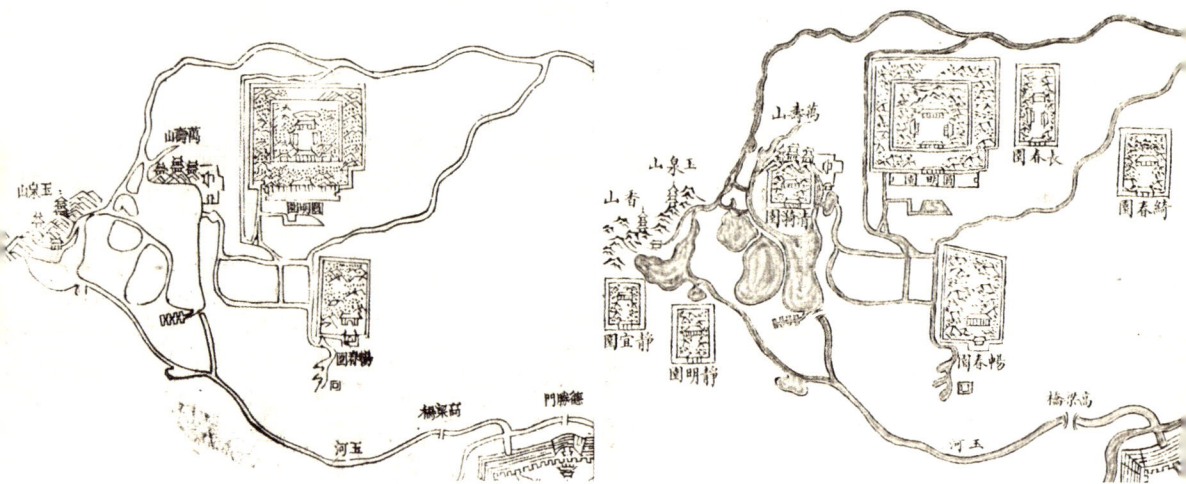

乾隆续编《大清一统志》之《京城图》（局部）　　嘉庆重修《大清一统志》之《京师图》（局部）

第二节
五园三山地图

　　五园三山建成后，其繁华一直持续到 19 世纪中叶。清咸丰十年
（1860），英法联军点燃的一把大火不仅焚毁了京西大片园林，也烧
出了清王室的末途。长期闭关锁国的清政府既无力应对突如其来的
复杂局面，也无法重拾京西皇家园林的繁华兴盛。现在的中国人仍
然难以忘记第二次鸦片战争中，英法联军火烧京西园林的历史。对
于生活在晚清和民国的人们而言，感受更加深刻。记忆中的盛世繁
华和现实中的落后挨打形成巨大反差。在这样的历史背景下，清光
绪十四年（1888），颐和园的重建让人们看到了京西园林复兴的希望。
金碧辉煌的颐和园成为晚清时期京西园林的绝对主角。人们目光追
随现实中的颐和园，心中追忆五园三山的盛世全貌。于是，一种崭
新的五园三山地图表达在晚清时期出现了。国家图书馆（后简称国图）
收藏有五幅清末民国时期的此类五园三山主题地图。

　　国图藏清末民国时期五园三山主题地图中绘制时间最早的一幅

《三山五园外三营地理全图》

是《三山五园外三营地理全图》。地图左侧有图说，"此图系三山五
园外三营地理全图，谨呈阅者一见便知，时在丁酉年嘉平月上浣香
山常印恭绘"，说明此图是光绪二十三年（1897）常印绘制。这是一
幅彩色手绘地图，图长170.5厘米，宽95.8厘米。地图以红色方框
加文字的方式表示地点和图说，这种形式类似清宫地图的贴签标注。
全图绘制精细、内容丰富。

《三山五园外三营地理全图》以清光绪年间重修的颐和园昆明湖

为中心。连绵不断的西山山脉在画面上方。西山之中画出了静宜园、碧云寺、永安寺等园林、寺庙建筑。西山脚下是由西山发源，向南流去的南旱河河道。南旱河东侧有静明园和颐和园。万寿山下，波光粼粼的颐和园昆明湖是全图的中心。颐和园西侧是静明园，北侧是北旱河，东侧是圆明园和畅春园，南侧是流向高梁桥的长河河道及外火器营。画面的最下方画出了西直门城楼及西直门通往颐和园的石路。整个京西地区，除五园三山以外，圆明园护军营、火器营、健锐营营盘及其他行宫、园林、寺庙、村落等点缀其中，地理要素丰富。

　　这幅五园三山地图仍然采用传统形象画法绘制而成，但其视角与前文所述作为插图的西山地区地图有显著不同。《三山五园外三营地理全图》的视角是由东部开阔地带向西山方向侧俯视。这样的视角将京西地区东西之间的距离拉近、南北之间的距离拉长。从地图上看，西高东低的地形，由开阔的平原向高耸的群山逐层描绘，气势恢宏。在这种视角之下，地图形成了以万寿山颐和园为中心，其他园林环绕颐和园的画面布局。每座园林都以恰当的角度显现出全貌。与前文所述西山地区地图使用的上北下南侧俯视视角相比，此处上西下东侧俯视的视角在地图构图上具有一定优势。上北下南的地图上，圆明园、畅春园和清漪园之间显得十分拥挤，山中静明园与静宜园的描述空间则更为狭小。在上西下东的地图上，东西向侧俯视的视角拉开了圆明园、畅春园、颐和园之间的距离。间距疏朗可以获得更大的园林表现空间，整幅画面更加紧凑丰富。

从常印绘制《三山五园外三营地理全图》开始，一轮新的五园三山地图创作启动。有意思的是，这一轮创作都是以《三山五园外三营地理全图》为底图，在此基础上增减内容。在五园三山被毁和颐和园重建的背景下，对盛世园林的追忆和对新建园林的歌颂，使得新绘五园三山地图层出不穷。绘制者不约而同选择了由东向西的侧俯视视角来描绘记忆中的五园三山。

光绪三十年（1904），常印创作了第二幅五园三山主题地图。这幅地图没有图名。不过图上有后人装裱并题写图名与跋文："五园图，乙卯夏得于厂肆，画虽不佳，当是圆明园未火前旧本，景物里在足资考证，故与避暑山庄图并存之。钟某识。"所以，我们称这幅地图为《五园图》。地图的左下角用小楷书写"甲辰端阳中浣常印恭绘"，明确记载地图的绘制时间是甲辰年五月中旬。因此，图侧题跋推测这幅地图是火烧圆明园之前的旧本，显然是错误判断。

《五园图》继承了《三山五园外三营地理全图》的构图方式，详细标绘了京西园林建筑、护卫营盘、寺庙、村落及河道水系等情况。一些重要建筑、地点旁附有图说，说明此处的历史变迁情况。《五园图》上，颐和园文昌阁的北面、宫门外侧，有一处建筑屋顶清晰标注了"电灯"二字。据报道记载，光绪十六年（1890），在颐和园宫门外东南

《五园图》

角的耶律楚材祠南侧，颐和园电灯公所建成，用以供给颐和园电灯
照明。八国联军进京后，颐和园的发电机组及电灯设备被毁坏。光
绪二十八年(1902)，清政府重修颐和园电力设施。光绪三十年(1904)，
颐和园恢复电灯照明[①]。图上标注"电灯"的房子与记载中颐和园电
灯公所的位置吻合。电灯公所的标注反映了清末近代化进程的一个
细节，这在光绪二十三年（1897）绘制的《三山五园外三营地理全图》
上是看不到的。

　　网络上有一幅流传海外的五园三山图（以下称"海外藏五园三
山图"）与常印绘制的《五园图》十分相似。遗憾的是，目前这幅地
图图名未知，作者未知，绘制年代未知，甚至收藏情况未知。这幅
图同样采用由东向西侧俯视的视角绘出了五园三山的鼎盛时期。但
它对颐和园的描绘方式，与常印的绘制手法有一定区别。常印绘制
的五园三山地图展现了万寿山由东向西看的样子。而这幅海外藏五

---

　　① 丁辉：《京城亮起的第一盏电灯：慈禧太后寝宫仪鸾殿电灯》，《北京日报》
2012 年 9 月 5 日。

园三山图为了更全面地展现万寿山南麓的园林建筑群，将万寿山的绘图视角调整成由东南向西北看的样子。这样一个细微调整使得万寿山南麓大部分区域都正面展示在画面上。这种视角变化造成十七孔桥的画法与常印的画法不同。

尽管具体绘制年代未知，但是这幅海外藏五园三山图绘制的年代应该晚于常印的《五园图》。最直接的证据是，在画面左下方的西直门外，已经标示了西直门车站和京张铁路。京张铁路于光绪三十一年（1905）开工建设，宣统元年（1909）建成运营。那么这幅图的绘制年代不会早于宣统元年（1909）。

民国年间，以北京西郊园林为主题的地图仍然流行。但这一时期地图上对五园三山的描绘与晚清时期的五园三山地图有较大区别。目前已知的民国时期表现西郊园林的地图虽然继承了晚清五园三山地图的视角和构图方式，但却没有一幅完全画出五园三

海外藏五园三山图

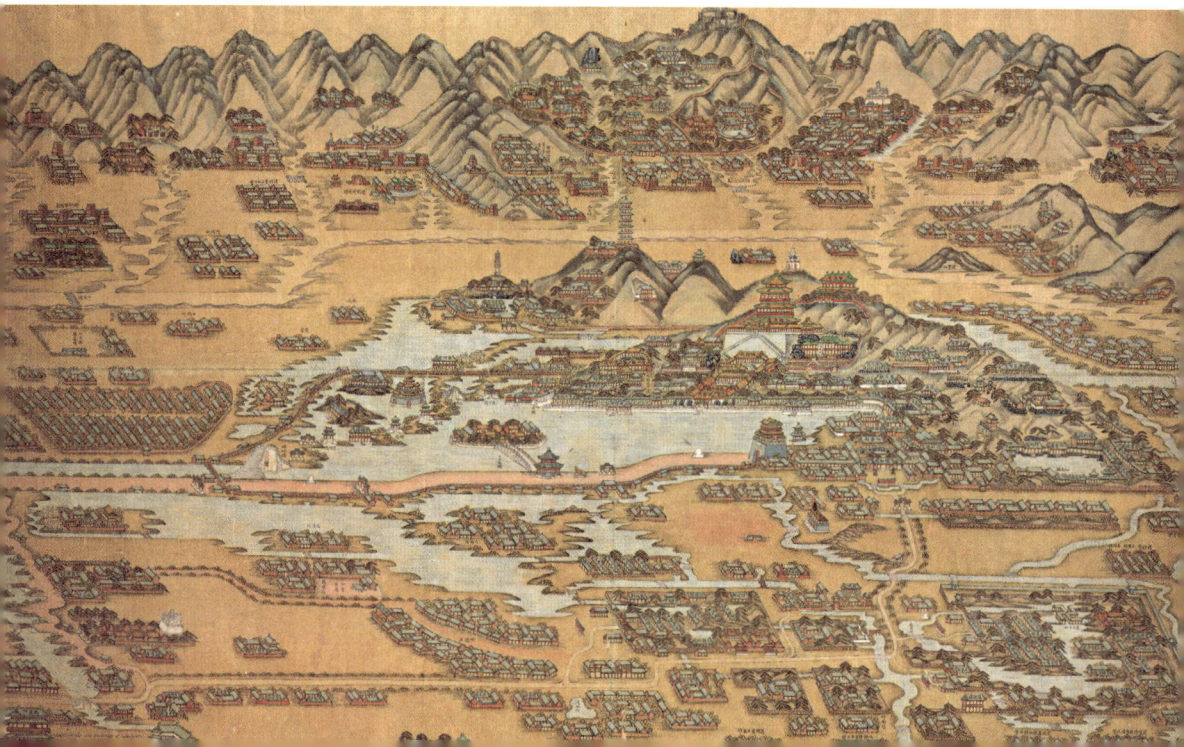

山全盛时期的景致。因此可以说，在构图相似的一系列西郊园林地图中，是否画出全部五园三山的盛况，是判断地图绘制年代的重要依据。

相较清末几幅五园三山主题的绘本地图，国图藏单色石印本《西山图》保留了相似的视角和构图方式，但整体画面处理较为粗糙。此图作者不详，全图仅用黑色线条勾勒而成，与山水园林地图的浓墨重彩形成鲜明对比。最显著的不同是，《西山图》没有画出畅春园。取代畅春园的是以禁卫军司令部为中心的几栋西式建筑及其周边大片空地。《西山图》上出现了多处类似"禁卫军司令部"这样的新地名和新建筑。这些新增的地名和建筑集中在1906年至1928年间，也就是晚清和北洋政府统治时期。在禁卫军司令部下方有一段图说："司令部楼前石幢系前清畅春园集凤轩纪事考，乾隆戊辰九月文（大）西门楼集侍卫校射，上亲发二十矢，中十九矢，有集凤轩纪事诗刻石，今为古迹云。"根据图说中"前清"字样可以判断，此图刻印于民国时期。

再结合图上"五色旗"和"静宜女学校"的标注，可以推断出更具体的刻印时间。五色旗是北洋政府统治时期使用的旗帜，具体时间为1912年至1928年间。静宜女学校是香山慈幼院的女校。静宜园在1920年至1948年间专供香山慈幼院使用。慈幼院分为男校和女校，女校在静宜园宫殿区，也就是地图中标注的地点。综合上述信息，《西山图》的刻印年代应该在1920年静宜女学校建立之后，1928年东北易帜之前。

国图藏彩绘本《西郊图》是另一幅绘制于民国年间的五园三山主题地图，同样作者不详。这幅地图又回归到晚清时期所绘制五园

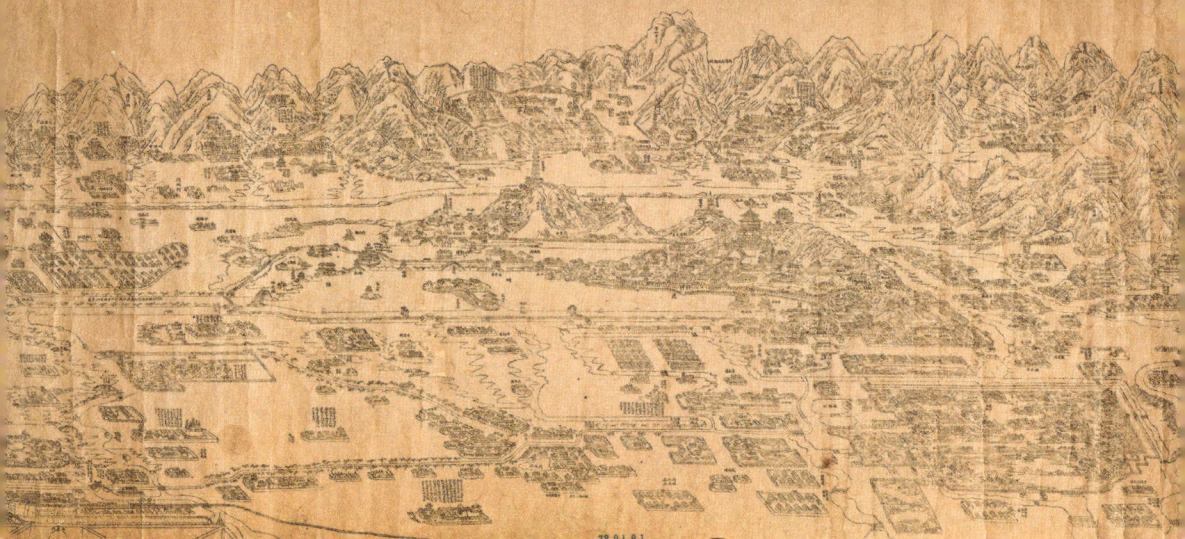

《西山图》

三山主题地图的风格。全图以青色和黑色为主，配色淡雅清秀，以橙红色表示少数特定建筑，以淡蓝色表示水系波纹。图上有地名标注，但缺少图说。这幅地图和《西山图》一样，没有画出畅春园。原畅春园所在位置有几栋中式建筑，其余是大片空地。根据图上"静宜女学校"和"玉泉饭店"的标注来推断，《西郊图》应该绘制于1920年至1949年间。

国图藏《五园三山及外三营图》与上述《西郊图》极其相似。同《西郊图》一样，整幅图画面简约，线条清晰，以灰黑色为主，水系波纹以淡蓝色表示，少数建筑以橙红色表示，但橙红颜色明显不如前者鲜亮，可能与保存有关。图上有地名标注，但缺少记录地名变迁的图说。这幅地图同样没有画出畅春园，所以命名其实有待斟酌。

《五园三山及外三营图》上出现了与《西郊图》相似的地名变化，新增了农事试验场、静宜女学校、（京张）铁路、清华园等场所。在静宜园区域内，有一处标注为"电话局"。根据史料记载，1949年3月初，中共中央从西柏坡迁至香山。为服务中央政府，北平电信局组建香山专用局，设在香山慈幼院理化馆内。此图将电话局的地点

《西郊图》

准确标注在静宜园内，据此推断，这幅地图极有可能绘制于1949年北平解放前后。

从光绪二十三年（1897）常印绘制的《三山五园外三营地理全图》到1949年左右的《五园三山及外三营图》，以五园三山为主题的地图发展了半个多世纪。这些地图是十分典型的系列地图，具有很强的延续性。它们都采用大幅面的单幅纸张载体，都运用中国传统形象画法，都保持自东向西侧俯视的视角，都绘制了以皇家园林为主体的北京西郊景色，同时又都有所变化，大致反映了各自绘制时代的地理特征。

比较国图收藏的五幅五园三山主题地图，它们都采用上西下东的图向，选用了相同的视角和构图方式。所有视角都是由东部平原向西山方向侧俯视。这样的视角人为地将京西地区东西间距离拉近、南北间距离拉长。开阔的平原向陡峭的山峰逐层描绘，气势恢宏，又方便全景展示每座皇家园林。这可以说是视角的最佳选择。

在同样的视角选择下，这五幅地图的四至范围（附录一）并不相同。按照制图年代先后排列，五幅地图的地理范围经历了由小到

《五园三山及外三营图》

大的变化过程，而且是东、西两侧变化较小，南、北两侧变化较大。先看东、西两侧边界。五幅地图的上部以青龙山、万安山、香山、寿安山一线群山为西侧边界，东侧平原地带以圆明园东宫门、清华园、觉生寺到西直门城楼一线为界，变化集中在蓝旗营（圆明园正蓝旗）至保福寺（西宝福寺）一带。《三山五园外三营地理全图》《五园图》《西山图》以圆明园正蓝旗为东界，而《西郊图》《五园三山及外三营图》以西宝福寺为东界。这种变化导致《西郊图》和《五园三山及外三营图》的东侧范围大于另外三幅地图，视角更为开阔，地图整体展现的范围也扩大了。再看南、北两侧边界。南侧以西直门、乐善园（农事试验场）到福惠寺一线为界，但五幅地图绘制范围均不相同。总体来说，《三山五园外三营地理全图》《五园图》《西山图》南界差别不大，而《西郊图》《五园三山及外三营图》南界与上述三幅地图差别较大。《五园图》和《西山图》的南界基本相同。《三山五园外三营地理全图》的南界比《五园图》更往南，将南坞、魏家村沿线以南，到南平庄（南平坡庄）、巨山（聚山）沿线之间的区域也画在图上。与这三幅地图相比，《西郊图》《五园三山及外三营图》在西直门、农事试验场、蓝靛厂和圆明园厢蓝旗一段基本一致，但从厢蓝旗、西冉家村、黑塔村、杏子口、磨石口到石景山一线的南界扩大许多。北界也是类似情况。五幅地图的北界几乎都不相同，但以宝藏寺、圆明园正红旗、树村至圆明园正白旗一线为界，没有太大差别。从宝藏寺向北，《西郊图》和《五园三山及外三营图》的北界明显扩大，包括了成子山、温泉、蜘蛛山至黑龙潭一线和寿安山、五华寺至普觉寺一线之间的大片区域。由南界和北界扩大带来的西界差异，在《西郊图》和《五园三山及外三营图》上表现明显。两幅地图的西界从石景山沿青龙山、万安山、香山、寿安山东麓直到成子山，西界南北之间距离明显延长了。

　　五幅地图四至的变化，与侧视的距离有关。《三山五园外三营地理全图》《五园图》《西山图》符合从东向西侧俯视的视觉规则，画面绘制区域是一个近梯形，东界长度远大于西界长度。《西郊图》和《五园三山及外三营图》东界向东扩展，造成侧视的距离延长，画面显示区域更大，所以画面最远端的成子山和石景山并不是五园三山区域的景色。从整体效果上看，后两幅图的构图方式导致五园三山的实际绘制幅面缩小，在画面气势和突出主体方面效果不佳。

　　五园三山主题地图在整体布局上，非常注意区分各个区域的主与次，五园之间、五园与三山之间、五园三山与其他园林之间、园林与驻防旗营之间、园林与其他建筑及村落之间、园林与水系之间均做到了主次分明、突出主体的效果。这种效果建立在作者选择合适绘图视角和突出颐和园绝对主角地位的基础上。

五园之间，颐和园处于画面的中心区域，既是五园的中心，又是整幅画面的中心。颐和园区域在整幅地图中所占面积也最大。以颐和园为界，东侧分布着两座平地园林——畅春园和圆明园，西侧则是两座山地园林——静明园和静宜园。圆明园和静宜园是五园中的主要配角。在光绪年间的两幅地图上，圆明园所占区域较大，雍正时期的盛景得以呈现；在民国年间的三幅地图上，圆明园所占区域有所缩小，但是圆明三园得到了呈现。静宜园区域所占幅面正好与圆明园相反。在光绪年间的两幅地图上，静宜园范围较小，标注信息也比较简单；在民国年间的三幅地图上，静宜园的表现区域扩大。在五幅地图上，静明园绘制区域变化不大，面积始终小于圆明园和静宜园。但是静明园占据了颐和园和西山之间大片区域，这种呈现方式主要为了凸显颐和园的壮丽景色。畅春园在五园中居于最次地位，无论从所占幅面还是园内建筑均可看出差距。在光绪年间的两幅地图上，尽管畅春园的盛况得以呈现，但与其他四园相比仍显单薄；在民国时期的三幅地图上，畅春园区域甚至已不再有园林建筑。这自然与畅春园建成最早，衰败也最早有关。三山作为五园的依附屏障，构成了展示五园景色的背景，居于次要位置。而三山之间，以居于近处中心的万寿山为主体，香山与庞大的西山山脉组成了画面的背景山，是三山中次要表现的山脉。玉泉山夹在万寿山和香山之间，绘制规模最小。

各幅地图上除了五园三山以外，还有其他园林、驻防旗营、河流水系、名胜古迹、村庄道路等。其他园林建筑包括乐善园（农事试验场）、紫竹院、清华园（花园）、鸣鹤园、碧云寺、普觉寺等。与五园相比，这些园林散布在画面的四周，所占面积小，规模无法与五园相提并论。这也是突出五园的构图需要。八旗驻防区域分配合理，北部是重点区域，设四旗驻防，西北部设两旗，东南两向因靠京城，仅各设一旗。驻防旗营环绕在五园周围，是五园三山之外画面最需要展示的部分。各幅地图的南、北两侧是旗营的两片主要驻守区域。驻防营盘分布分散，画面中火器营八旗和西山健锐营八旗成为旗营最集中的区域。具体来看，光绪年间的两幅地图对外三营的绘制远比民国时期的三幅地图详细。但是，圆明园护军营北达马连洼、黑山扈，西至玉泉山静明园，南达长河边的东冉村、蓝靛厂，东至现在的中关村、五道口一线。由于保卫区域范围大、旗营分散，地图无法集中展示所有区域，只能标绘出五园三山周围的旗营。其他一些与旗营地位相当的建筑是京西古迹，特别是与皇家相关的建筑，例如西直门、真觉寺、万寿寺、觉生寺等。这些地点绘制精细，虽不占据图面主要位置，却是西郊地位的象征。河流水系与大面积的水域是海淀的特色，因此地图对水系的绘制也较为详细。水系和道路的走向穿插在五园三山之间，成为地图中不可缺少的次要因素。村落在画面中处于最为次要的位置，是五园三山及外三营的参照标志物。

五幅五园三山主题地图无一例外，均采用了虚实结合的绘制方式。从总体来看，绘制者对光绪年间得以重建的颐和园、静明园基本采用了写实画法；对被毁后没有得以重建的圆明园和静宜园基本采用虚构复原的画法。畅春园是比较特殊的园林，光绪年间的两幅地图采用虚构复原的画法画出其全貌，而民国年间的地图则采用写实画法，直接描绘了当时的军营和空地。从细节来看，写实描绘的园林中也包含一部分虚构建筑，例如静明园中的竹炉山房、第一凉，以及《五园图》中颐和园文昌阁城关的三层城楼等；在虚构复原的园林中同样也包含一部分写实建筑，例如畅春园区域的恩佑寺和恩慕寺，圆明园区域的正觉寺和海岳开襟等。

画法和标注出现错误在传统绘图中十分常见，五幅五园三山主题地图中也有类似问题，主要表现在建筑位置、建筑间相对位置绘制错误和用字错误两个方面。前者主要出现在《三山五园外三营地理全图》和《五园图》中的圆明园区域，圆明园四十景的绘制与标注和实际位置差别较大。同类问题还包括《三山五园外三营地理全图》中畅春园恩佑寺和恩慕寺的位置标注错误，《五园图》中颐和园昆明湖中桥的位置标注错误等。用字错误主要出现在《五园图》中，在其他地图中也有零星出现。《五园图》中出现了很多别字，例如集咸（贤）院、涵虚朗镜（鉴）、水木明琴（瑟）、楼（镂）月开云、坐诗（石）临流等。

从国图收藏的这五幅地图可以看出，流传于晚清至民国时期的五园三山主题地图虽然在作者、版本、绘制方法等方面均有差异，但不同地图的画面构成基本一致。这说明以五园三山为主题的一系列园林地图，在流传过程中极有可能被多次临摹、修正。随着时代变迁，京西园林地图在局部区域得到修改、重绘，具有了一定的时代特征，形成了主次分明、虚实结合、正误并存的特点。

第三节
民国地图上的五园三山

　　清政府统治时期，内务府下设奉宸苑专管园囿、河道。不过，五园三山因为皇帝驻跸的关系，均由内务府另派大臣或总管进行管理。例如，乾隆十六年（1751），皇帝下旨："以万寿山行宫为清漪园，设总理园务大臣，兼管静明园、静宜园事务。"乾隆三十年（1765）正月二十日，皇帝有谕令："总管内务府大臣兼奉宸苑四格，所管之处甚多，其奉宸苑卿之缺，施恩着吉庆补授，并同德保、和尔经额管理万寿山事务。"[①]总体来说，清漪园（颐和园）、静明园和静宜园共有一名总管大臣，畅春园和圆明园各自均有总管大臣。

　　1911 年辛亥革命推翻清王朝的封建统治后，清皇室仍然得到了优待，得以保存皇帝的称号。1912 年 2 月 12 日，清朝最后一任皇帝——

---

　　① 孙文启主编：《颐和园志》，颐和园管理处编，中国林业出版社，2006 年，第 12 页。

宣统皇帝溥仪退位。中华民国南京临时政府参议院通过了《关于大清皇帝辞位之后优待之条件》，其中提及，"大清皇帝辞位之后，暂居宫禁，日后移居颐和园，侍卫人等照常留用……大清皇帝辞位之后，其原有之私产，由中华民国特别保护"。另有《关于清皇族待遇之条件》提及，"清皇族对于中华民国国家之公权及私权与国民同等；清皇族私产，一体保护"。根据这些条例，西郊皇家园林仍归清室所有，成为溥仪的私有财产。

1924 年 11 月 5 日，冯玉祥发动北京政变，将溥仪赶出紫禁城，并且修改了优待条件，没有再提及清帝移居颐和园的内容。民国政府很快成立了清室善后委员会，接管了紫禁城以及西郊一带的皇家园林。不过，善后委员会只是将颐和园各殿宇加封，并不问园事，园内管理依旧如前，至于西郊其他皇家园林，似乎完全无暇顾及。1926 年，国民军退出北京后，颐和园等处的管理权又被京畿卫戍司令王怀庆私自归还到清室手中。直至 1928 年北伐战争胜利后，南京政府才正式派员从清室手中接收了颐和园等处，此后转交给北平特别市政府管理。北平市政府成立了"管理颐和园事务所"，专门负责管理颐和园、静明园一切事务。

辛亥革命结束了君主专制制度，社会民众的思想也因此发生巨大变化。民众认为自己是国家的主人，要求开放颐和园等皇家园林，供其游览。于是，尽管此时的皇家园林仍归清室所有并管理，民国政府仍然下令允许部分中外著名人士和团体有限制地入园参观。1913 年，步军统领衙门制定了《瞻仰颐和园简章》，也就是皇家园林首次开放的参观办法，规定了参观的时间、办法、人数等。在重重规定的限制下，普通民众要想游览颐和园其实非常困难。不过，他们的机会很快就来了。

北洋政府时期，军阀割据，战争频繁，中央政府对地方控制力大为减弱，导致的直接后果就是财政资金严重匮乏，皇室经费也随之逐年短缺，清室财源日趋枯竭。于是在1914年，外交部和清室内务部、步军统领衙门共同商定开放颐和园，提出了《颐和园等处售券试办章程》，规定了票价、优等券等发放办法及收入分成等。1914年5月6日开始，颐和园正式对社会售票开放。颐和园作为溥仪私产首次对社会开放时，入园门票价格是1.2元，幼童及军界半价，入园内景点如排云殿、谐趣园、南湖、德和园等需另付费用，园内还提供付费胶皮人力车和太平船、洋轮等。入门券费2/3归清室内务府，1/3由步军统领衙门掌握。

1914年5月21日，内务部呈民国政府总统"为开放京畿名胜场所并酌订章程"："所有京畿名胜如天坛、文庙、国子监、黄寺、雍和宫、北海、景山、颐和园、玉泉山、汤山、历代山陵等处……择一二处先行开放，其余酌量情形，再与各主管机关陆续协商办理。"这其中与五园三山相关的有颐和园和玉泉山。随着清王朝的倒台和民国的到来，随着颐和园、玉泉山在民国年间的陆续开放，北京西郊五园三山地区在地图上又有了不同的呈现方式。

民国时期，社会新旧交替，各个领域都呈现出新陈代谢的活跃场面。表现在地图的使用方面就是，采用科学测绘技术的现代地图被广泛使用。随着思想的解放、社会的开放，民众出行、旅游渐成时尚，正式的旅游地图也开始出现。另外还有外国人绘制或者由外国机构出版发行的地图。

1915年，内务部职方司测绘处绘制了一幅《实测京师四郊地图》，

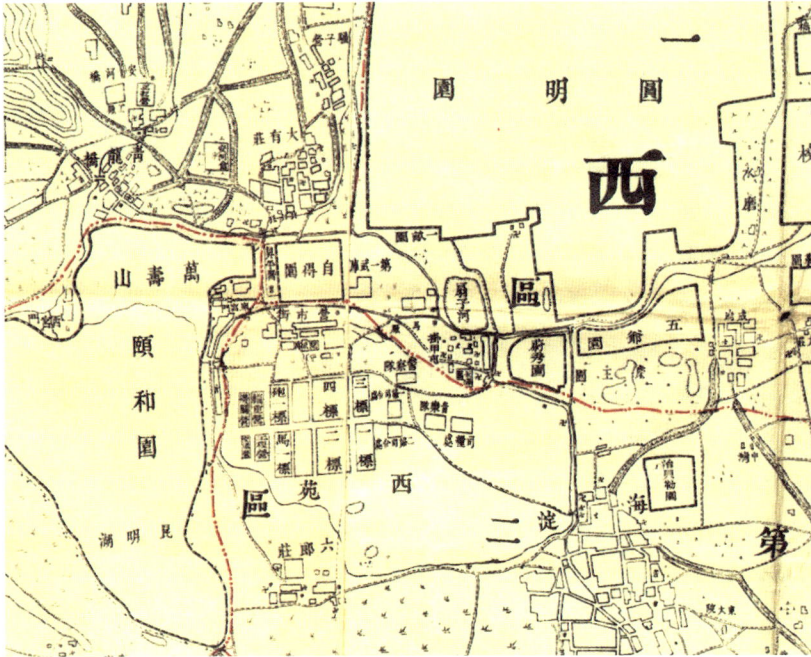

《实测京师四郊地图》 (局部)

图幅纵 92 厘米,横 120 厘米,比例尺为 1∶36200。全图绘出了北京东、南、西、北四郊及其辖境内的村镇、寺庙、工厂、农田、植被以及陵墓等,内容较为详细,反映了民国初年北京郊区的地理概貌。地图以文字标注了万寿山颐和园、玉泉山静明园、香山静宜园和圆明园,并绘出了四座园林的外围大致轮廓,但也仅限于此,对园林内部未做任何描述。作为一幅实测地图,这幅图显然重在描述五园三山的地理区位和占地面积,并且选择对信息不够的园林内部做空白处理。

民国十九年(1930)三月,北平特别市公安局制作了一幅《北平特别市城郊地图》,图幅纵 92 厘米,横 123 厘米,比例尺为 1∶35500。图周边附《北平城郊各区现住人口疏密状况图》及《北平城郊各区

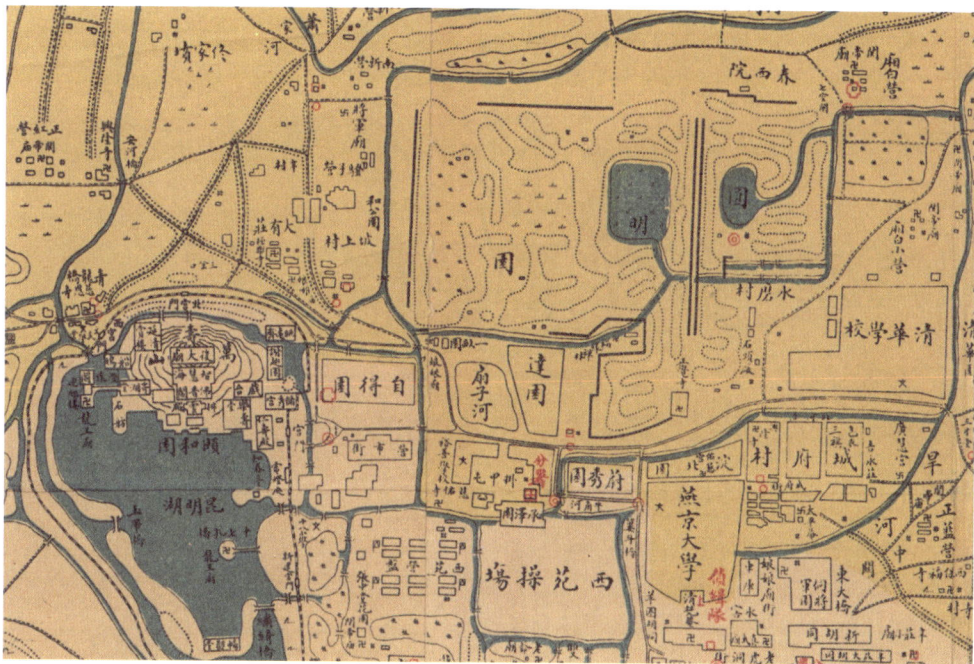

《北平特别市城郊地图》（局部）

设置巡警、长官疏密状况图》。图中文字仅标记出万寿山颐和园、玉泉山静明园和圆明园。圆明园区域范围清晰，图上能看出圆明三园的倒"品"字形轮廓。园内以不同线条展现园区结构，但是除了南侧的"正觉寺"一地有地名标注外，并没有其他文字标注。颐和园及静明园区域绘制比较详细，不仅有大量地名标注，还有类似等高线的线条表示山区。香山静宜园区域尽管没有明确以文字表示，但是标注了"慈幼院"的区域很明显是原来的静宜园。

民国二十三年（1934）十二月，河北省政府建设厅测量处编制了一幅彩色《北平特别市图》。地图纵66厘米，横144厘米，比例尺为1：35000。尽管北平特别市在1930年已经改回了"北平市"，

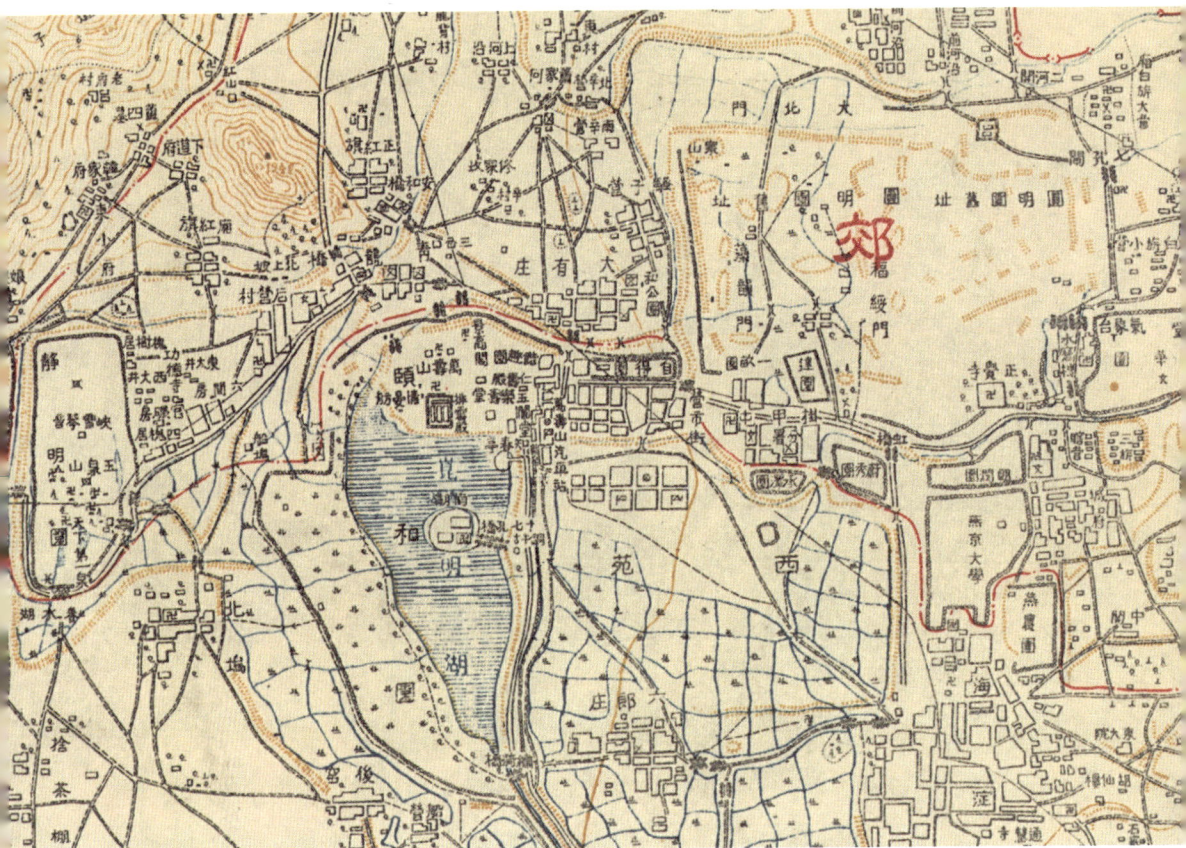

《北平特别市图》（局部）

但是这幅地图仍然沿用了旧称。图上文字标注了万寿山颐和园、玉泉山静明园、香山静宜园和圆明园旧址。同样是颐和园及静明园内地名标注较为详细，圆明园内仅有正觉寺和几处宫门有地名标注，静宜园内则没有具体的园林相关地名标注。

民国时期的北京市郊地图以及部分北京市地图都会比较详细地描绘五园三山区域。这些描述有一些共同特点。其一，"三山"都有标注。其二，民国地图上已经完全没有畅春园的痕迹。畅春园区域已经完全没有园林建筑的踪影，取而代之的是军营、空地或其他建筑。因为畅春园在乾隆末年已经开始渐渐荒废，清代绘图者尚且可能为了展现皇家园林地区的盛况而复原这一区域的园林建筑，民国时期的绘图者已经完全不会追忆前清繁华，只会记录当下的现实。其三，民国地图上的圆明园只留遗迹。经历了英法联军纵火焚烧、八国联军大肆抢夺以及民国时期军阀掠夺等众多劫难之后，人们对圆明园只剩下断壁残垣的印象。再加上民国时期的圆明园并未对公众开放，大家对圆明园的印象就更加单一。因此地图上的圆明园只剩下大片占地，顶多再加上院墙周围的一些遗留建筑，例如《北平特别市图》中的"正觉寺"、"福绥门"（今福园门）、"藻韵门"（今藻园门）。其四，颐和园和静明园是公众最熟悉的西郊园林。这两座园林呈现在地图上的信息最详细。一方面是因为颐和园在清代光绪年间已经得到重建，静明园在民国年间也获得了一定程度的修葺，这是相对完好的两座园林。另一方面是因为，颐和园和静明园在民国年间是面向公众开放的公园，人们可以直接进入园林参观。玉泉山上甚至建了汽水厂。其五，民国地图上的静宜园处于可有可无的地位。民国年间的静宜园已经破败，而且并不对外开放。在地图已经标注香山的情况下，静宜园的标注显得有些无所谓。当1920年香山慈幼院在静宜园内建立后，慈幼院在地图上出现的频率都比静宜园高。民国时期，"五园三山"在地图上的标示情况反映了它们在当时社会上的"活跃"程度。

第四节
五园三山水系

　　河道水系之于一座城市的重要性，从北京城可见一斑。在漫长的中国历史上，因河道改变命运的城市有很多。临河而兴，因河而繁，成为很多运河沿岸城市的缩影。作为国家的核心，都城对水的依赖要更加强烈。一个国家的都城承载着更多的人口，需要更多的水源供城市运转。畅通无阻的河道，同时也是京师物资运送的重要通道。这些河道像流向心脏的动脉血管一样，源源不断地为京师提供必需保障。

　　北京城的地势西北高、东南低。燕山和太行山余脉在京师的西北方向聚集，形成一个向东南方向展开的山弯。山弯之下，是面向渤海的北京小平原。来自东南方向的季风吹拂着平原，却被西北方向的山脉挡住了去路。于是，受阻的空气携带着大量水汽，在山弯的东南方向形成地形雨。所以山南地带比一般的温带季风气候环境降水多。降水被大地吸收，形成了诸多山泉、河道、沼泽。这个蕴含丰富水源的地方叫作海淀。诞生在这里的水系是玉泉山和万泉河水系。加上流经北京小平原的永定河水系,形成了北京建都的水源基础。玉泉山和瓮山这两山之间形成的低洼地带,正好位于永定河冲积扇和南口山冲积扇之间。此处山泉丰沛,又有地下水溢出,逐渐汇聚成了淀泊——瓮山泊,也就是昆明湖的前身。这里早期既没有风景名胜,也没有通航记载。如果没有人为干预,玉泉山和万泉河水系形成之后,会随着地势高低走向,流向东北方,注入清河。然而,当北京成为都城之后,两条水系的命运也随之发生改变。

北京城周边水系的开发利用始于金代,发展于元明,定型于清。也就是说,北京城在建都伊始,就考虑到河道水系与城市规划布局的关系。为了利用永定河水系,金朝在莲花池以东选址,建立中都城,并引水入城。莲花池成为金中都的重要水源。但是这一水源很快就无法满足城市和皇家园囿的用水,所以金朝又引西郊的玉泉山水入中都会城门的水门。从此,玉泉山水系开始与都城用水相关。元朝建立后,水利工程也被提上日程。水利工程专家郭守敬主持开挖通惠河,开辟上游水源,引昌平县白浮村神山泉水走人工水渠——全长 60 余里的白浮瓮山河向西北至西山,沿西山东麓向南,注入西郊瓮山泊中,使之与玉泉山下的水源汇合。瓮山泊得到扩建,由一个完全天然的湖泊成为保障宫廷用水和接济漕运的蓄水库,这也是北京城历史上第一座人工水库。

清乾隆时期的北京作为都城,人口密集,一方面周边产粮不能满足城市人口与驻军的需求,一方面城市供水也因人口膨胀而日感不足,因此,修建水利设施、开通河道十分必要。乾隆十四年(1749),皇帝开启了京西规模最大的一次水系整理工程。工程之一是开源,即梳理西山泉脉,拓开山上的诸多泉眼,汇聚水流,以此增加西湖(瓮山泊)水的来源。工程之二是修槽,即建设输水石槽,疏通引水渠道,以此方便向西湖引水。工程之三是拓湖,即向东开挖湖泊,增加其面积和深度,最终湖面扩展至瓮山南麓,面积达到原来的两倍之多,同时分隔主体水库昆明湖和辅助水库高水湖、养水湖,建设水闸以济良田,连通京畿水路。工程之四是堆山,即用拓湖过程中挖出的土方堆培瓮山,改善其地形地貌及与西湖轴线相离的格局。以人工补天然之不足,将人工匠心巧妙地镶嵌于大自然中。经过一系列改造后,这里形成了北山南湖、山环水抱的理想格局,不仅京师水荒和西郊水患得到有效解决,也在客观上为后来建设一座山水俱佳的自然山水园提供了便利条件。乾隆二十九年(1764),乾隆皇帝又对万泉河发源地万泉庄、巴沟一带诸泉与万泉河河道进行疏浚,使巴沟和万泉庄的泉水向北流入畅春园南面的丹棱沜,由丹棱沜流经畅春园和圆明园后,注入清河。

河流水系不仅盘活了城市的生命,也为皇家园林注入了灵魂。北京城西郊的皇家园林并不只是皇帝贵族们游玩享乐的场所,它们的建设关乎京城的供水、漕运、防洪等重大问题。西山、香山、寿安山一带的大小山泉和涧水通过石渡槽导入玉泉山水系,再通过玉河汇入昆明湖这一蓄水池,形成了"玉泉山—玉河—昆明湖—长河"这样一个可以控制调节的供水系统。这个供水系统圆满解决了通惠河上源的接济问题,也保证了农田灌溉和园林用水,同时还铺设了一条由西直门直达玉泉山静明园的长达10余公里的皇家专用水上游览路线。

山和水是中国古典园林建设必不可少的元素。北京西郊的各座皇家园林比邻而居，共享山景水系。《京城内外河道全图》详细绘制了北京城及京西五园三山的河道水系。地图用青绿色表示京城河道水系，用黄褐色表示河岸土堤及土山。图上大大小小的区块分别代表城圈、园林、稻田、营房所在区域。河道、桥梁、水闸、园林、营房、寺庙、村落及城门均用贴黄签的形式标注。全图采用上南下北的图向，京西众泉在西北角的墨线山脉处汇集成河，经过京西园

《京城内外河道全图》

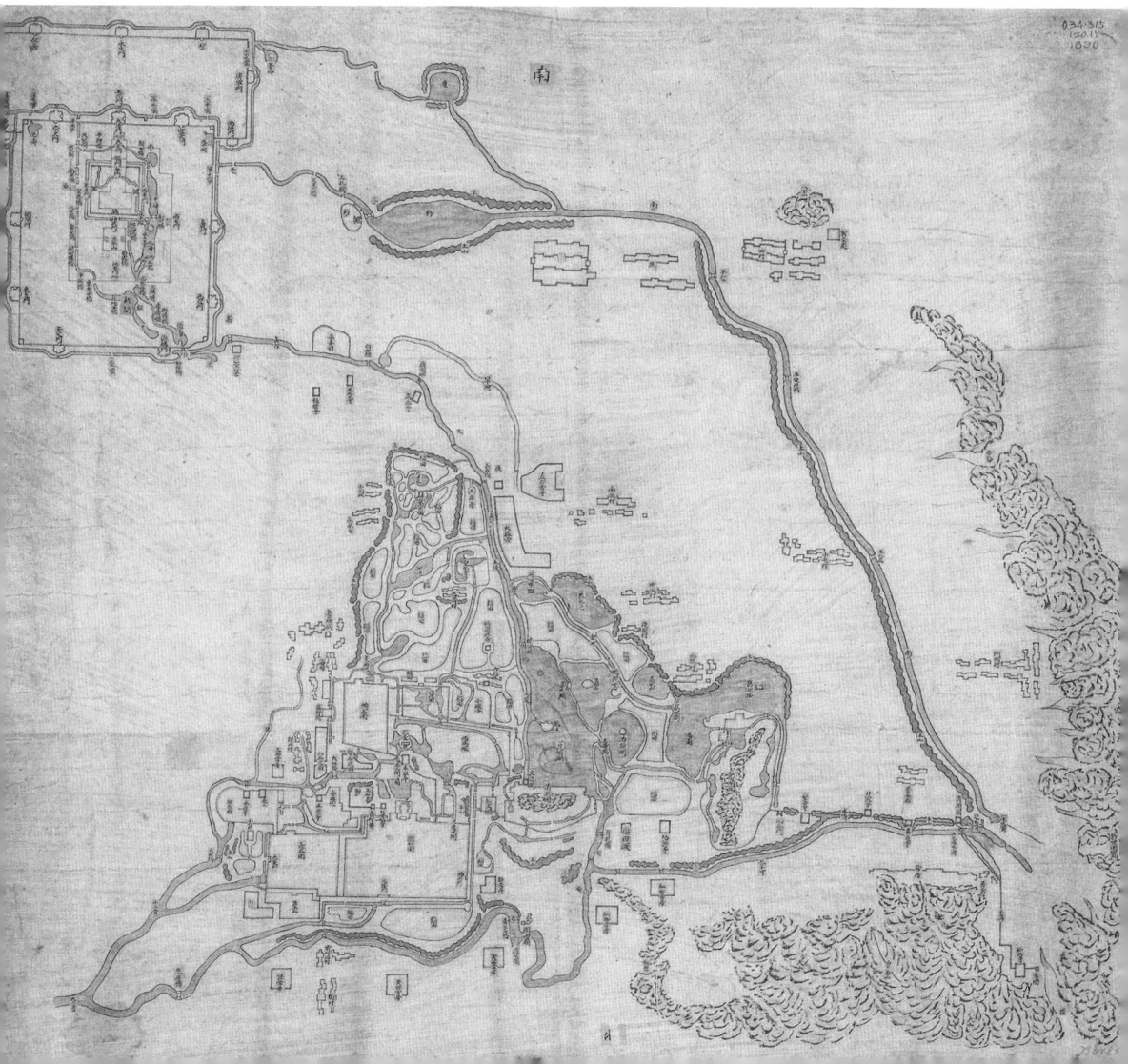

林，流向内外城。根据图上五园三山的名称，特别是对清漪园以及园内治镜阁、藻鉴堂的标注，可以确定这幅地图的绘制年代下限是英法联军火烧西郊园林之前，也就是咸丰十年（1860）。再根据熙春园区域近春园的地名标注推断，这幅地图的绘制年代上限是道光二年（1822）。因为在这一年，熙春园分为东、西两园，工字厅以西部分被称为"近春园"。

从图上看，香山静宜园脚下有两条河道。一条是向东流的北旱河，另一条是向南流的南旱河。南北旱河是乾隆三十八年（1773）开凿的泄水渠，意在保护京城西郊以及其中的皇家园林不受水灾困扰。北旱河由西山发源，至安河桥和青龙桥之间分为两路。南流一路注入昆明湖，成为清漪园和静明园的水源。昆明湖水向南流经绣漪桥，进入长河。长河河道先向南再向东，经过长春桥、麦庄桥、广源闸、白石桥一路，最终在西直门附近注入城河。这条河道由积水潭入内城，成为三海的主要水源。除昆明湖水注入城河以外，玉泉山下高水湖由金水河引入长河，成为注入城河和三海的另一支水源。北旱河北流一路经安河桥、肖家河桥，最终在圆明园东北方向，与流出圆明园的河道汇合，最终注入清河。

上文提及郭守敬曾修建昌平白浮村神山泉至西山脚下的河道，这条河道将京师城北的水源与西山众水源合为一股，注入昆明湖，用以增加昆明湖的蓄水量。昆明湖水经长河流入积水潭，从而改善积水潭码头及运河的通航能力。但是到了清道光、咸丰年间，昌平白浮水源早已枯竭，因此我们已经无法在《京城内外河道全图》上找到这条河道了。

昆明湖是调节京西水量的枢纽。昆明湖南有绣漪桥闸，控制城内供水；北有青龙桥闸，负责汛期泄洪；东北有二龙闸，将湖水由西马厂引入圆明园。南旱河由西山脚下向南流，经五孔桥、平坡庄桥、半壁店桥后，分为两路：一路向东注入钓鱼台湖面（玉渊潭），之后河水出钓鱼台，由三里河注入内城城河；另一路在钓鱼台湖面上游向东南流，注入莲花池，之后向东注入外城城河。

万泉河水系相对分散，以巴沟、泉宗庙区域为中心，万泉河水系北流，被引入畅春园和圆明园，出圆明园后与北旱河汇合，注入清河。万泉河各条河道之间夹杂着多块稻田，形成京西水稻独特的自然景观。

清乾隆时期，玉泉山和万泉河水系的人工改造基本完成。改造后的京西河道，既供给五园三山，也供给京西稻田和周边百姓生活。不仅如此，城河、三海以及东向连接通惠河的河道，都接受着来自这两条水系的馈赠。

《京城内外河道全图》比较全面、细致地反映了清道光、咸丰年间的京师河道情况。清代至民国年间的其他一些地图，也对五园三山附近的水系有一定描述。《运河来水归江全图》是中国科学院图书馆收藏的一幅采用中国传统形象山水画法的长卷彩绘地图，图幅纵23厘米，横511.6厘米，绘制于清嘉庆二十二年至嘉庆二十五年间（1817—1820）。地图起自八达岭长城，止于镇江府以南的丹徒运河段，整体沿着运河展开。全图采用鸟瞰视角，标记了运河全程以及两岸的城镇、村落、山脉、河流、湖泊等，绘制细密；主要描绘了作为运河水源和泄水通道的各条河流，运河上的各种工程包括闸门、堤坝、桥梁、涵洞、引河、斗门、水口等，以及与运河管理相关的河厅界址、营汛、寺庙、行宫等。这幅地图也描绘了北京西郊地区，图中标注

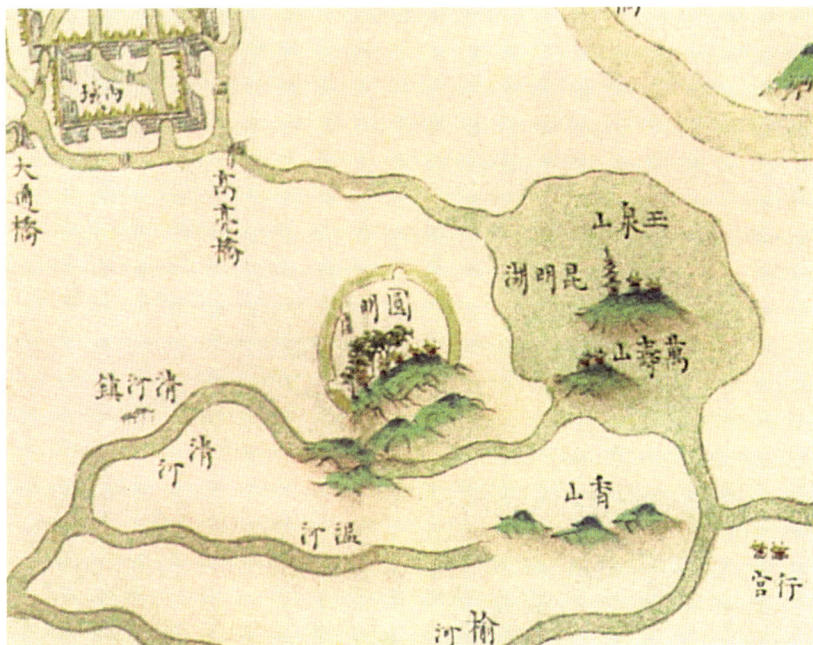

《运河来水归江全图》[①]（局部）

了圆明园、昆明湖、玉泉山、万寿山和香山。昆明湖水一头向东经过高亮桥（高梁桥）进入京城，另一头与清河、榆河相汇。

《八省运河泉源水利情形图》是一幅经折装的长卷彩绘地图，图幅纵27厘米，横925厘米。该作品可能成图于清乾隆年间，也有学者根据图中内容推断此图绘制于清光绪七年至光绪二十七年间（1881—1901）。地图大致描绘了两部分内容：一是洞庭湖经鄱阳湖至南京的长江漕运情况，标出了从南京经大运河北上至北京的两湖漕粮运京路线，这部分内容较为简略；二是从绍兴府及杭州钱塘江

---

① 孙靖国：《舆图指要：中国科学院图书馆藏中国古地图叙录》，中国地图出版社，2012年，第275页。

直至京城的大运河情形，反映了运河沿途各府县周边水道、湖泊、山川、河流之间的相互关联，这部分内容绘制详细，且配有文字说明。大运河流至京城后，经过通州入城，与西侧入城的昆明湖水汇合。玉泉山与畅春园同享水系，汇入榆河。

《北京自来水分配计划图》(*Projet de distribution d'eau et d'assainissement pour la ville de Peking*) 是法国铁路工程师普意雅绘制的一幅中法双语地图，图幅纵 30 厘米，横 108 厘米，比例尺 1∶100000。这幅图出自《北京市政公所待办大项工程意见书》(*Note sur les*

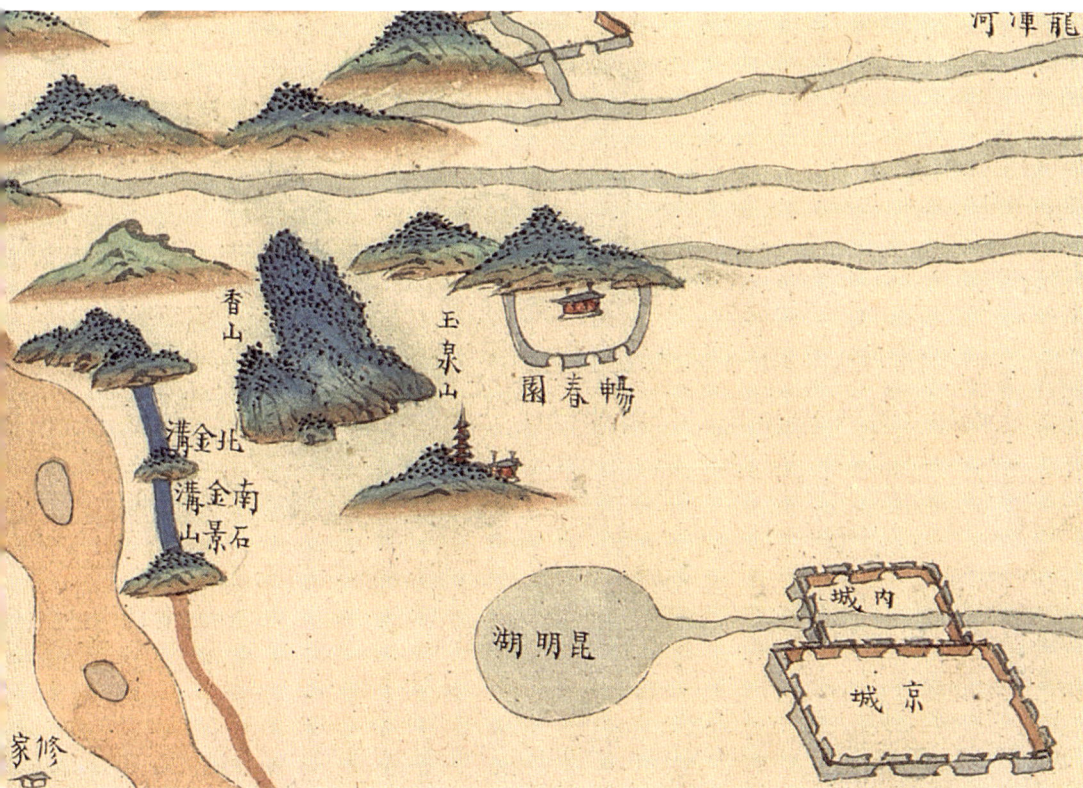

《八省运河泉源水利情形图》（局部）

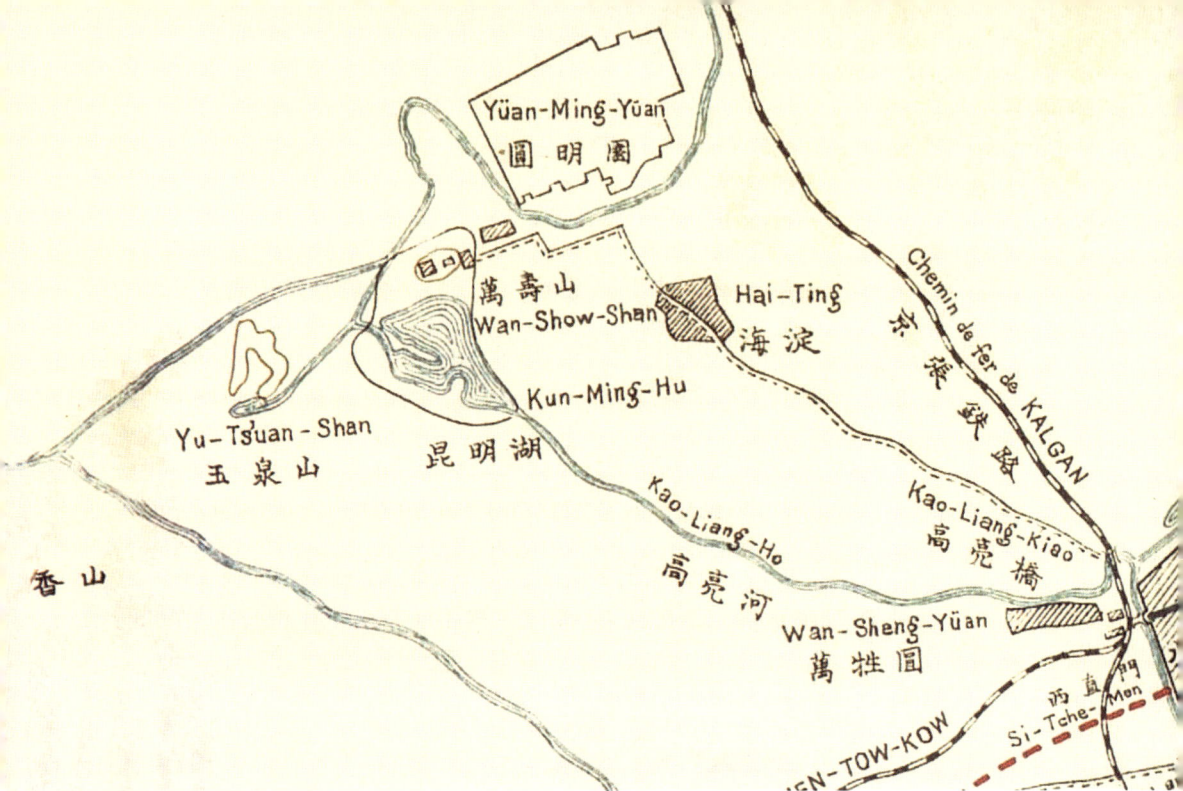

《北京自来水分配计划图》（局部）

grands travaux à exécuter）。普意雅曾担任中国政府顾问。1916 年 11
月 1 日，普意雅给民国政府上呈了这份意见书，1917 年由北京遣使
会印刷厂（Imprimerie des Lazaristes）出版发行。普意雅在意见书中
就北京当时的市政设施提出了自己的看法，列举了几项他认为最重
要的市政工程，其中自来水工程尤其得到重视，因此有了这幅地图。
地图西北起自门头沟永定河与长城交汇处，沿永定河河流走向绘至
卢沟桥，绘出内外城后，向东继续延伸至通州张家湾和白河一带，
北边绘至清河和自来水公司。本图的重点在永定河，包括其上的人
造水池和引水干沟等，或为规划中的自来水工程。地图对西苑园林
地区水道绘制较为简略，但是一目了然。

　　20 世纪 20 年代，普意雅编著了《北京及其周边》（Peking et ses
environs）系列图书，共有 15 册，分别介绍了北京及其周边的坛庙、

44

陵寝、园林等，每本书都附带了若干普意雅本人测绘的地图，每幅地图均可独立使用。其中，1925 年出版的《静明园或玉泉山》（*Tsing Ming Yuan ou Yu tsìuan shan*）中，有一幅《北京及四郊水域图》（*Régime des eaux dans Peking et aux environs*）。这是一幅双色印刷的法语地图，图幅纵 44 厘米，横 116 厘米，比例尺 1∶50000。地图所涉地理范围东至通州张家湾，西至三家店，南至卢沟桥，北至皇家园林区。地图详细标注了西郊一带的水域、河道、水渠、蓄水池以及水流路线、引水路线等。

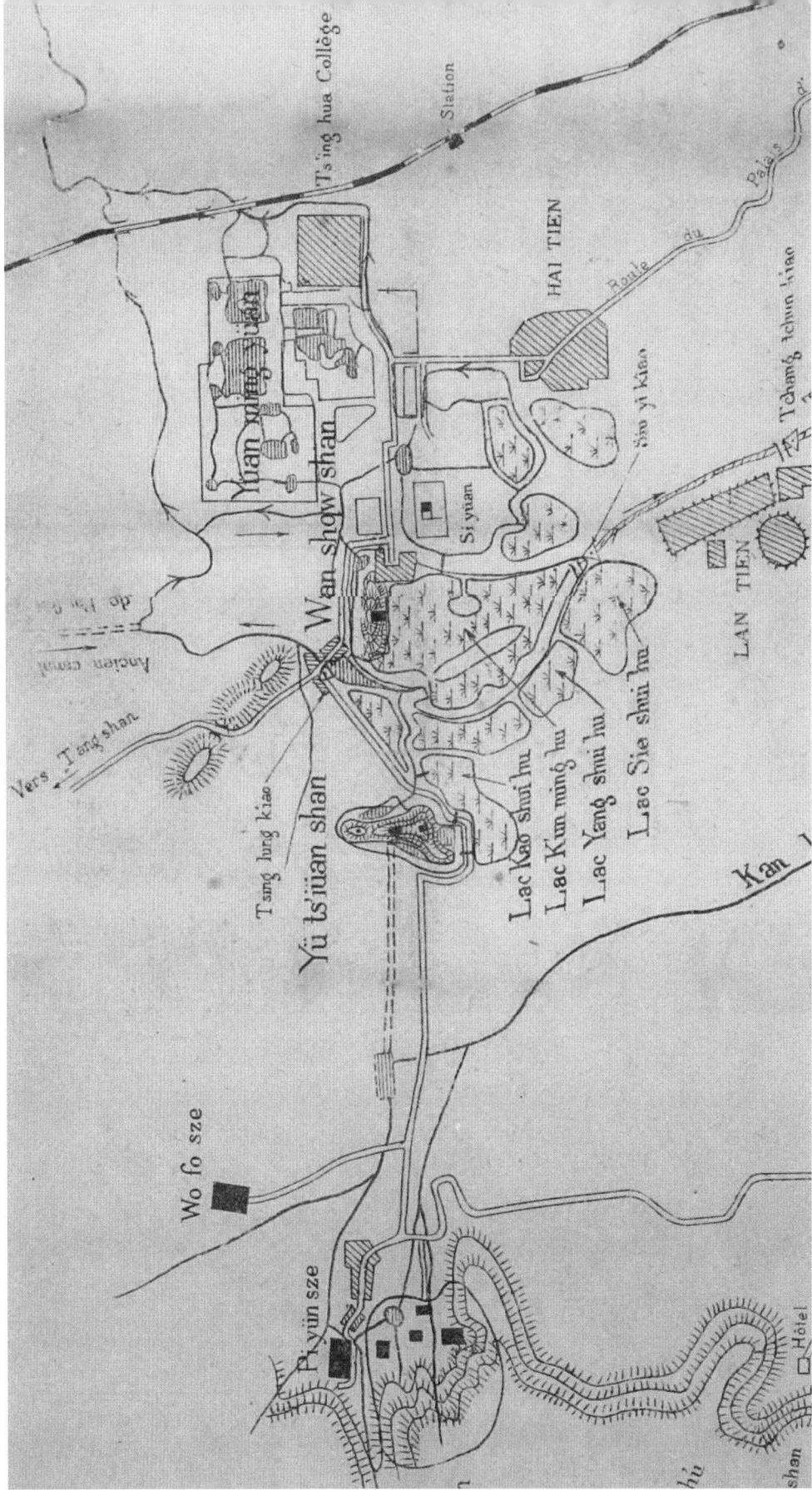

《北京及四郊水域图》（局部）

第二章

『五园』与『三山』

清康熙二十六年（1687），京城西郊的一座皇家园林正式竣工。康熙皇帝将该园命名为"畅春园"，从此开启了清代帝王居园理政的模式。畅春园位于海淀镇西北，是清代在北京西郊修建的第一座大型离宫御苑。畅春园的建设正式拉开了清代大规模建造皇家园林的序幕。正是从康熙皇帝这座"避喧听政"的御园开始，才有后来圆明园、香山静宜园、玉泉山静明园、万寿山清漪园的陆续修建。清乾隆二十九年（1764），一座崭新的皇家园林在经历了 10 余年的建设之后终于落成，这便是清漪园。这是一座以万寿山和昆明湖为基础，以杭州西湖为蓝本，汲取江南园林设计手法建成的大型皇家山水园林。清漪园的建成，把两边原有的四个园子连成了一片，形成了从现在的清华园到香山长达 20 公里的皇家园林区。清代多位帝王在此上朝理政，使得五园三山地区成为紫禁城外又一个政治活动中心，对清代历史产生了重要影响。尽管"五园三山"已经成为北京西郊一带皇家园林的总称，但是其特指的畅春园、圆明园、清漪园（颐和园）、静明园和静宜园仍然是其中最精彩的部分。

第一节
畅春园

　　"水所聚曰淀",北京城西郊的海淀地处永定河洪积扇下缘,水源丰富,地势低洼,往往平地出泉,汇成湖泊,远可望层峦叠嶂的西山,近可见大大小小的湖泊池沼,山水衬映,具有江南的山水景观,是营建行宫别苑的上佳之地。明万历年间,米万钟在此建造了一座园林,名曰"勺园",取"海淀一勺"之意。万历皇帝的外祖父武清侯李伟修建了"清华园",取"水木清华"之意,与"勺园"隔路相望。

　　清康熙中叶,社会稳定、经济繁荣。康熙皇帝勤政爱民,六度下江南巡视,了解社会民情。在首次南巡中,康熙惊叹于江南优美的景致,动了移景入京的念头。于是,他下令在明代李伟清华园旧址上建造一座皇家园林,以作为"避喧听政"之所。康熙二十六年(1687),鸿工告竣,康熙帝正式命名该园为"畅春园",从而开启了清代帝王居园理政的模式。

　　康熙选择在清华园旧址修建畅春园,最主要的原因是此地拥有优越的自然山水条件。清华园位于巴沟低地，南侧有众多泉水涌出，形成几座小湖。南来的万泉水合流成水源充沛的湖泊——丹棱沜，成为畅春园的供水来源。其次，在旧园基础上修建新苑，大大节省了人力、物力、财力，也体现了康熙皇帝勤政爱民的仁君之心。

畅春园的建成使南巡归来的康熙皇帝终于了却了一桩心愿，将江南景色移至京西海淀。此后，康熙每年都会在畅春园里住一阵子，驻跸休养。皇帝在园子里住的时间长了，畅春园也就不单纯是"于兹游憩"之所，而成为清朝前期重要的政治中心。

畅春园"园址东西宽约 600 米、南北长约 1000 米，面积大约 60 公顷，设园门五座：大宫门、大东门、小东门、大西门、西北门。宫廷区在园的南面偏东，外朝为三进院落：大宫门、九经三事殿、二宫门，内廷为两进院落：春晖堂、寿萱春永，呈中轴线左右对称的布局"[①]。关于宫廷区的建筑，《日下旧闻考》有记载："畅春园宫门五楹，门外东西朝房各五楹，小河环绕宫门，东西两旁为角门，东西随墙门二，中为九经三事殿。殿后内朝房各五楹。……二宫门五楹，中为春晖堂，五楹，东西配殿各五楹，后为垂花门，内殿五楹为寿萱春永。左右配殿五楹，东西耳殿各三楹，后照殿十五楹。"中路建筑从南往北分别为九经三事殿、春晖堂、寿萱春永殿、延爽楼，九经三事殿之西为闲邪存诚和韵松轩。东路建筑为澹宁居、渊鉴斋、佩文斋、清溪书屋、道和堂、藻思楼、恩佑寺和恩慕寺。西路建筑有无逸斋、蕊珠院、纯约堂和集凤轩。从清康熙年间王原祁等绘刻

---

① 周维权：《中国古典园林史》（第三版），清华大学出版社，2008 年，第 383 页。

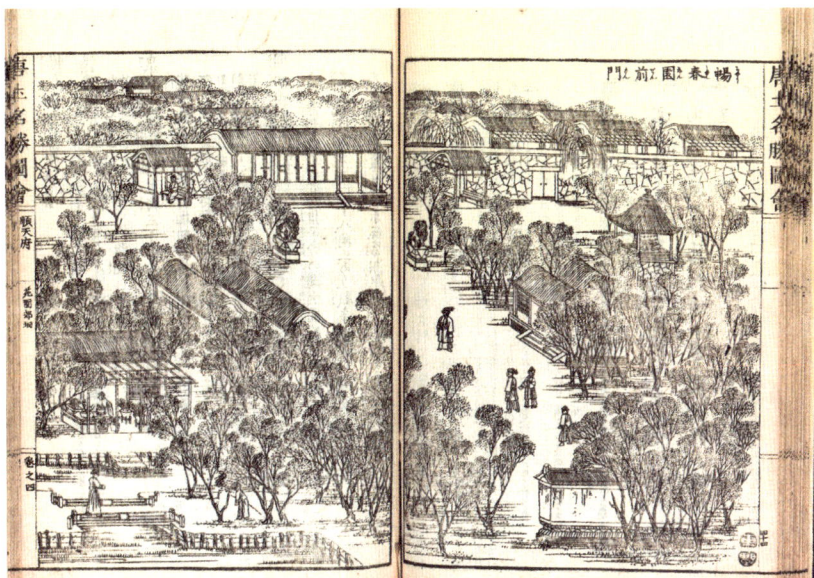

《唐土名胜图会》之《畅春园前门》

的《万寿盛典》中可看到，畅春园大宫门及两侧朝房均为卷棚硬山顶灰瓦屋面，宫墙为普通的虎皮石墙。《唐土名胜图会》中有一幅《畅春园前门》，从绘图风格和内容来看，明显参考了《万寿盛典》。

康熙皇帝在畅春园中起居理政、孝养慈母，度过了30余年的时光。康熙六十一年（1722），皇帝于清溪书屋驾崩。乾隆三年（1738），乾隆皇帝将修整后的畅春园钦定为"皇太后高年颐养之地"。畅春园由"避喧听政"转为祭拜先皇、奉养太后之所。乾隆四十二年（1777），孝圣宪皇后去世，乾隆皇帝仍将畅春园定为"皇太后园"，并令子孙后代都不得更改。但是嘉庆年间不再有皇太后，所以畅春园只好闲置。

随着畅春园奉养太后功能的逐渐闲置和圆明园的大规模修建，畅春园的命运开始由盛转衰。嘉庆年间，畅春园建筑不事雕梁画栋，管理松懈。至道光年间，畅春园残破不堪，颓势已不可避免。咸丰八年（1858）以后，皇帝终止了到恩佑寺、恩慕寺祭拜行礼的仪式，畅春园逐渐远离了皇家生活。在咸丰十年（1860）之前，畅春园事实上已经沦为废园。英法联军焚烧京西皇家园林之后，畅春园旧址仅可见零星凄凉的土丘和杂乱无章的沟渠洼地。

我们现在只能依靠一些文献和图档资料来大致复原畅春园的本来面貌。侯仁之和周维权都曾制作过畅春园复原图。近年来又有北京林业大学团队制作了更为细致的复原图。样式雷图档是现存较早能够再现畅春园的图档资料。现存畅春园相关样式雷图档多绘于道光、咸丰两朝，内容多涉及踏勘丈尺、装修略节等。国图藏畅春园样式雷图样仅 10 余件，多为建筑平样和地盘图，主要涉及春晖堂、清溪书屋、观澜榭、疏峰、无逸斋几个组群。而且其中没有能够展现畅春园全部地盘的图样。只有《畅春园东南部挖河尺寸粗底》一图，依稀可以辨别出畅春园东南侧宫殿区的轮廓。这是一幅挖河尺寸粗底图，图中标注了长宽尺寸、陆地高程等，但是绘制极其粗糙。根据图上的水陆布局可以判断，所绘内容为畅春园南部地区，实际是一幅畅春园局部图。

由于畅春园在清乾隆朝之后就逐渐走向衰落，与其相关的样式雷图档因此数量稀少。现有图档多为地盘图，用于勘察丈尺，大多反映了清中后期畅春园衰败后，其园内遗料被用于修建其他园林或改作他用的情况。图档内容零散、分散，难以反映设计过程。但是对于目前史料缺乏的畅春园而言，这些图档在反映园林兴衰变迁、探讨园林艺术及复原研究等方面，具有重要价值。

晚清绘制的几幅五园三山主题地图，绘出了畅春园最盛时期的

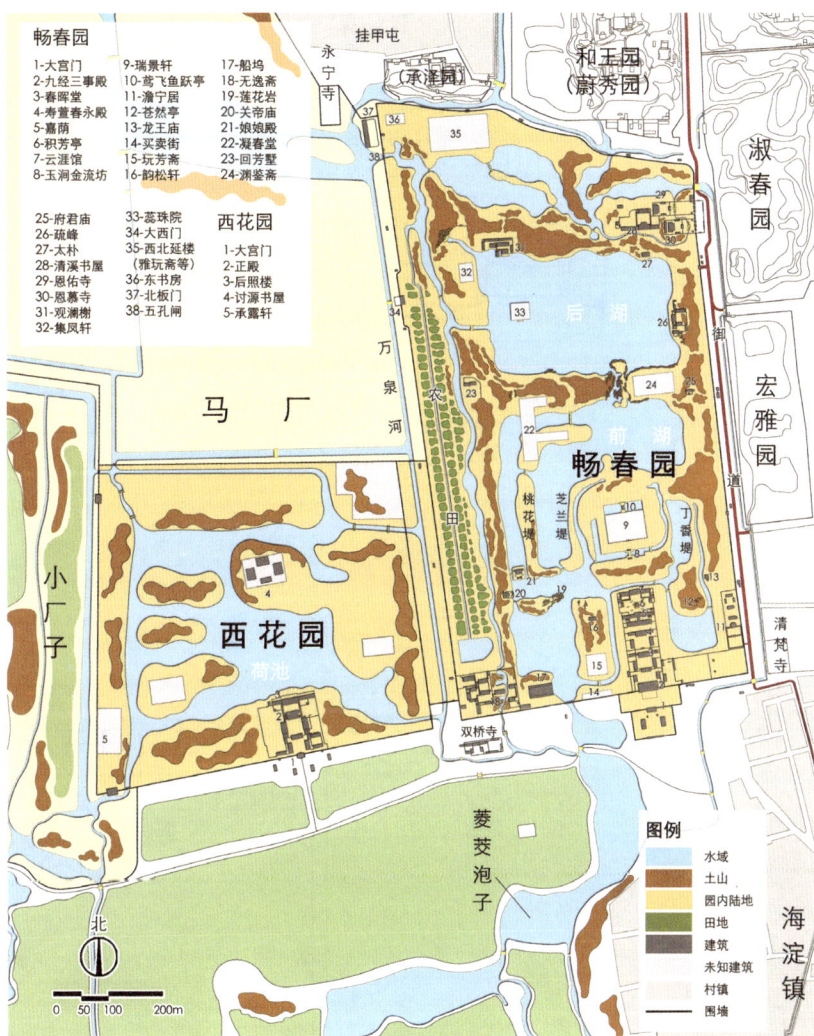

畅春园复原平面图（乾隆四十二年）①

---

① 朱强三山五园工作室提供。

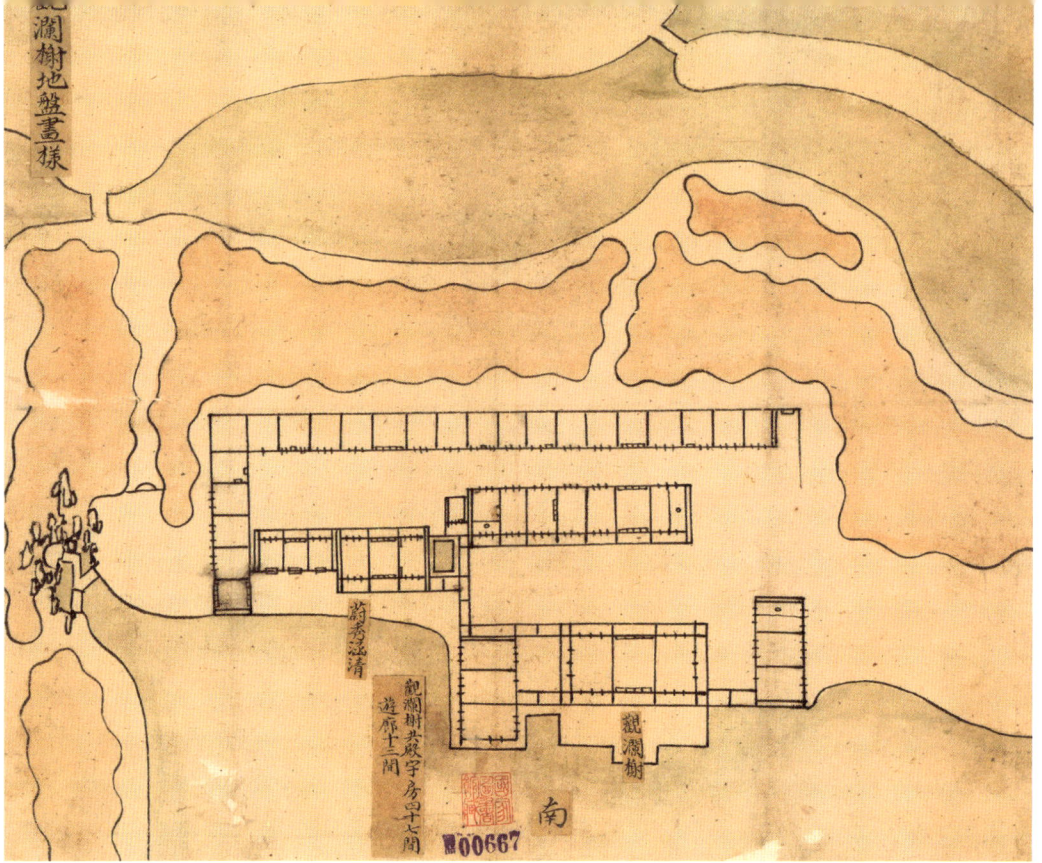

《观澜榭地盘画样》

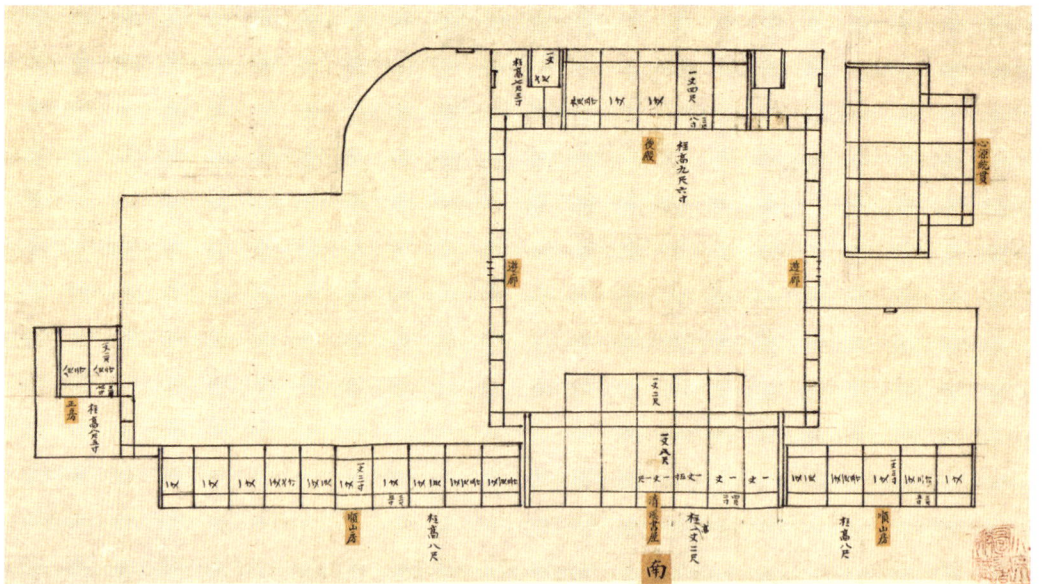

《清溪书屋等地盘画样》

面貌，似乎把我们带回到雕梁画栋的殿宇之中。《三山五园外三营地理全图》对畅春园的描述比较贴近事实，尤其是宫殿、水面的画法。图中九经三事殿和春晖堂屋顶均为金色琉璃瓦顶，明显有别于其他建筑的灰色屋顶，凸显了宫殿区域的尊贵。现实中的畅春园南部宫殿区域面积较小，北部水景园林区域较大。在《五园图》中，楼台亭榭被刻意放大了，水面却缩小很多。这种画法体现了绘图者突出表现宫殿建筑的意图，也意外为观图者了解园内建筑提供了上佳材料。图中绘出的建筑分为东、中、西三路，作为主体的中路建筑被重点凸显。海外藏五园三山图对畅春园的画法与《五园图》相似，但宫殿区域明显更为简略。

《三山五园外三营地理全图》和《五园图》的作者均为常印。这两幅图上有相似的文字注记。前图图说为："畅春园在海甸之北，缭垣一千六十丈有奇，乃前明戚畹武清侯李伟别墅。"后图图说为："畅

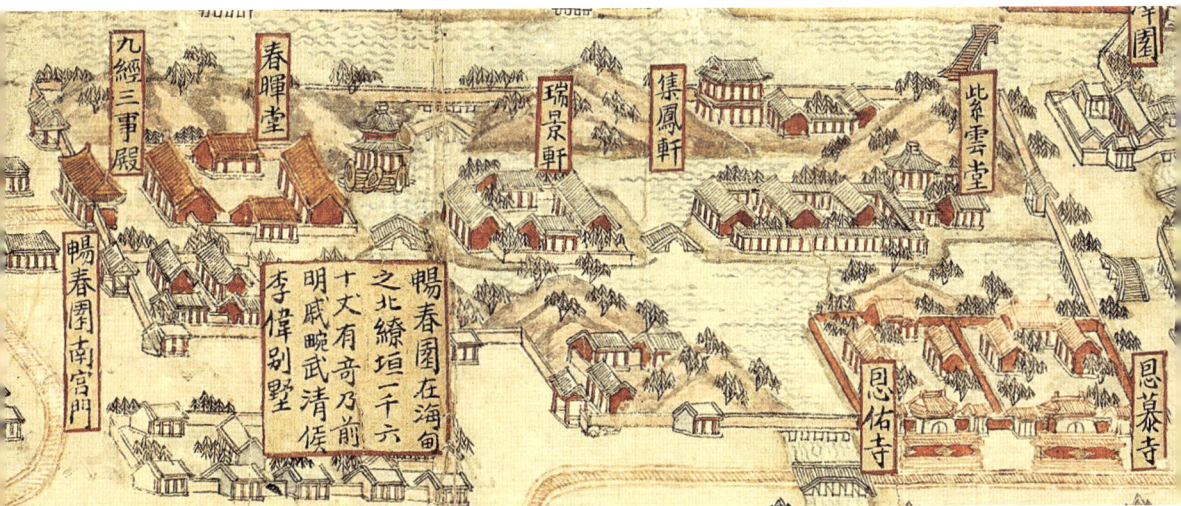

《三山五园外三营地理全图》中的畅春园区域

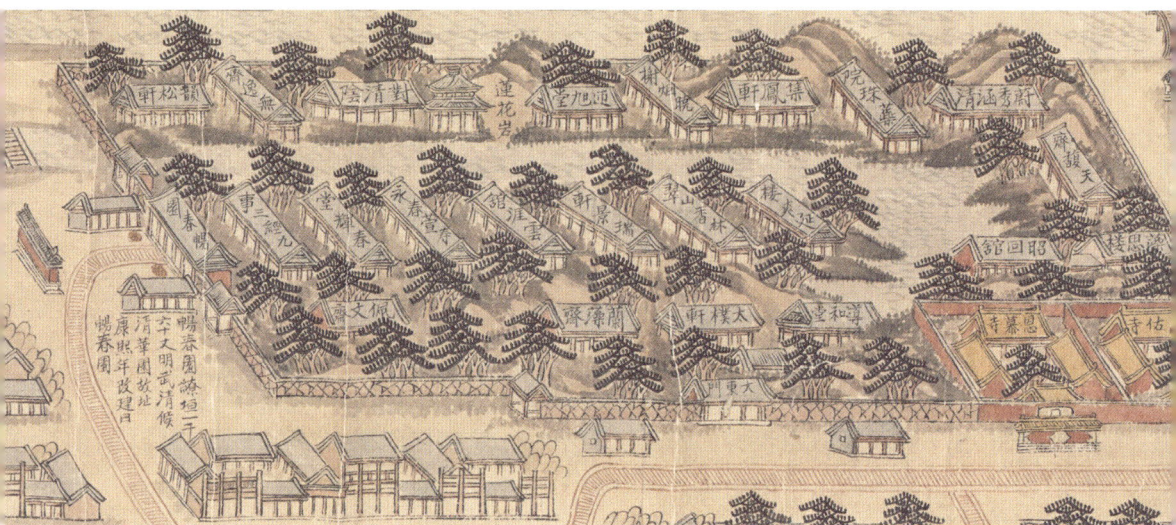

《五园图》中的畅春园区域

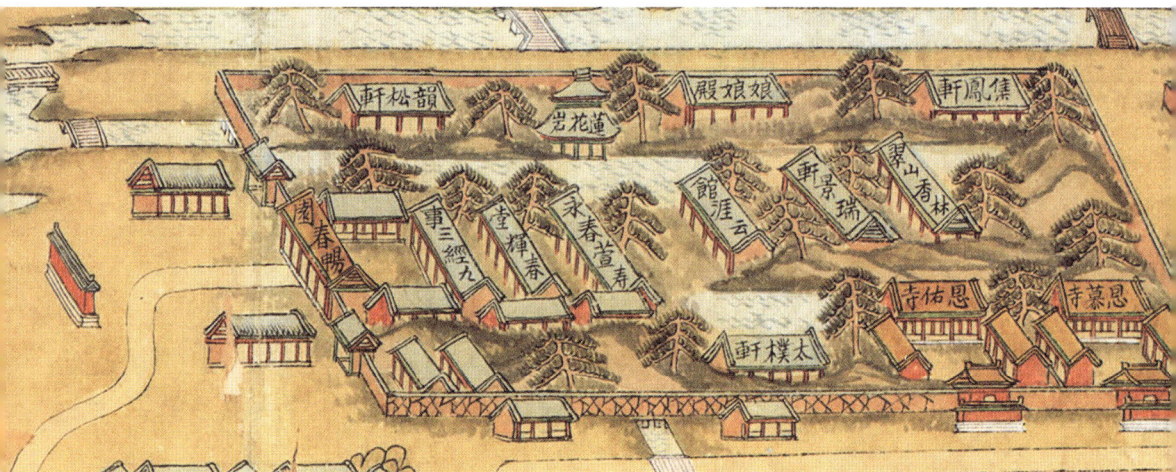

海外藏五园三山图中的畅春园区域

春园缭垣一千六十丈,明武清侯清华园故址,康熙年改建,曰畅春园。"
这些文字揭示了畅春园的前世今生以及园区占地。《明水轩日记》记
载:"清华园,前后重湖,一望漾渺,在都下为名园第一。"足见此
园的显赫地位。

这三幅地图的东北角都比较特殊，有两座明黄色屋顶的寺庙，这便是恩佑寺和恩慕寺。康熙皇帝驾崩后，雍正皇帝建造恩佑寺祭拜先皇。寺庙于雍正三年（1725）建成行礼。乾隆四十二年（1777），崇庆皇太后去世，乾隆帝下令将紧邻恩佑寺的悟正庵改建为恩慕寺，作为崇庆太后荐福之所。不过，《五园图》虽然着重画出了恩佑寺和恩慕寺的全貌，但是却将两座寺院的名称标注错了。究其原因，常印绘制两幅五园三山地图时，畅春园早已没有了当年的盛景，两座残破的山门形制几乎相同，绘制者印象模糊导致标注错误也在情理之中。

辛亥革命之后，北洋政府统治下的军阀混战使京师的形势变得动荡不安。一支改头换面的军队在畅春园旧址的荒地上安营扎寨，这就是由清末禁卫军改编的民国陆军部队。查阅档案资料可以发现，畅春园旧址附近先后驻扎过冯国璋的民国陆军第十六师、冯玉祥国民军第十一师、万福麟五十三军和宋哲元二十九军等军队。以往畅春园的土丘和洼地被改建成新军教场，荒凉的空地又重新喧闹起来，鼙鼓喧喧、扬沙漫天，这片区域被打上了军阀的烙印。

绘制于北洋政府统治时期的《西山图》，记录了畅春园旧址这一巨变。该图上，畅春园除恩佑寺、恩慕寺山门以外的区域，被河流水系围起来的大片空地上，赫然矗立着四组仿西式建筑，禁卫军司令部、宪兵营等地名标注清晰可见。其中最大一组建筑的楼顶，五色旗迎风飘扬。旗帜、兵营、教场，一系列标志因素将故事的发生时代定格在东北易帜之前。浏览图中这片区域时，眼前似乎闪现战火纷飞的场景。

军阀混战的场景匆匆而来，又匆匆而去。1928年，少帅张学良宣布：从即日起遵守三民主义，服从国民政府，改变旗帜。至此，

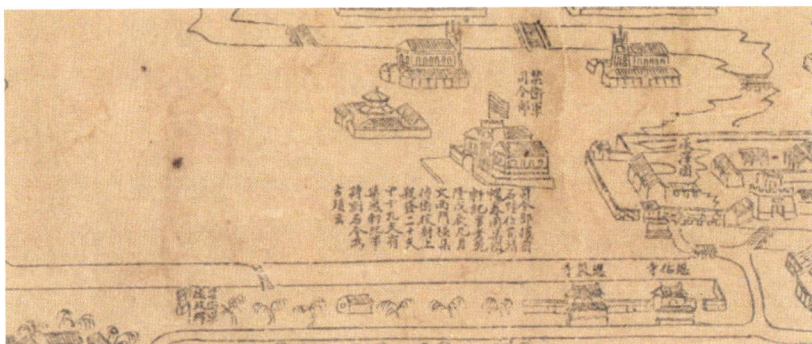

《西山图》中的原畅春园区域

北洋政府统治时期结束,国民政府完成形式上的统一。军阀混战结束,国民政府不需要在西郊继续练兵。从此,畅春园故地的练兵场再也没有出现过隆隆鼙鼓声。兵营荒废,凄凉而平静。

畅春园旧址撂荒以后,因引水方便,很快被开辟成农田。民国时期绘制的另外两幅五园三山主题地图,《西郊图》和《五园三山及外三营图》,为我们描绘了这一区域辟为农田之后的场景。地图上,恩佑寺和恩慕寺的山门和影壁还在,畅春园故地大片空白区域被河流环绕,空地上是简略画出的旧有兵营建筑。兵营被画成传统的中式建筑,与《西山图》中的建筑完全不同。这种图像的变化正好代表了一个时代的过去。如今画中建筑只不过是写意罢了。

如果说《西郊图》和《五园三山及外三营图》上的农业建筑并不明显的话,我们可以在1934年的《北平特别市图》上看到畅春园故地上真正的农田。这些被河流沟渠分割成一块块的农田,秋风十里,一望无际。这种场景已经很难和昔日的凤阁龙楼联系在一起。我们粗略估算一下,康熙时期畅春园占地约900亩,新中国成立初期我

《西郊图》中的原畅春园区域

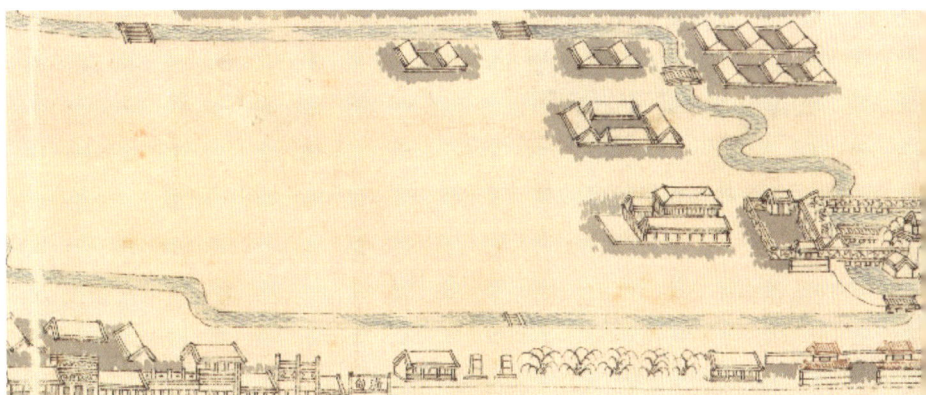

《五园三山及外二营图》中的原畅春园区域

国水稻平均亩产量约230公斤，因此，畅春园故地种植水稻年产量约20万公斤。20世纪60年代至80年代，国营粮店供应大米的价格长期都是0.142元1斤。如此算来，畅春园区域种植的水稻价值不到6万元。这些农田所得与昔日畅春园建造的开销相比是何等渺小。

　　改革开放以后，畅春园旧址开始进行大规模基础建设。旧址西南部建成芙蓉里小区和万泉河中学，东南部建成海淀体育馆和畅春

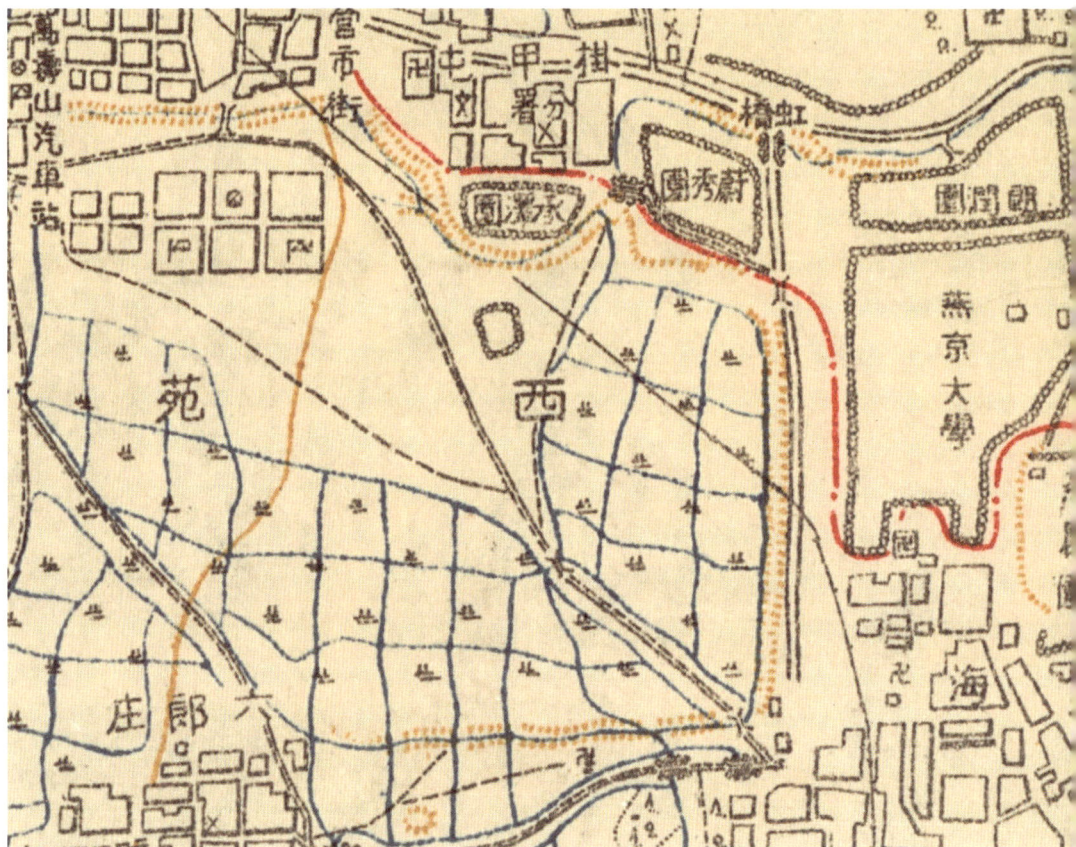

《北平特别市图》中的原畅春园区域

园饭店。著名学者侯仁之先生曾撰写《新建畅春园饭店记》，记录畅春园的沿革变迁。此后，畅春园旧址北部划归北京大学，逐步建成畅春园学生公寓，南部建成中关村硅谷电脑城。重视文化教育、重视科技创新成为畅春园新时代的印记。现在北京大学西门对面，静静矗立着恩佑寺和恩慕寺山门，这是畅春园仅存的旧有建筑。山门前，"还似旧时游上苑，车如流水马如龙"。不一样的是，在这里穿梭的是属于这个时代的精英学子。存在于学生公寓和北大校园之间的两座山门，孤寂静立，既刻印了过去的辉煌，也见证着如今的熙攘。

恩佑寺、恩慕寺山门现状（朱强于2019年摄）

的20世纪初的恩佑寺、恩慕寺山门[1]

---

[1] 刘阳、翁艺：《西洋镜下的三山五园》，中国摄影出版社，2017年，第392页。

第二节
圆明园

　　我们现在所熟悉的圆明园实际由三座园林组成，分别是圆明园及其附属长春园、绮春园，因此也作"圆明三园"。其中的圆明园最初是康熙皇帝给皇四子胤禛的赐园，位于畅春园北一里许，始建于清康熙四十八年（1709）。赐园规模不能超过皇帝的畅春园，所以园子规模不大，园内建景也不多。康熙为之命名"圆明园"，并御书三字匾牌悬挂在圆明殿大门上方。"圆明"二字是雍正皇帝，即胤禛自皇子时期一直使用的法号。雍正解释"圆明"二字的含义是：圆而入神，君子之时中也；明而普照，达人之睿智也。"圆"是指个人品德圆满无缺，超越常人；"明"是指政治业绩明光普照，明智。这可以说是封建时代统治阶级标榜明君贤相的理想标准。

　　雍正皇帝继位后，很快对圆明园进行了扩建。工程大体分为三部分。其一是将中轴线向南延伸，在赐园的南面修建宫廷区，严格仿照紫禁城中轴对称的形式，包括新建大宫门、左右外朝房和内阁

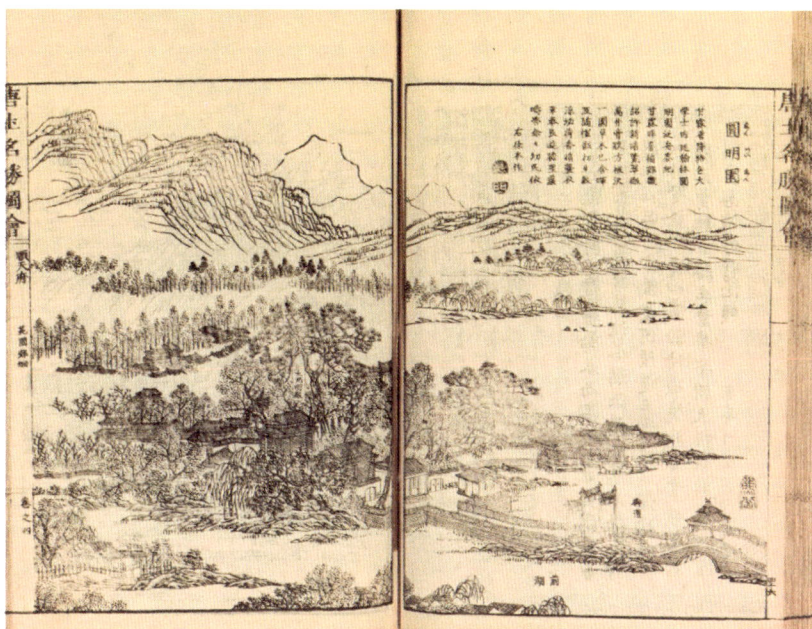

《唐土名胜图会》之《圆明园》

各府各衙门值房等。这里日后成为皇帝在圆明园主政的主要建筑群。其二是将原赐园向北、东、西三面拓展，构建曲水岛渚，增设亭榭楼阁。这部分构成了后来乾隆御题"四十景"的主体。其中至少有三十三景于雍正在位期间完工。其三是修建福海及其周围配置的建筑组群。整个园林面积因此增至三千余亩。圆明园的格局基本形成。

乾隆皇帝继位后，又对此园进行了局部增建和改建，并且亲自主持建设工程。此次扩建并没有扩大圆明园的地盘，而是在原有范围内调整园林景观，增建若干建筑组群以丰富园景。到了乾隆九年（1744），圆明园的营建工作基本告一段落。乾隆皇帝钦定了四十景，

九州清晏

正大光明直北為幾餘游息之所禁城綿
接鱗瓦棼差前眺巨湖渟泓演漾周圍支
汊縱橫窈達諸勝仿佛得陽九派驪行謂
禅海周環為九州者九大瀛海環其外蒼
境信若造物施設耶

昔我皇考宅是廣居旰食宵衣左圖右書圖
煌煌御書九州清晏 皇心乃舒宵宵構軟
何繼序在子業 就 奉此 遺模一念之間 天可畏屋
漏肆俱損謂民可畏敢敗其愚六籲八纮牧乎御
林遊觀川適幾餘豈繫廊廟泉石是娛所志維
青繼序在子業 就 奉此
敬肆攸殊珠作狂作聖繁彼斯須謂
厨念彼溝壑昌其飽諸水榭山亭天然畫圖瞻
彼茅檐蒿庐瘵切膚慎終如始前聖之謨鳴呼小
子母渝厥初

"圆明园四十景图"之《九州清晏》

分别赋诗。内廷画师沈源、唐岱等据此绘制成"圆明园四十景图",绢本设色,共计四十幅。汪由敦楷书乾隆所作各景题咏四十首,也是四十幅。八十幅分装两巨册,最初保存于圆明园中,后来经历战乱,现存法国巴黎国家图书馆。

除此之外,乾隆皇帝在圆明园东面和南面先后兴建了两座附园:长春园和绮春园。长春园始建于乾隆十四年(1749),落成于乾隆十六年(1751),是乾隆皇帝为自己建造的颐养之所。因此,"颐养"和"休闲"是长春园最大的主题。此园以宴游为主,没有议政设施。长春园以两个景区为主体,辅以若干小园和建筑群。园区南部以大型水景为主体,建筑布局比较疏朗,利用桥、堤将大片水面划分为若干形状各异的水域。园内核心建筑——含经堂建筑群规模富丽宏大,布局参考紫禁城宁寿宫,是乾隆计划退位后常居的住所。但是乾隆退位归政之后,实际并未住居于此处。园区北部为欧式西洋楼建筑群,俗称"西洋楼",包括六幢建筑物、三组大型喷泉以及园林小品等,沿长春园北墙成带状分布。西洋楼的主体其实就是人工喷泉,时称"水法",主要包括谐奇趣、海晏堂和大水法三处大型喷泉群。

西洋楼景区在园中占地面积实际很小，但它却是仿建欧式园林的一次成功尝试，在东西方园林交流史上占有重要地位。

绮春园位于圆明园东南，大约建成于乾隆三十七年（1772），由几个小园林合并而成，其中就包括大学士傅恒及其子福康安死后缴进的赐园春和园。到了嘉庆时期，绮春园又纳入了庄敬和硕公主赐园含晖园和成亲王寓园西爽村，屡有增建，规模与长春园相当。嘉庆皇帝十分喜爱绮春园，曾于嘉庆十年（1805）御制《绮春园三十景》诗。嘉庆十四年（1809），正觉寺东侧的绮春园宫门正式修建完成，因其比圆明园大宫门和长春园二宫门晚建半个多世纪，也称"新宫门"，且该名沿用至今。同治年间，慈禧太后和同治皇帝试图重修被英法联军焚毁的圆明园，并拟将绮春园改名为"万春园"。同治十二年（1873）十月初一日，皇帝谕令："绮春园改名万春园，敷春堂改名天地一家春，悦心园改名和春园，清夏斋改名清夏堂，圆明园九州清晏同道堂改名福寿仁恩，基福堂改名思顺堂，天地一家春改名承恩堂。清夏堂西宫门改名南宫门。"但是苟延残喘的清政府实在无力承担圆明园的重建工程，因此名副其实的万春园也并没有存在过。

圆明、长春、绮春三园相对独立又互相连通，总体上以圆明园为主，因此一般统称为"圆明三园"或"圆明园"。圆明三园总平面呈倒"品"字形，占地350万平方米（5200余亩），其中水面面积约140万平方米（2100亩）。园内有园林风景百余处，建筑面积逾16万平方米，陆上建筑面积比故宫的全部建筑面积还多1万平方米，水域面积又相当于一个颐和园，是清朝皇帝在150余年间创建和经营的一座大型皇家宫苑。雍正、乾隆、嘉庆、道光、咸丰五朝皇帝都曾常年居住在此，并举行朝会，外理政事。它与紫禁城同为当时的全国政治中心，被清帝特称为"御园"。

康熙皇帝、乾隆皇帝均热衷于出巡，多次造访江南，因此广泛吸取各地造园精华，将其融入圆明园的营造之中。圆明三园共有一百多处园中园和风景建筑群，即通常所说的一百余景，包括著名的"圆明园四十景""长春园三十景""绮春园三十景"等。全盛时期的圆明园以其宏大的地域规模、杰出的营造技艺、精美的建筑景群、丰富的文化收藏和博大精深的民族文化内涵而享誉于世，被誉为"万园之园"。不幸的是，这座举世名园于清咸丰十年（1860）遭到英法联军的野蛮洗劫和焚毁，成为我国近代历史上屈辱的一页。

如今的圆明园只剩断壁残垣，我们只能通过各种文献和档案资料了解其当年的盛况。目前已知最早的一幅圆明园全图[①]是国图藏样式雷图档中的《圆明园地盘全图》，底图完成时间不晚于清乾隆四十二年（1777）。这张图保存相对完好，图中河道及众多景区轮廓均保持着雍正、乾隆朝盛期的格局。这在目前所知样式雷图档中极为罕见，是记录乾隆朝圆明园格局的重要佐证。图中平格网的应用彰显了中国传统外部空间设计的高度智慧，也是现存样式雷图档中少有的实例。

圆明园是一座以水为主题的水景园，水域面积占全园面积的一半以上。国图藏样式雷图档中的《圆明园河道全图》《长春园内围河道全图》《绮春园河道》三图形象描绘了圆明三园的水系特征，清晰展现了园内山水格局的连接转变。园中水面形态各异，大小相嵌。

---

① 王其亨、张凤梧：《一幅样式雷圆明园全图的年代推断》，《中国园林》2009年第3期，第83—87页。

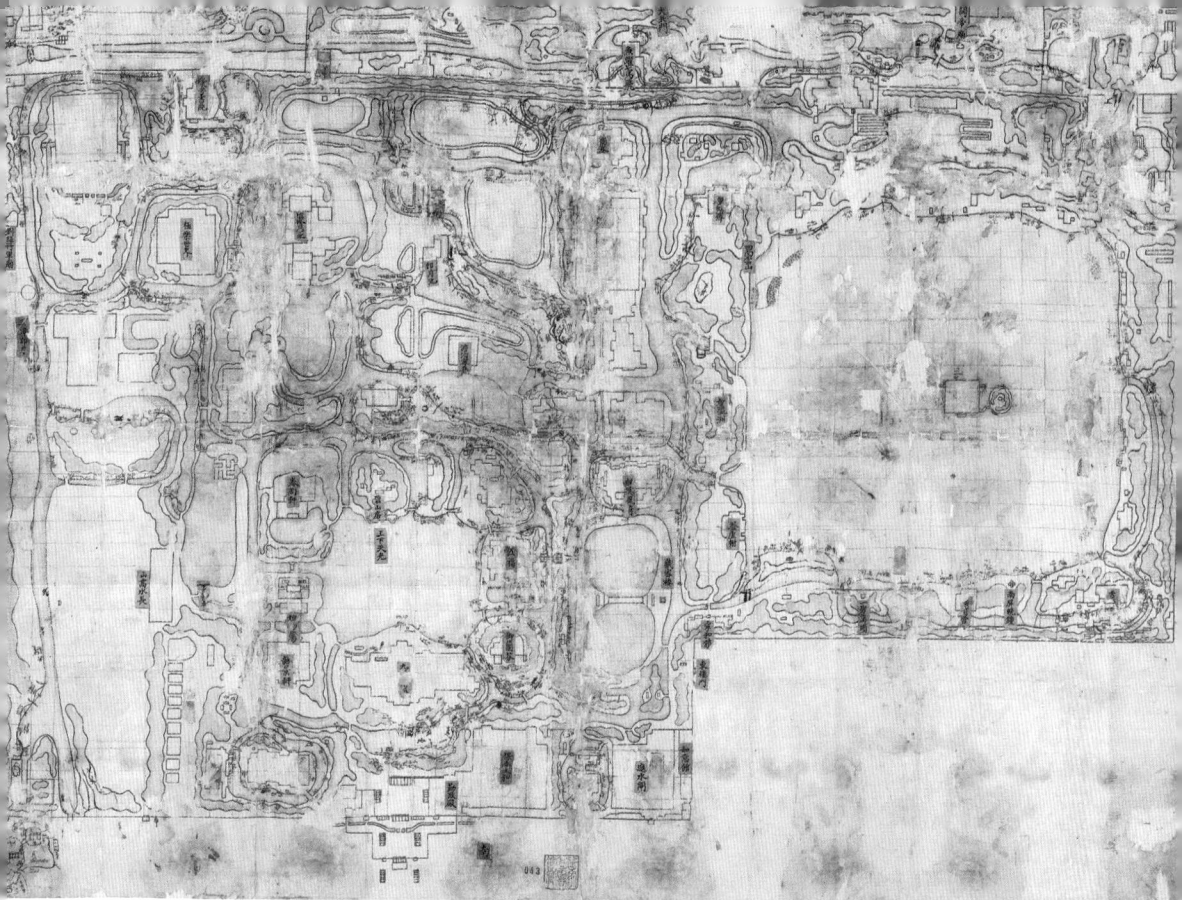

《圆明园地盘全图》

　　其中最大的是福海,宽达 600 余米,浩瀚的水面上浮现出仙境般的"蓬岛瑶台"。回环萦流的河道作为全园的脉络和纽带,把这些大大小小的水面串联为一个完整的河湖水系。这些河道、湖泊与遍布全园的假山、岛屿等相互烘托映衬,营造山水写意画般的意境,可以说是集我国古典园林堆山理水手法之大成。

　　圆明园的水源主要来自玉泉山。玉泉山水通过颐和园昆明湖和清河支流万泉河注入园中,然后分散于各处。从《圆明园来水河道全图》和《圆明园附近河道全图》上,可以清晰看出圆明园水系来源:一是万泉庄之水,经由畅春园过挂甲屯北流,从圆明园进水闸导入园内以补给园林用水;二是昆明湖之水,经二孔闸东流,经高水闸北流,也从圆明园进水闸口导入园内,从出水闸汇入清河。这

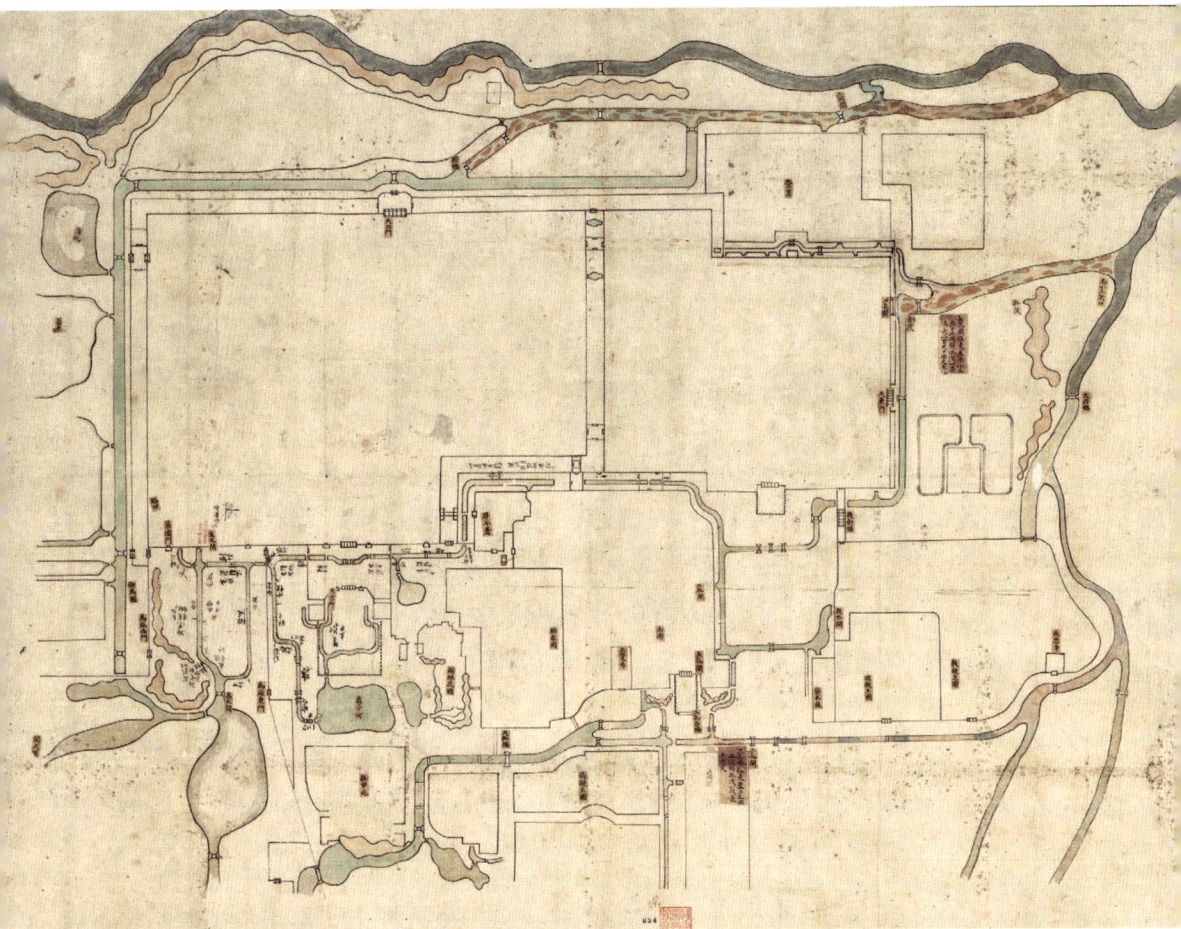

《圆明园附近河道全图》

些水系河道需要人为清理，否则会造成淤浅。《圆明园附近河道全图》就形象地在绿色河道中绘有不规则的棕色块状，以示淤积，并加以签注："七孔闸往东至南小三岔口止，河桶淤浅一道，凑长二百九十四丈五尺。"

"圆明园四十景"于清乾隆九年（1744）绘成分景彩图后，其中的上下天光、杏花春馆、长春仙馆、武陵春色、映水兰香、北远山村、四宜书屋、平湖秋月、涵虚朗鉴、接秀山房、别有洞天、夹镜鸣琴、澡身浴德、廓然大公和洞天深处等景，在乾隆朝中后期或嘉庆、道光时期，均有过明显改建或增建。长春园于乾隆朝中后期建成之后，茜园、淳化轩（含经堂）、泽兰堂、丛芳榭等景在嘉庆、道光时期有过局部改建。绮春园于乾隆中叶归入圆明园后，在嘉庆时期有过全面修缮增建，敷春堂、四宜书屋、清夏斋等景在道光、咸丰时期也有过局部改建。同治年间，慈禧太后试图重修圆明园。当时拟修范围主要集中在圆明园的前朝区、后湖区和西部、北部一带，以及万春园宫门区、敷春堂、清夏堂等20余处，共涉及3000多间殿宇。但是由于财力枯竭，重修工程开始不到10个月就被迫停止。不过清王室并未完全放弃修复圆明园，零星的修缮仍在继续。直至光绪二十二至二十四年（1896—1898），圆明园双鹤斋、课农轩等风景群还曾得以修葺。圆明三园内的这些风景群布局变迁情况，在样式雷图档上都有体现。

以九州清晏为例，九州清晏是圆明园中最早的建筑群之一。其名寓意九州大地河清海晏，天下升平，江山永固。九州清晏岛东西长约234米，南北宽约116米，占地约27000平方米。建筑群整体上划分为东、中、西三路，各院落主要建筑均沿中轴线南向排列。中路依次为圆明园殿、奉三无私殿、九州清晏殿。东路为妃嫔居所"天地一家春"。西路主要供帝王寝居游赏，乾隆时期有乐安和、怡情书史、清晖阁等建筑，道光后改建为慎德堂、同道堂等。中路的圆明园、奉三无私、九州清晏三殿，是皇帝日常使用最频繁的建筑。圆明园

图说北京五园三山

殿为寝居区门殿兼前厅，奉三无私殿则相当于皇帝的内客厅，九州清晏殿为皇帝在园中的正式寝宫。因此，九州清晏岛也是园内防范最为严格的禁区。

　　九州清晏在嘉庆、道光、咸丰三朝有过多次较大规模的布局改变，是圆明三园中建置最早、改扩建最为频繁的景区。尤其九州清晏殿在历史上经历了几个时期的形制变化。第一个时期是雍正年间始建至道光十年（1830），九州清晏殿七间带三间后抱厦，这是其早期形制。第二个时期是道光十六年（1836）九月二十六日后，九州清晏三大殿一带失火，之后九州清晏殿五间重建，再无前后

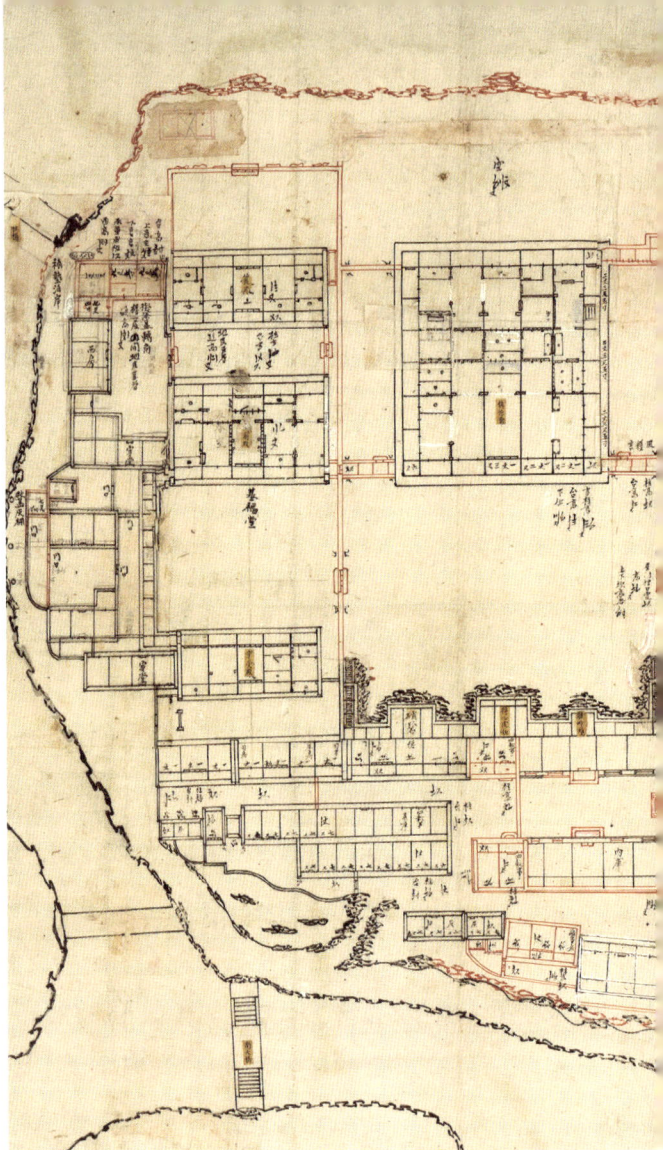

《九州清晏总样准底》

抱厦。第三个时期是咸丰五年（1855），九州清晏殿添建后抱厦，这是其中期形制。第四个时期是圆明园于咸丰十年（1860）罹劫后，同治年间重修时有了两卷九州清晏殿的设计，这算其晚期形制。

　　首屈一指的重要地位和频繁的改建，使九州清晏景区留下了较为丰富的史料，仅样式雷图档就有500余张。道光十六年（1836）九月二十六日，九州清晏中路失火，圆明园、奉三无私、九州清晏

70

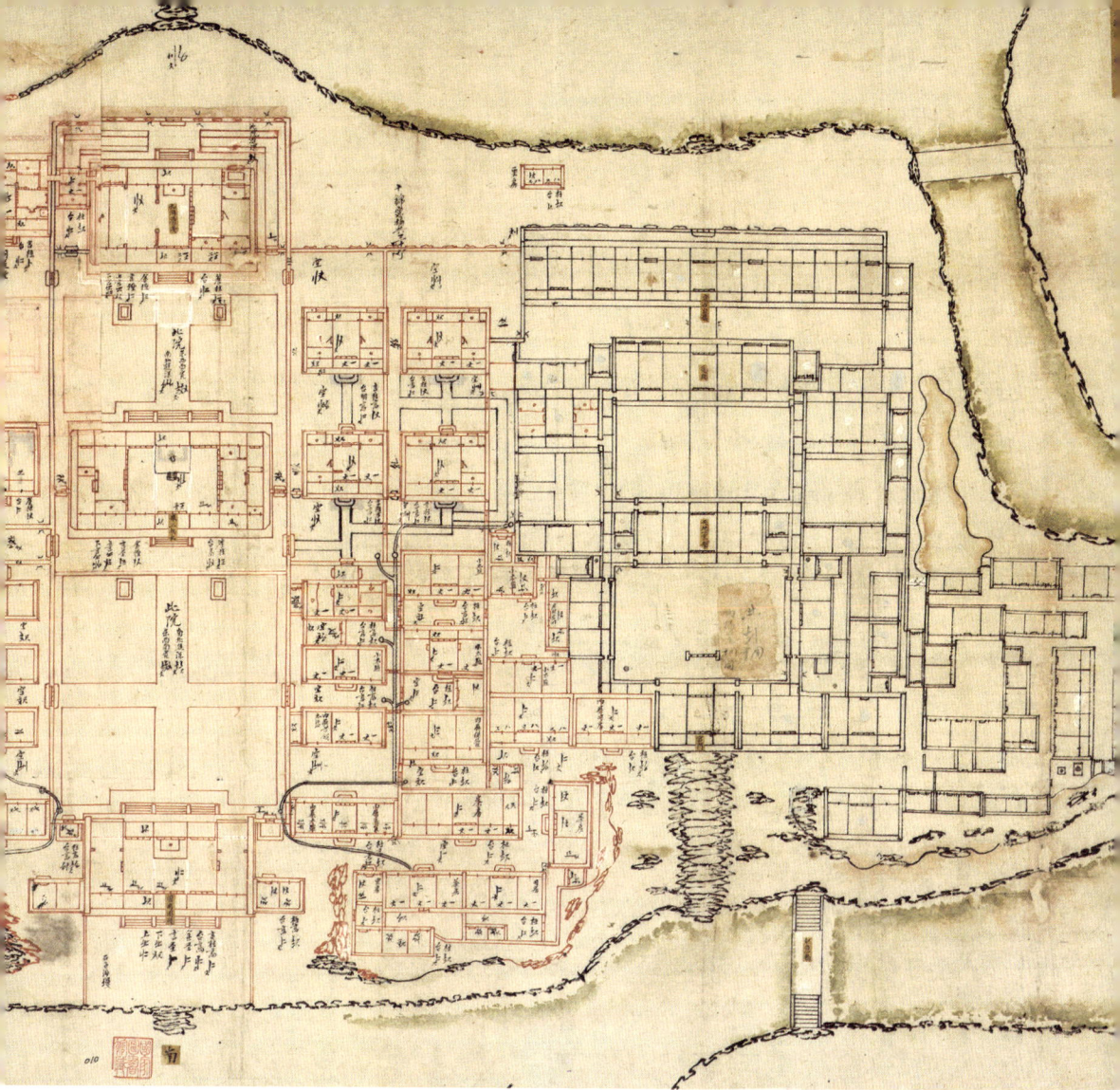

三大殿因此焚毁。灾后重建工作随即开始，重建范围西至慎德堂东墙，东至泉石自娱西墙、天地一家春宫门西墙一线。

国图藏《九州清晏总样准底》就是道光十六年（1836）火灾之后，样式房于道光十七年（1837）七月十六日绘制而成的重建图纸。图中用墨线表示现存建筑，朱线表示拟改建筑。改建部分的尺寸标注十分详细。工程拟将中路三大殿进行彻底改造，九州清晏殿由原来的七间改成五间，明间面宽一丈三尺，四次间各面宽一丈二尺，进深二丈四尺，前后廊各深六尺，连接九州清晏殿和奉三无私的甬路为砖海墁。殿前距甬路四尺处有一对铜鹤，铜鹤高四尺三寸，长三尺，石座宽一尺九寸，长二尺五寸，高一尺九寸，通高六尺二寸。

根据刘敦桢《同治重修圆明园史料》记载，同治朝复建圆明园的工程中，因为慈禧太后举办四十整寿，所以绮春园修建的重点主要在大宫门、清夏堂和天地一家春。同治十二年（1873）十月初一日，皇帝下旨将绮春园改称"万春园"。至同治十三年（1874）五月，万春园大烫样全份已恭呈御览，大宫门已基本修建完工，清夏堂已上梁，天地一家春基础工程业已完成。但是，在清廷上下一片反对声中，复建工程于同年七月二十九日被迫停止。

样式雷图《万春园中路地盘图》正是反映了同治年间重修万春园时的情形。图样绘出了大宫门、二宫门、迎晖殿、中和堂、集禧堂、天地一家春、凌虚阁、澄光榭、扮戏房、看戏殿以及东住所等处。迎晖殿位于二宫门内，为本园正殿，五开间，四周设有围廊。皇太后万寿节接受群臣朝贺即在此殿。迎晖殿后有后殿七间，外檐挂嘉庆皇帝御笔"中和堂"匾。中和堂有东西长廊与迎晖殿相通，是太后接受朝贺时休息的场所，殿内设有供皇太后休息的凤床。道光、咸丰年间，孝和皇太后和康慈皇贵太妃的梓宫均曾被移奉于迎晖殿暂安祭奠。《万春园中路地盘图》上标红处为改建、添建，主要是在凌虚阁西北处添接转角游廊，在扮戏房西侧添接游廊，在看戏殿西侧添砌墙，并在添砌墙上开门。

样式雷图《长春园内围河道全图》绘出了长春园东、南、西、北四座门，分别是大东门、长春园宫门、明春门和北砖门，还标注

《万春园中路地盘图》

73

了园中二十余处建筑景群，包括淳化轩、如园、鉴园、思永斋、海岳开襟、流香渚、花神庙、玉玲珑馆、狮子林、宝相寺、法慧寺、谐奇趣、远瀛观、转马台、海晏堂、方外观、万花阵、线法墙、黄花灯（也叫黄花阵或万花阵）等胜景。

　　早年的铜版画也是展现盛时圆明园的重要史料。长春园中的"西洋楼"建筑，由欧洲传教士蒋友仁、郎世宁、王致诚等参与设计监造，历时十三年，于乾隆二十五年（1760）建成，咸丰十年（1860）英

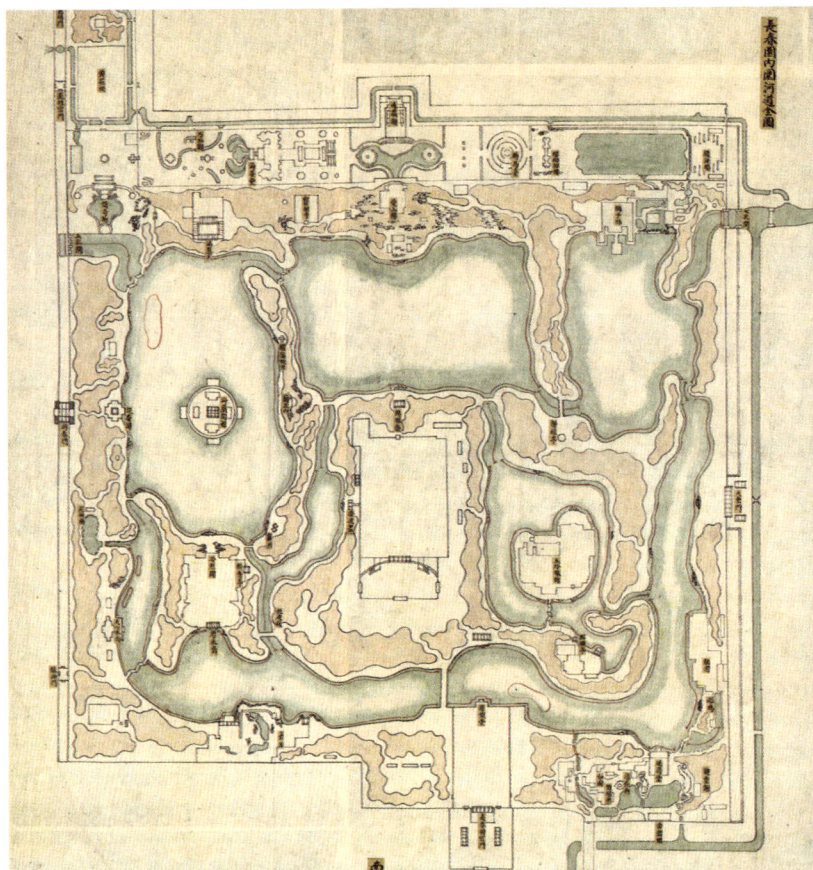

《长春园内围河道全图》

法联军入侵时圮毁。清乾隆五十一年（1786）内府铜版刊本《圆明园长春园图》描绘的就是这组"西洋楼"建筑的全貌，十二景依次为：谐奇趣（二幅）、蓄水楼、花园门（二幅）、养雀笼（二幅）、方外观、竹亭、海晏堂（四幅）、远瀛观、观水法、线法山门（三幅）、湖东线法画（二幅）。《圆明园长春园图》是中国人在中国本土制作成功的第一套铜版画，由清宫内务府造办处于乾隆五十一年（1786）镌刻铜版刷印而成。其原图绘者为长春园西洋建筑设计者之一的郎世宁。每块铜版的红铜用量为26公斤，图版共20幅，每幅纵51厘米，横88.6厘米，压印成100套，时称《谐奇趣图》。《圆明园长春园图》是中国风景铜版画的重要代表作品，由于受到西洋画风的影响，这组图画采用全景式构图，景物比例关系严谨准确，绘刻技法极其确切精细，具有场面恢宏、大型纪实性的特点，真实再现了皇家园林的豪华气派，为人们了解被焚毁前的"西洋楼"建筑艺术提供了

《圆明园长春园图》之《海晏堂东面》

重要的形象资料。当时的铜版画由于制作成本高昂，对技法和设备的要求较高，所以只有在皇家的财力支持下，才在小范围内得以推行，且印刷数量有限，多为宫廷园囿陈设或赏赐之物，流传外界较少，整套作品更是鲜少得见，因此极为珍贵。

晚清至民国时期五园三山主题地图对圆明园的画法令人感慨。清咸丰十年（1860）火烧圆明园的记忆，令无数国人印象深刻。清光绪二十六年（1900），随着八国联军对西郊园林的再次破坏，圆明园早已荒无人烟。在五园三山系列地图的绘制年代，真实的圆明园除了残垣断壁就是大片空地。但与畅春园区域画法不同的是，这些地图无一例外地画出了圆明园火烧之前的盛景。晚清时期制作的五园三山地图只绘出了圆明三园中的圆明园，并未画出长春园和万春园，所以图中的圆明园展现了雍正年间、乾隆早期的面貌。民国时期制作的五园三山地图画出了圆明三园的全貌，也就是

远瀛观残迹[1]

① 西德尼·戴维·甘博（Sidney David Gamble）1919 年拍摄。

76

圆明园全盛时期的面貌。

《三山五园外三营地理全图》对圆明园的绘制较为简略，只是有选择地绘出园内景点，并未全面绘制。因此，这幅地图展现出的建筑显得舒朗很多。图上标注景点十五处，除正觉寺以外，均属于"圆明园四十景"。这十四处分别是万方安和、多稼如云、坦坦荡荡、鸿慈永祜、澹泊宁静、别有洞天、汇芳书院、映水兰香、夹镜明（鸣）琴、涵虚朗鉴、北远山村、正大光明、勤政亲贤和九州清晏。这些景区是园内最具代表性的建筑，既有处理政事的宫殿，也有独具特色的祭祀、休闲场所。遗憾的是，图中标绘位置错误的建筑有万方安和、坦坦荡荡、鸿慈永祜、澹泊宁静、别有洞天、汇芳书院和映水兰香等多处。很显然，制图者常印对圆明园内的建筑分布并不十分了解，

《三山五园外三营地理全图》中的圆明园区域

因此造成图上大部分建筑的位置错误。

《五园图》画出了乾隆元年（1736）皇帝钦定的"圆明园四十景"，以及在园子东南角院墙处的正觉寺，除此之外没有其他任何建筑。可以说，《五园图》绘制的圆明园大都是想象中的场景，仅有正觉寺一处写实景致。而正觉寺也是火烧圆明园后幸运保留下来的，为数不多的建筑之一。图中许多建筑的位置与实际情况相差较大，例如涵虚朗镜（鉴）、夹镜鸣琴、鱼跃鸢飞、多稼如云、廓然大公、澡身浴德、水木明琴（瑟）、澹泊宁静、映水兰香、濂溪乐处、武陵春色、鸿慈永祜、汇芳书院等。这种状况似乎一方面反映了绘图者强烈复原圆明园盛景的愿望，另一方面又反映出绘图者由于资料缺乏，导致其笔下园林并不真实的结果。

《五园图》中的圆明园区域

　　海外藏五园三山图类似《五园图》的缩略版，也是仅仅绘出了能够象征性代表圆明园的一些建筑。相应的建筑同样存在位置错误的问题。

　　民国时期三幅五园三山地图都画出了圆明三园的景致，但是每幅地图的详略程度略有不同。《西山图》的圆明园区域包括圆明园、长春园全园和正觉寺。圆明园区域标绘了四十景中的三十景，包括正大光明、勤政亲贤、九州清宴（晏）、镂月开云、天然图画、碧桐书院、茹古涵今、长春仙馆、万方安和、山高水长、月地云居、鸿慈永祜、汇芳书院、日天琳宇、映水兰香、濂溪乐处、多稼如云、鱼跃鸢飞、西峰秀色、四宜书屋、方壶胜景（境）、澡身浴德、梦（平）湖秋月、蓬岛瑶台、接秀山房、别有洞天、夹镜鸣琴、涵虚朗

海外藏五园三山图中的圆明园区域

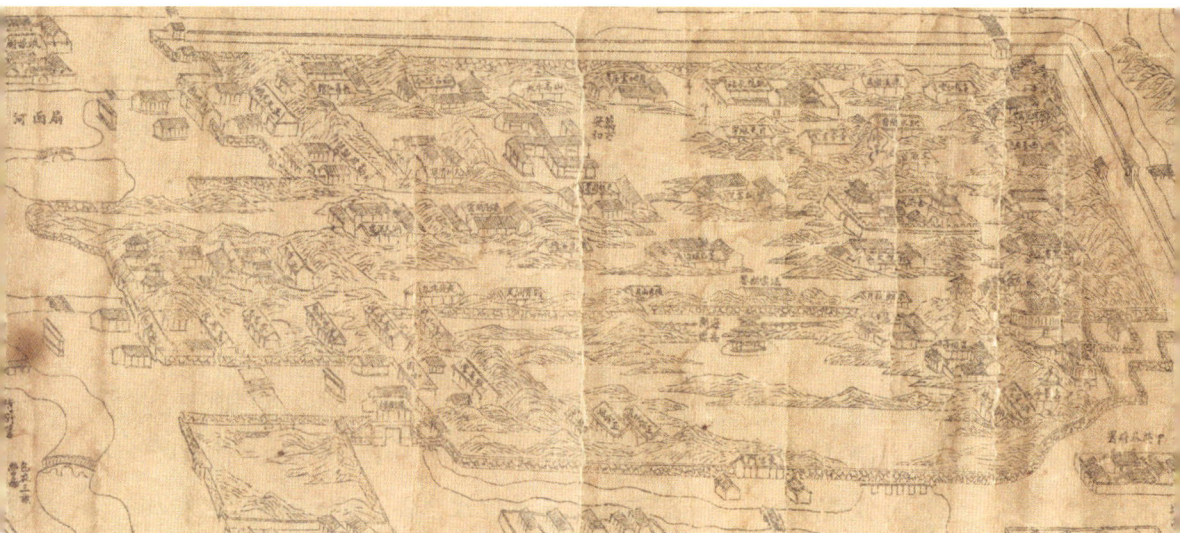

《西山图》中的圆明园区域

鉴、廊然大公和洞天深处。此外还标绘了不属于四十景范围的舍卫城和文源阁。地图对长春园内大部分建筑都有标绘，虽未标注西洋楼，却在长春园内正北处准确画出了西洋楼景区。相比之下，万春园区域就过于不受重视，园内仅有正觉寺一处建筑。《西山图》对圆明三园的建筑标注几乎没有错误，这与晚清时期常印所画二图形成鲜明对比。

《西郊图》同样画出了圆明三园，但图中的圆明园明显缩小，长春园和圆明园南宫门外的水面和空地扩大。圆明园内景色绘制简单，共呈现了圆明园四十景中的三十一景，包括正大光明、勤政亲贤、九州清宴（晏）、长春仙馆、山高水长、慈云普护、上下天光、杏花春馆、万方安和、月地云居、鸿慈永祜、洞天深处、镂月开云、天然图画、碧桐书院、坐石临流、水木明瑟、汇芳书院、濂溪乐处、澡身浴德、廊然大公、北远山村、多稼如云、西峰秀色、平湖秋月、蓬岛瑶台、别有洞天、峡（夹）镜明（鸣）琴、接秀山房、涵虚朗镜（鉴）和方壶胜境。此外还标绘了玲峰、文源阁、舍卫城三处不属于四十景的建筑。在长春园区域，大片都是水域，仅有零星几处建筑，其中标注名称的仅有海岳开襟、熙春洞两处。园内的西洋楼景区在地图上完全没有呈现。《西郊图》中的长春园比《西山图》中简略太多，万春园区域仍然只有正觉寺一处建筑。因此，图面上的长春园和万春园区域显得十分空旷。

《五园三山及外三营图》对圆明园区域的绘制明显比《西郊图》详细，但对长春园和万春园的绘制与《西郊图》相似。圆明园区域绘出了四十景中的三十八景，仅未绘出洞天深处和濂溪乐处两处，此外还标绘了四十景以外的春雨轩、紫碧山房、断桥残雪、柳浪闻莺、玲峰、文源阁、天地一家春、舍卫城、安澜园等建筑。

五园三山系列地图中的圆明园，由于种种原因，并没有得到全面展现。那么真实的圆明园到底是什么样子呢？我国的圆明园研究工作开始于 20 世纪 20 年代。民国时期，以中国营造学社为代表的

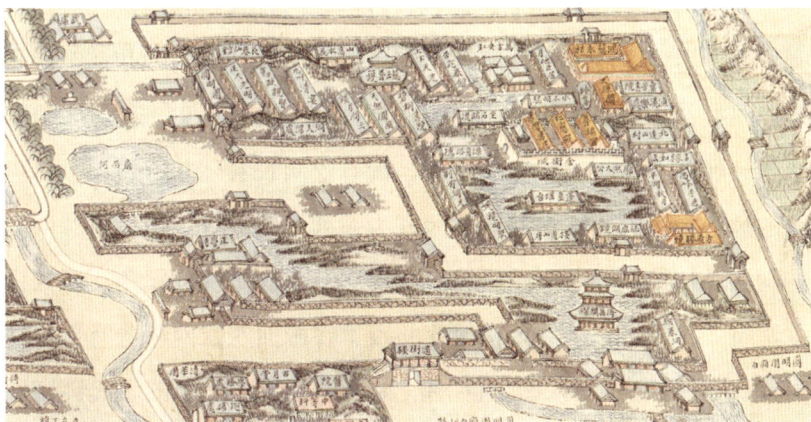

《西郊图》中的圆明园区域

知识分子，将复原圆明园各个景点的真实情况作为己任。经过对样式雷图档中圆明园画样的考证分析，最终画出了一幅《圆明长春万春三园总图》，图中标绘了圆明园内建筑的正确位置。此图采用样式雷建筑图样和现代绘图方法相结合的方式绘制而成，用简单的线条画出了圆明三园的平面布局以及各处景点的平面结构。这幅图的优点是，园内景点标注清楚明了；遗憾的是，缺少传统形象画法的加持，很难让人联想到圆明园盛时景象。民国时期，以形象画法绘制的各种圆明园图样继续出现并流传，表达了人们希望保存圆明园盛景的朴素愿望。

民国时期的许多学者，致力于在纸上复原圆明园，以期有朝一日在现实中恢复其盛况。这其中成果最丰者当数金勋。金勋（1882—1976），满族人，生于海淀营造世家。其父金书田于清末在北京天利木厂任事，曾参加同治、光绪年间修缮圆明园、颐和园等宫廷园林的工程，负责设计和丈量工作。金勋自幼生长在北京西郊的成府村，熟悉西郊园林建筑，精于绘事。

1931年前后，金勋利用园内仅存的标志性建筑物遗迹和各种书画资料，用中国传统形象画法绘制了《圆明园鸟瞰图》和《圆明园复旧图》各一幅，现藏于国图。《圆明园鸟瞰图》纵94厘米，横185厘米，展现了圆明园一园的全貌，没有绘制长春园和万春园。鸟瞰图的风格与民国年间绘制的五园三山系列地图相近，但是对圆明园的画法更加精细。这幅图采用由西南向东北侧俯视的视角，园内山水建筑一目了然。虽然现在保存的版本在画面左右两侧各有部分缺失，但这仍是我们了解火烧圆明园之前园内景色的重要图像资料。《圆明园复旧图》纵178厘米，横327厘米，形象地再现了圆明三园被

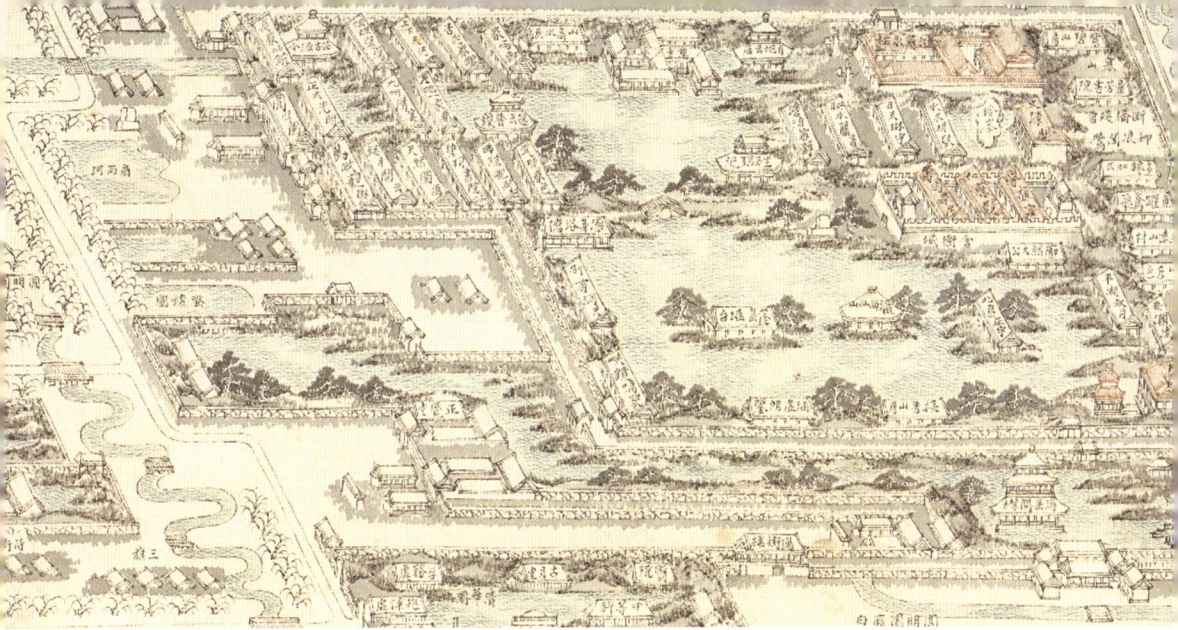

《五园三山及外三营图》中的圆明园区域

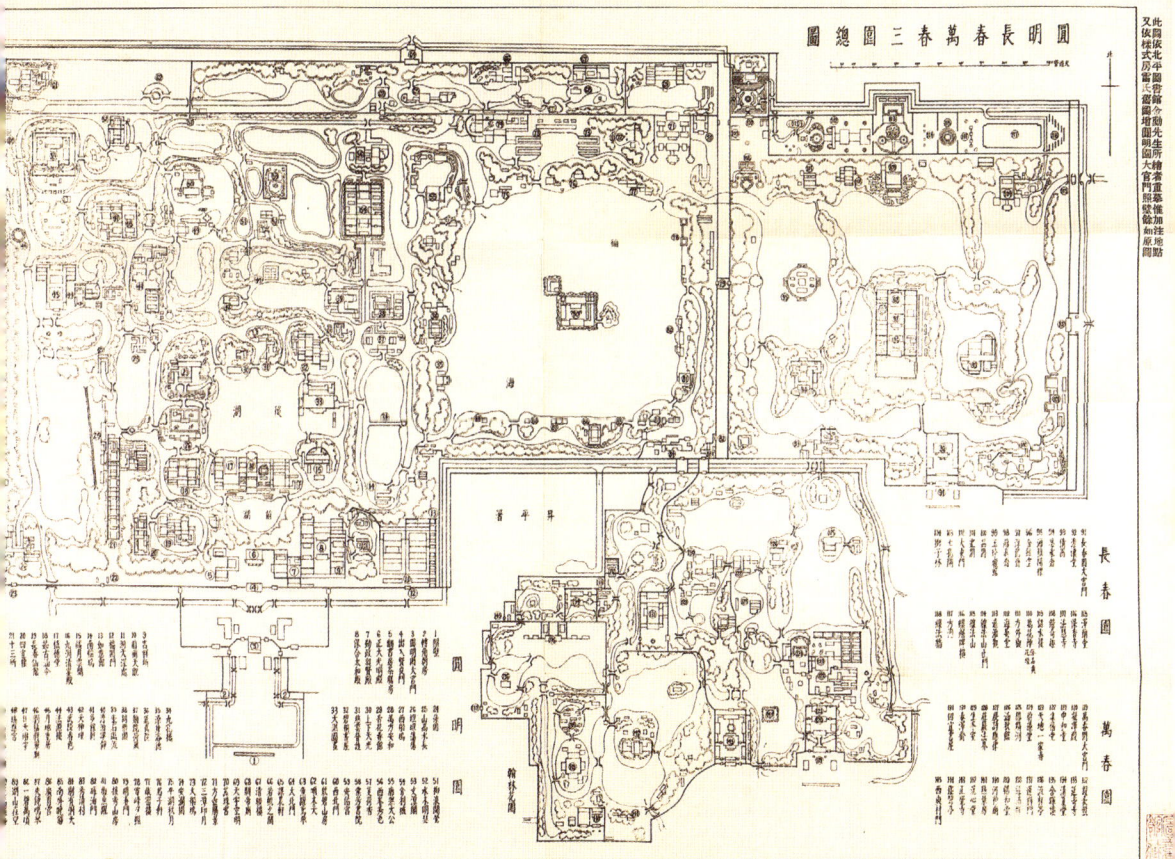

《圆明长春万春三园总图》

焚毁前的盛况。营造学社在编制《圆明长春万春三园总图》时还参考了金勋先生的这两幅作品。

1932年起，金勋任职于国立北平图书馆舆图部，主要从事样式雷图档的整理编目和圆明园的研究工作，同时继续绘制圆明园图。1961年，金勋根据少年时对圆明园的印象，并参考浦忒思（P. Boutseis）及郎世宁绘铜版画等资料，绘制成《圆明园西洋楼图》，现藏于国图。这套图共有36幅，前5幅为作者序，中间30幅分别绘制了长春园中谐奇趣、养雀笼、蓄水楼、黄花阵、方外观、五竹亭、海晏堂、远瀛观、观水法、线法山和线法墙10组建筑的平面图或立体图，最后一幅为《圆明园三园总图》。

《圆明园鸟瞰图》（局部）

1981 年 8 月，金勋后人将金勋生前收藏的一批圆明园旧图交售给中国历史博物馆（今国家博物馆）。这批图以圆明园图为主，其间夹杂一部分东、西陵和北京城郊园林名胜图。其中的圆明园图有百余幅，绘于薄棉纸上，图幅大小不一，着色不一。从内容来看，多为地盘画样和内檐装修立样，既有绘制细致的进呈精样，也有检查、丈量、修缮和装修所用的修改图样。从年代来看，大部分图样绘于道光至咸丰年间，即圆明园被焚毁之前，当然也有少数早于道光或晚于咸丰。从来源来看，这批图中可能既有修缮圆明园时由内务府交给承包厂的图样，也有金勋后来精心收集的图样。其中有一类比较简略的、绘制风格统一的地盘样与国图收藏的金勋绘制《圆明园各处建筑平面图》风格相同，因此基本可以判断为金勋所绘。

《圆明园各处建筑平面图》共 100 幅。其中的《圆明园三园总图》于 1964 年 5 月绘制完成，其他图幅均在 1965 年绘制完成。每幅图大小不等，比例不同，基本以浅绿、黄、灰蓝、黑四色绘制而成。湖泊、河流着浅绿色，山木、土以黄色渲染，泊岸石块、叠石假山以灰蓝色点染，建筑平面图以墨笔绘制。各图简洁干净，绘制精细。各景点大多是水系环绕，土山相间。每处建筑物都绘出地基平面，可知其开间，大部分都标注名称。除第一幅图钤"金勋寿稿"印外，其他 99 幅图都钤"金勋之印"。

金勋绘制的圆明园图也存在明显不足。例如，九州清晏等景群的平面图，是道光、咸丰乃至同治三朝的几种不同平面布局的混杂体；图中标注的景物名称较为随意，或者与样式雷图"同图不同名"，或者完全找不到命名依据。金勋绘图上的某些景物名称，在样式雷图档、《圆明园匾额略节》和乾隆《日下旧闻考》、御制诗文等史料中均找不到根据。

由此可见，民国时期及新中国成立初期的这些圆明园复原图尽管为研究圆明园提供了重要依据，但由于绘图时用来参考的史料不足，依然存在一些谬误。再以民国二十五年（1936）十一月北平市工务局测制的《实测圆明长春万春园遗址形势图》为例。这是一幅经过印刷发行的实测图，一直是了解圆明园盛期状貌的珍贵资料。地图显示的河湖、山石和建筑基址平面与样式雷图所示基本吻合，大多数景物名称也较为准确。但是此图毕竟是圆明园被毁 70 年后的遗址实

圆明园大水法遗址

测图，难免存在诸多不足。其一是园林建筑、山形区域、河湖水域等面积均有不足。历史原因是原址被毁，史料不足；现实原因是农民早已进入园内挖山建房、填湖造田。其二是部分景点名称不够准确。地图共标记 600 个景物名称，存在不同程度错情的约有 30 个。其三是图中某些参照相关图纸补入的建筑平面有欠准确。同治年间，清皇室曾试图重修圆明园却无果而终，遗留下大量拟建拟修图样。"实测图"中有少量建筑基址，正是显示了这种实际上从未建成的虚假

地盘。

    继咸丰年间遭遇"火劫"之后，1900年八国联军侵占北京时，西郊诸园再遭劫掠。这一次，清政府对圆明园已经完全失去控制。土匪地痞趁火打劫，圆明园内的各种木材被洗劫一空，后人称之为"木劫"。民国年间，圆明园遗物又长期遭受官僚、军阀、奸商的巧取豪夺。园内废墟上的建筑材料，从地面的方砖、屋瓦、墙砖、石条到地下的木钉、木桩、铜管道等全被搜罗干净，后人称之为"石劫"。1940

年以后的日本占领时期，北平粮食紧张，于是奖励开荒。从这时起，农户陆续入园平山填湖，开田种稻。清初盛世历经150余年苦心经营的圆明园，早已面目全非。

新中国成立后，政府十分重视圆明园遗址的保护，先后将其列为公园用地和重点文物保护单位。1976年，圆明园管理处成立。1983年，圆明园遗址公园成立，园内仅存山形水系、园林格局和建筑基址，假山叠石、雕刻残迹仍然可见。在此后几年里，长春园东、北、南三面2300米的虎皮石墙、福海、福海中心蓬岛瑶台东岛的"瀛海仙山"亭和西岛庭院、绮春园新宫门，以及西洋楼的万花阵等，均在原址照原样修复。1988年，圆明园遗址公园对外开放，至90年代又成为爱国主义教育基地。经过1990年、1993年两次征地，圆明园遗址公园回收了盛时圆明园规模的全部土地使用权。如今，圆明园的遗址保护、景点复原、大规模绿化等工作都在长期、持续进行中。

第三节
静明园和玉泉山

　　玉泉山是西山东麓的支脉,六峰连缀、逶迤南北。其山体呈南北走向,状如马鞍,山形秀美,纵深约 1300 米,东西最宽处约 450 米,主峰海拔约 100 米。玉泉山的特点是"土纹隐起,作苍龙鳞,沙痕石隙,随地皆泉"。山中奇岩幽洞,小溪潺潺,流泉活水,有风水宝地一说。山中最大的一眼泉水名为"玉泉","在山之阳,南又有石崖,崖上刻玉泉二字",因而此山也就被称为"玉泉山"。明初王英有诗形容:"山下泉流似玉虹,清泠不与众泉同。"

　　早在金代,皇室就已经开始在玉泉山经营皇家园林。金章宗就曾在玉泉山修建"芙蓉殿",又称"玉泉行宫"。除了修建行宫,史籍上也多次记载金章宗游览玉泉山。《金史》载:"明昌元年八月,幸玉泉山","六年四月,幸玉泉山","承安元年八月,幸玉泉山","泰和元年……壬戌,幸玉泉山"。金章宗评定"燕山八景"时,玉泉山的"玉泉垂虹"也在其中,足见他对玉泉山的喜爱之情。

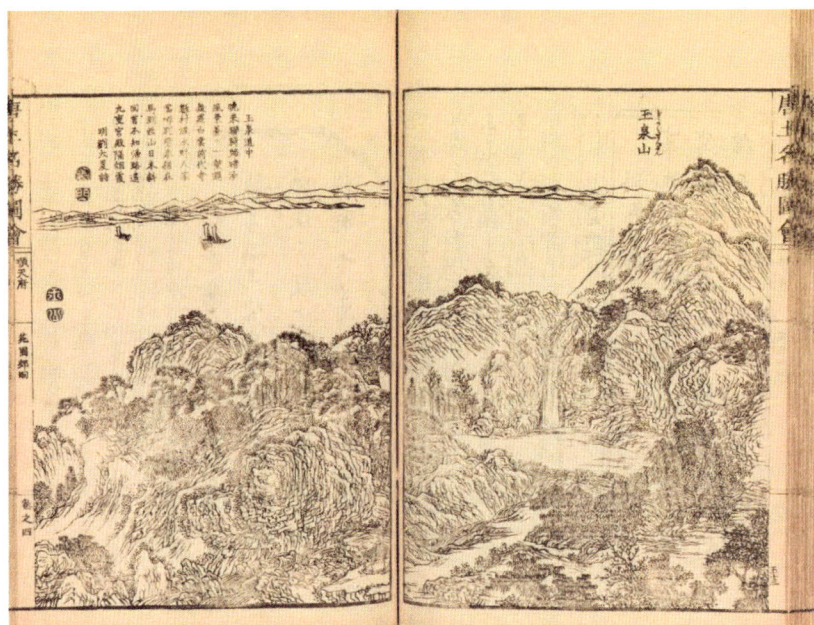

《唐土名胜图会》中的《玉泉山》

　　元明两朝，玉泉山的寺庙和景观得到了进一步的建设。这里也是皇帝游幸避暑之地。为了保护玉泉山环境，元世祖下令禁止在山中樵采渔弋，并在玉泉山修建了昭化寺。据史料记载，明代时玉泉山还有华严寺、观音庵、望湖亭、吕公洞等景观，明宣宗还曾驻跸于望湖亭。明人诗句也是一个佐证。譬如杨荣的《望湖亭》："路傍孤亭颜望湖，湖光非仿临安图。"倪岳的《游玉泉华严寺》："芙蓉云锁前朝殿，耶律诗存古洞书。"

　　到了清朝，玉泉山更加受到帝王的青睐，尤其是清圣祖康熙。在静明园的前身澄心园建成之前，康熙皇帝就曾多次前往玉泉山行阅。康熙十二年（1673），"厥后行阅，或卢沟桥，或玉泉山，或多

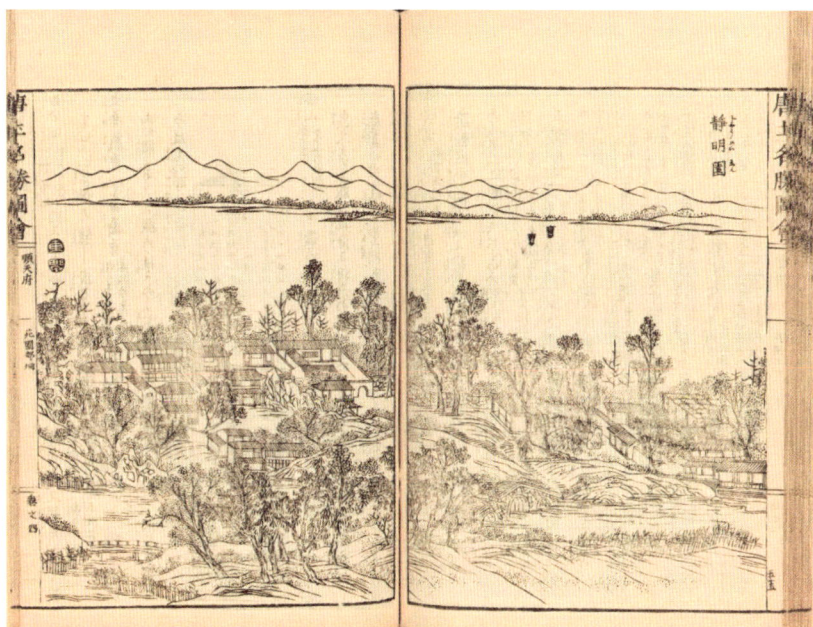

《唐土名胜图会》中的《静明园》

伦诺尔，地无一定，时亦不以三年限也"。《康熙起居注》也有记载，在康熙十四年（1675）乙卯闰五月，"初六日癸巳早，上幸玉泉山观禾"。

康熙十九年（1680），皇帝下旨将玉泉山原有行宫、寺庙进行翻修扩建。康熙二十一年（1682），扩建的行宫初步告成，最初得名"澄心园"。"澄心"二字为"心情清静""静心"之意。《文子·上义》篇记载，老子曰，"凡学者能明于天人之分，通于治乱之本，澄心清意以存之，见其终始，反于虚无，可谓达矣"。这正是康熙皇帝修建此园的初衷。康熙三十一年（1692），澄心园奉旨更名为"静明园"。这是清王朝在北京建立的第一座行宫。关于澄心园更名为静明园，《清史稿》有记载："玉泉山静明园初为澄心园，康熙三十一年更名。"《宸垣识略》也有记载："静明园在玉泉山下，康熙十九年建，初名澄心，三十一年更今名。"《日下旧闻考》有载："静明园在玉泉山之阳，园西山势窈深，灵源浚发，奇征趵突，是为玉泉。""静明"二字出自《庄子·庚桑楚》篇："正则静，静则明，明则虚，虚则无为而无不为也。"更名之后，康熙皇帝又多次游览玉泉山，"三十一年……九月戊申……上大阅于玉泉山"，"三十二年……冬十月壬申……上大阅于玉泉山"。由此可见玉泉山受康熙皇帝之青睐。

乾隆十五年至十八年（1750—1753），为了配合北京西郊水利整治和清漪园建设工程，静明园又经历了一次大规模扩建。园内增建了玉峰塔等景观，并且在扩建过程中引进了江南园林的建筑风格。自此，静明园内形成了"内有'五湖绕三峰'，外有高水湖、养水湖、泄水湖的山水格局"[①]。"五湖"自东向西为宝珠湖、镜影湖、裂帛湖、玉泉湖和涵漪湖，"三峰"自南向北为南峰、主峰、北峰。这也是静明园最为鼎盛的时期。盛时园内有四十余组建筑，其中最著名的当数乾隆皇帝钦定"静明园十六景"。钦定静明园十六景包括廓然大公、芙蓉晴照、玉泉趵突、竹垆山房、圣因综绘、绣壁诗态、溪田课耕、清凉禅窟、采香云径、峡雪琴音、玉峰塔影、风篁清听、镜影涵虚、裂帛湖光、云外钟声和翠云嘉荫。对皇家而言，静明园的主要功能是涵养水源、祈雨和游憩。

---

① 杨菁、王其亨：《解读光绪重修静明园工程——基于样式雷图档和历史照片的研究》，《中国园林》2012 年第 11 期，第 117 页。

今日玉泉山下的河水（易弘扬摄）

作为一座以泉水闻名的皇家园林，"水"是静明园的灵魂，也是众多景观的核心要素。玉泉山中的"玉泉"位于山的东南山麓，称"玉泉池""玉泉湖"，简称"玉湖"。玉泉湖是静明园内最大的一座泉水湖，"泉出石罅，潴而为池，广三丈许，水清而碧，细石流沙，绿藻紫荇，一一可辨"。这里就是"燕京八景"中的"玉泉垂虹"。玉泉水水轻质优，醇厚甘甜。据说乾隆皇帝常到此处观景，为验证此泉水质，令人汲取全国各大名泉的水样，和玉泉水比较。称量结果显示，济南珍珠泉、无锡惠山泉、杭州虎跑泉、苏州虎丘泉等，每斗质量都在一两二厘以上，唯有玉泉水，每斗质量仅为一两。乾隆皇帝钦赐"玉泉趵突"，亲题"天下第一泉"碑，并作诗"功德无双水，名称第一泉"。

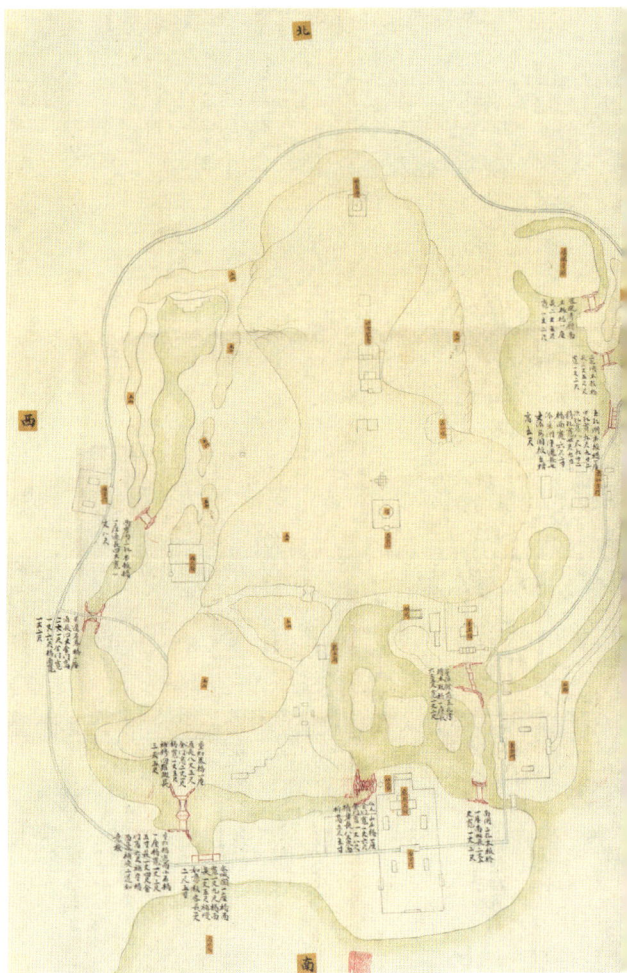

《静明园内全部河流桥座丈尺图》

从此，玉泉水被定为清宫专门饮用之水。这里也是全园景观荟萃之地，四周分布着静明园十六景中的五景。从国图藏《静明园内全部河流桥座丈尺图》可以看出静明园内水系之丰富。

溪田课耕位于玉泉山山麓西部，在水城关以西的园墙之内，为

《谨拟静明园内溪田课耕图样》

一片河泡和稻田,"园内自垂虹桥以西,滨河皆水田"。据国图藏《谨拟静明园内溪田课耕图样》中的图说记载,溪田课耕内有"殿一座三间,各面宽一丈,进深一丈四尺,前后廊深各四尺,小檐柱高一丈,台明高一丈二尺"。殿内藏有《御定历代题画诗类》《兰州纪略》等书。乾隆皇帝自称修建这些殿宇并非为了享乐,而是为了关心农事,"每过辄与田翁课晴量雨","四海吾方寸,悠哉望岁情"。溪田课耕以西有一迸珠泉,因泉水"错落倾来万斛珍""夜深仿佛见鲛人"而得名。据相关资料记载,直至 20 世纪 50 年代,迸珠泉的流量依然有 0.06 米³/ 秒至 1.15 米³/ 秒。

峡雪琴音位于玉泉山顶峰北坡,从国图藏《玉泉山招鹤亭、

《玉泉山招鹤亭、峡雪琴音开盘山路立样》

峡雪琴音开盘山路立样》看，从山下有一条蜿蜒的开山道一直连接到山顶。从北坡下行，迎面是一堵看面墙，墙中间有一座门罩，面宽一丈，进深一丈一尺。进门后正房是五楹殿堂，东厢房五间，西侧有两座平台，分别为两间和三间。正殿悬"峡雪琴音"，殿内悬"丽瞩轩"。从穿堂来到后院，正中有一大型山池，其东西长五丈余，南北宽三丈。乾隆皇帝在《峡雪琴音》诗序中记载道："山巅涌泉潺潺，石峡中晴雪飞洒，琅然清圆，其醉翁操耶。"这也是峡雪琴音名称的由来。

风篁清听位于含经堂以南，前有平池数亩，涌玉、宝珠诸泉的泉水从北流过来汇聚于此。在国图藏《谨查静明园内风篁清听图样》

中可以清晰地看到占地数亩的河泡。水流向东流出东垣外,直达玉河。同峡雪琴音一样,风篁清听藏书颇丰。楼下明间设有《历代职官表》,楼上明间有《御选唐宋诗醇》和《真西山文集》,其他房间还有《千叟宴诗》《钦定三礼义疏》等多部书籍。

静明园全盛时期,山上有玉峰塔、妙高塔等四座不同形式的佛塔,有"塔山"之誉。园内南峰的玉峰塔、北峰的妙高塔两座大塔是园林构景的主要标志,也是西郊园林对景、借景的焦点。玉峰塔也叫定光塔,座塔于全园最高处,是位于香岩寺正中的一座七层宝塔。《大清一统志》记载,"香岩寺建于乾隆二十三年","寺后有八方塔一座,高七层,有御书玉峰塔影"。这里的景色就是静明园十六景中的"玉峰塔影"。玉峰塔系仿照江苏镇江慈寿塔建造而成,是一座八角形的阁楼式砖塔,塔高47.7米,共7层,塔身浅杏黄色。塔中供奉了定光佛像,每一层都有乾隆皇帝御书匾额。玉峰塔也是北京地势最高的一座塔。乾隆曾在其《玉峰塔影》一诗中记录了登玉峰塔的感受:"结揽八窗达,登临一晌间。俯凭云海幻,揭尔忆金山。"

玉泉山南峰的玉峰塔建成后,为了平衡南、北两峰,乾隆皇帝下令在北峰也营建塔寺。乾隆三十六年(1771),北峰的妙高寺建成,寺内正中有妙高塔。寺前建有一座汉白玉石牌坊,其上有乾隆御书"灵鹫支峰",殿内有匾额题为"江天如是"。妙高塔是一座缅甸式金刚宝座佛塔,也是北京地区唯一的砖石结构的金刚宝座塔,塔高约17米,造型精巧,俗称"锥子塔"。此塔也是为了纪念清廷在乾隆年间对缅甸战争中获胜而修建。

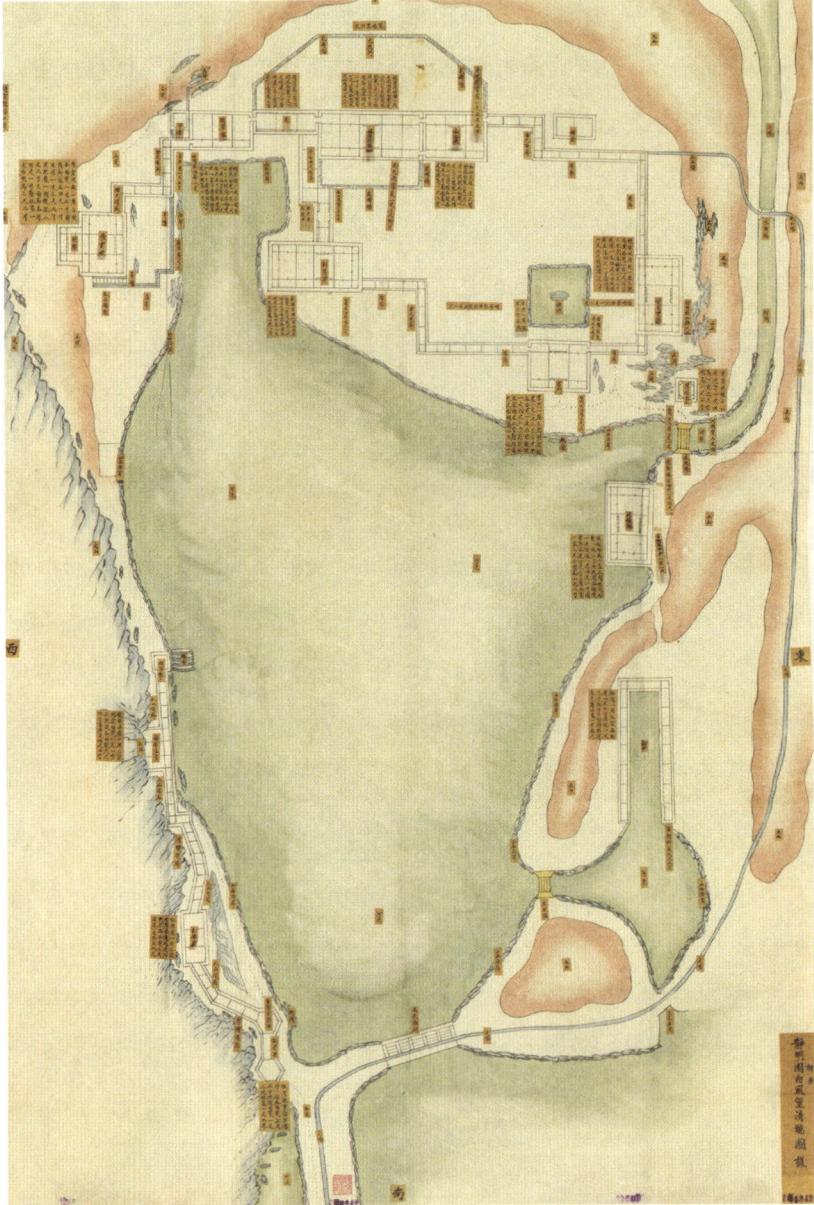

《谨查静明园内风篁清听图样》

玉峰塔（易弘扬摄）

妙高塔（易弘扬摄）

　　静明园于咸丰十年（1860）遭受英法联军焚毁。同治、光绪年间，清政府两次组织了重修静明园工程。同治六年（1867），西郊到西苑的水道得到大规模整修，其中就包括静明园内水道、龙王庙和寝宫的重修。光绪年间重修颐和园期间，因水道相连及修缮借景等原因，静明园部分建筑也得以重修。从光绪十七年到二十一年(1891—

1895)，静明园内有 10 余处建筑组群 ① 确实得到了重修，包括云外钟声、香云法雨、资生洞、伏魔洞、水月洞、华滋馆、清音斋、真武庙、龙王庙南码头、峡雪琴音、垂虹桥以及云外钟声到清音斋、水月洞到坚固林的围墙等。不过，光绪二十六年（1900），静明园再次遭受八国联军的破坏。

五园三山系列地图呈现的静明园也是火烧之前的样子。静明园区域包括平地区和山峰东麓区。地图标注了大部分重修建筑，也标注了几处未重修建筑。总体而言，这几幅地图以非常相似的方式展现了静明园，包括角度、构图等。园中华藏海塔、玉峰塔、妙高塔自南向北排列，玉峰塔居于全园中心高位，是静明园的标志性建筑。除了民国时期《西郊图》上有"玉泉饭店"的标注，其他图中并未体现出新时期的地名变化。

民国二年（1913）五月，山东福山商人朱东海看准时机，禀请前清皇室租用静明园东门外以南地区官地 20 余亩，兴办玉泉山啤酒汽水公司。他引用园内玉泉水，招商 10 万元，每股 50 元，地基及泉水作为 100 股，"以昭尊崇皇室"。公司改造原宫中御酒配方，引进西方啤酒汽水的生产技术，很快酿造出第一批啤酒汽水，并首先送给逊清皇室品尝，共计柠檬四箱、香槟一箱、香蕉一箱、樱桃白兰地一箱、橘子二箱、菠萝一箱。清皇室对朱东海也给予赏赐，分别在民国二年、九年、十年、十一年各赏他上等绸缎两匹。民国时期的静明园经过大略修缮后，一度也曾作为公园对外开放，似乎还

---

① 杨菁、王其亨：《解读光绪重修静明园工程——基于样式雷图档和历史照片的研究》，《中国园林》2012 年第 11 期，第 117—120 页。

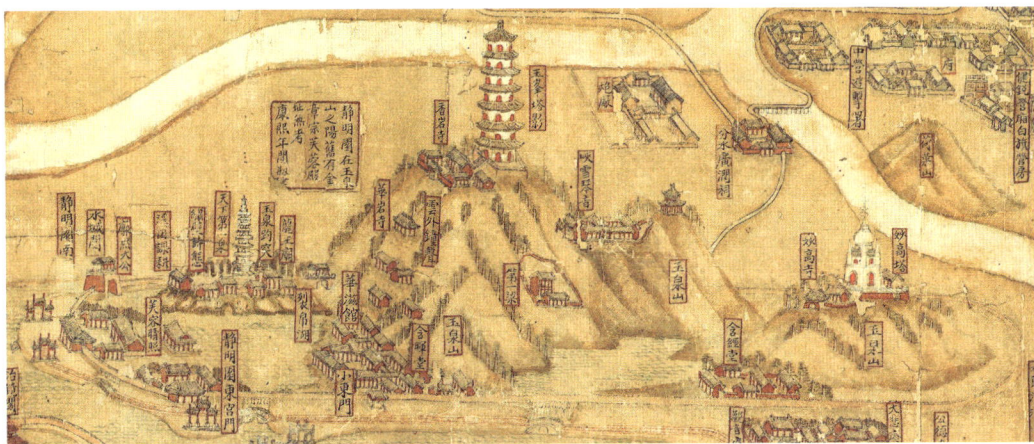

《三山五园外三营地理全图》中的静明园区域

《五园图》中的静明园区域

海外藏五园三山图中的静明园区域

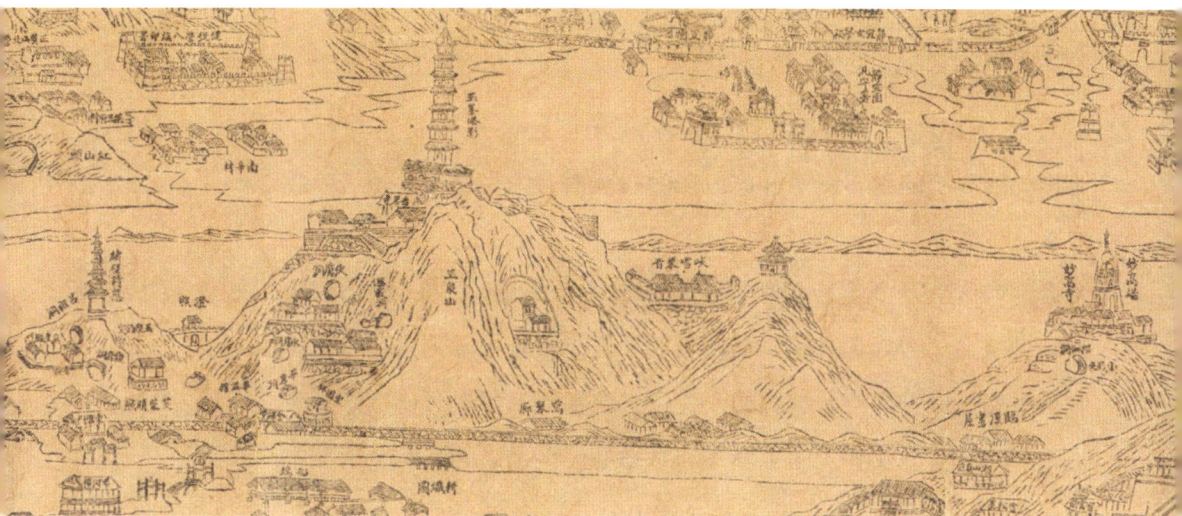

《西山图》中的静明园区域

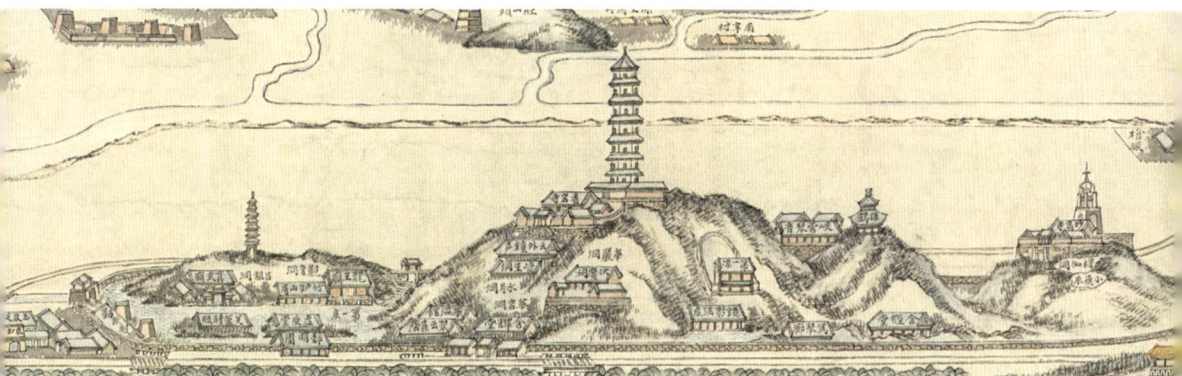

《西郊图》中的静明园区域

《五园三山及外三营图》中的静明园区域

是作为颐和园的附属园景开放。在静明园南宫门等遗址上还曾修建过玉泉旅馆。

1949 年后，玉泉山静明园为国家机关所使用，不再对外开放。2006 年 5 月，静明园作为清代古建筑，被国务院批准列入第六批全国重点文物保护单位名单。如今我们在颐和园内仍然可以清晰地看见玉泉山脉，以及其上的玉峰塔和妙高塔。玉泉山的东侧至南侧也新开放了几个公园，包括玉东园（两山公园）、北坞公园和玉泉公园（影湖楼公园）。北坞公园内还种植有过去的御用贡米"京西稻"。

第四节
静宜园和香山

　　静宜园位于香山东坡。关于"香山"一名的来源，有三种不同的说法。其一，因山顶乳峰石上烟雾缭绕而称香炉山，简称"香山"。其二，因满山杏香而得名。明代《帝京景物略》记载："或曰，香山，杏花香，香山也，香山士女，时节群游，而杏花天，十里一红白，游人鼻无他馥，经蕊红飞白之旬。"其三，"以山有大石如香炉，故名"。这是《香山永安寺记》中的记载。《大明一统志》中也有："上有二大石，状如香炉。"香山位于西山山梁东端的枢纽部位，主峰香炉峰俗称"鬼见愁"，海拔575米，南北两面均有侧岭往东延伸，正如明代文学家李梦阳在《香山寺》一诗中所描写的："万山突而止，两崖南北抱。"虽然山势总体上是坐西朝东，但山上阴坡、半阴坡地段很多，因而土地滋润，树木繁茂。

　　早在唐代，香山上即建有永安寺（香山寺的前身）。明代《宛署杂记》记载："妙高堂（香山寺中的一座建筑），在宛平县西四十里

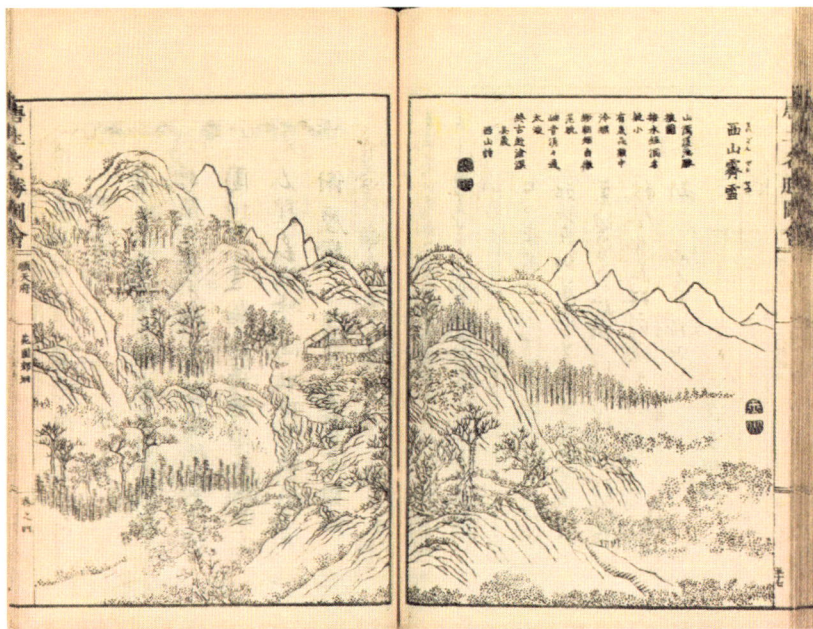

《唐土名胜图会》之《西山霁雪》

香山寺右，唐以来有之。"之后的辽、金、元、明各代，都对香山寺庙有扩建和兴建之举。皇家还在香山营建离宫别院，每逢夏秋时节，皇帝都要到此狩猎纳凉。辽代中丞阿勒弥曾在此修建宅舍。金代，香山寺继续得到扩建。金大定二十六年（1186），在金世宗的提议下，香山寺和吉安寺合二为一，被重新命名为"大永安寺"。金世宗在临幸大永安寺时曾称赞："西山一带，香山独有翠色。"在扩建寺庙的同时，金世宗同样诏令臣下经营香山行宫。金章宗对扩建后的行宫十分喜爱，曾多次游幸。"明昌四年三月甲申，幸香山永安寺及玉泉山。""承安三年秋七月丙午，幸香山。八月癸酉，猎于香山。"

进入元、明两代后，香山的建设与之前相比没有明显的变化，

主要是在前人的基础上略加拓展。元仁宗时，皇帝曾于皇庆元年
（1312）"给钞万锭"，修整香山永安寺。文宗至顺二年（1331），耶
律楚材的后裔耶律阿勒弥创建碧云庵。明代宣德年间，香山修建了
洪光寺，该寺形制仿照了高丽国的毗卢圆殿。明正统年间，皇家对
香山寺进行了扩建。明正德年间，皇室又扩建了元代碧云庵，改名
为碧云寺。

　　到了清代康熙朝中叶，国家自明末动乱之后进入一个相对安定
的局面，经济有所发展，政府财力也较为充裕，这为皇家园林和宫
殿的营建创造了条件。康熙十六年（1677），香山寺及行宫得以修缮。
康熙皇帝御书匾额"普照乾坤"。与此同时，香山的另一座古刹洪光
寺也得以修复。总体而言，香山行宫此时的规模应该不会很大，"无
丹腰之饰，质明而往，信宿而归，牧围不烦"，只是一处皇帝休憩的
场所。

　　进入乾隆朝后，政权稳定，经济繁荣。在充足的财力、物力支
持下，香山行宫的园林建设进入高潮期。乾隆皇帝推动香山园林建
设的主要原因有三。一是便于自己观山游景。"乾隆癸亥①，余始往游
而乐之。自是之后，或值几暇，辄命驾焉。盖山水之乐不能忘于怀……"
二是便于游景的同时处理政务。"殿曰勤政，朝夕是临，与群臣咨政
要而筹民瘼，如圆明园也。"三是关心农事。"足以验时令而备农经也。"
乾隆八年（1743），清廷首先对香山寺进行了重修，并在其西麓修建
了栖云楼。乾隆十年（1745），香山的园林营建工程正式展开。"乾
隆乙丑②秋七月，始廓香山之郛，薙榛莽，剔瓦砾，即旧行宫之基葺

---

① 1743 年。
② 1745 年。

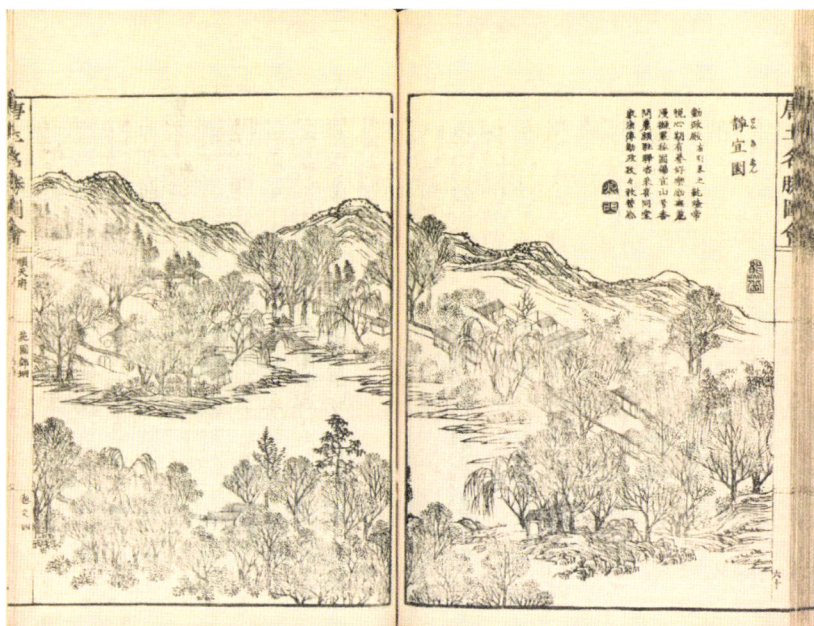

《唐土名胜图会》中的《静宜园》

垣筑室。"这一工程于乾隆十一年（1746）完工，共耗时 7 个月。同年，乾隆皇帝将该园命名为"静宜园"。香山寺的扩建工程也在同一时期进行。经过扩建后的香山寺与其周边的宗镜大昭之庙、碧云寺、卧佛寺共同构成了清代西山一带的佛教寺庙建筑群。而香山寺也形成了"前街、中寺、后苑"的格局。

　　二十八景的建成，是静宜园基本建成的标志。静宜园二十八景包括内垣二十景和外垣八景。内垣二十景包括勤政殿、丽瞩楼、绿云舫、虚朗斋、璎珞岩、翠微亭、青未了、驯鹿坡、蟾蜍峰、栖云楼、香山寺、知乐濠、听法松、来青轩、唳霜皋、香岩室、霞标磴、玉乳泉、绚秋林和雨香馆。外垣八景包括晞阳阿、芙蓉坪、香雾窟、

《静宜园二十八景图》①

栖月崖、重翠崦、玉华岫、森玉笏和隔云钟。清代画家张若澄绘有
《静宜园二十八景图》。图卷绢本设色，纵 28.7 厘米，横 427.3 厘米，
收藏于故宫博物院。全图再现静宜园全盛时期的二十八景，是今人
研究静宜园的重要资料。图中的建筑和山水多以传统写意画法出之，
这种画法是清代宫廷建筑画中另一种文人画法——"意笔楼阁"的
表现形式。画家将界笔建筑和文人写意山水巧妙地结合，既符合文
人画含蓄蕴藉的审美情趣，同时也详尽地交代出每一处景点的位置
布局。

二十八景之外，静宜园还不断有新建和续建，如先后修建了
致远斋、超然堂、宗镜大昭之庙等。这一系列工程断断续续到乾隆
四十五年（1780）前后结束。这时的静宜园进入全盛时期，其间乾

---

① 引自 https://www.dpm.org.cn/collection/paint/229036.html（故宫博物院网站）。

隆多次驻跸香山。"（乾隆十二年十二月）上幸静宜园驻跸"，"（乾隆十三年七月）幸静宜园，驻跸至庚戌，皆如之"。在乾隆三十六年（1771），值皇太后八十大寿时，乾隆皇帝还在香山宴请三班九老，足见他对静宜园的喜爱。

嘉庆四年（1799），乾隆去世，静宜园也随之结束了全盛时期，逐步进入衰落期。此后的静宜园尽管还保持着御苑的功能，但因清朝国势渐衰，已经极少被帝王临幸驻跸。咸丰十年（1860），英法联军洗劫西郊皇家园林，静宜园未能幸免。园内建筑几乎全部被焚毁，大量珍宝被劫掠一空。光绪二十六年(1900)，八国联军再度劫掠至此。一代名园瓦砾遍地，几近荒废，已经很难找到完整的建筑物。国图藏样式雷图《香山全图》可以一窥静宜园规划全貌。

静宜园是一座在天然山水基础上修建而成的皇家园林。天然的自然景观是很多园林所不具备的优势。自然景观有璎珞岩、蟾蜍峰、霞标磴、森玉笏、晞阳阿、芙蓉坪、重翠崦、玉乳泉、绚秋林、唳霜皋、驯鹿坡、翠微亭、香雾窟、栖月崖、隔云钟等。与自然景观相对的是静宜园的人文景观，以行宫别苑建筑群和佛教建筑群为主，主要有勤政殿及周边建筑、中宫及南宫建筑、雨香馆、正凝堂、香山寺、宗镜大昭之庙等。

勤政殿位于宫门以西。乾隆皇帝在《勤政殿》诗序中记述了名称来源及修建目的："皇祖就西苑趯台之陂为瀛台以避暑，视事之所颜曰勤政"，"延见公卿百僚，取其自外来者近而无登陟之劳也。晨披既勤，昼接靡倦，所行之政即皇祖、皇考之政，因寓意兹名，昭继述之志，用自勖焉"。也就是说，修建勤政殿一方面是为了方便大臣议事，另一方面是乾隆勉励自己向先皇们一样勤于政事。

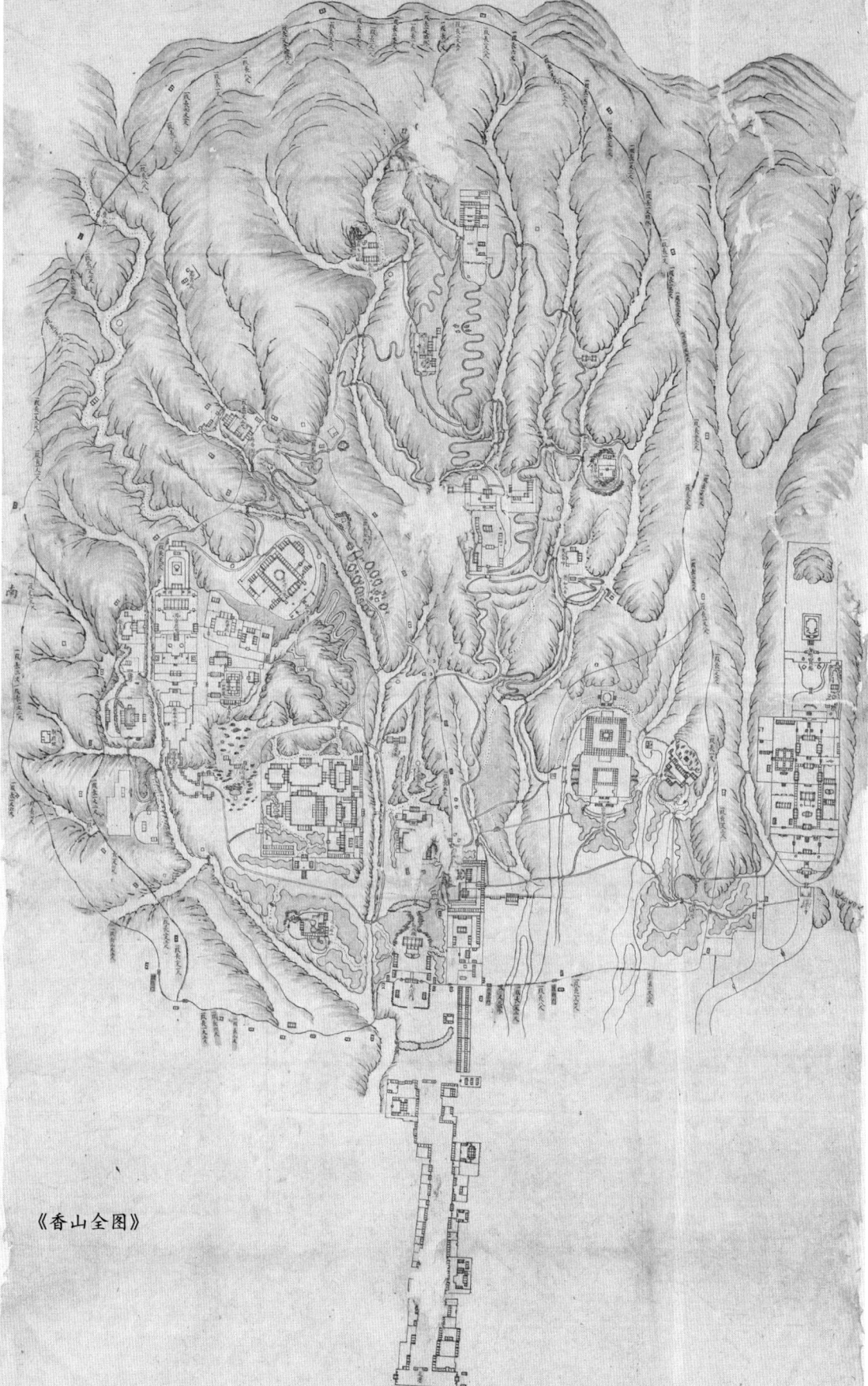

《香山全图》

从国图藏样式雷图《静宜园东宫门勤政殿随东西配殿等图样》可以清晰看出，勤政殿为一座五楹殿宇，其南北各有五楹配殿，殿前为月河。月河源流出自碧云寺，向内注入到正凝堂的池水中，又经过致远斋往南流，由殿内右侧岩石缝隙喷流而出，流绕墀前。勤政殿殿内匾额题为"与和气游"。楹联为"林月映宵衣，寮寀一堂师帝典；松风传昼漏，农桑四野绘豳图"。二者都是乾隆皇帝御书。

雨香馆位于绚秋林以北，自勤政殿到雨香馆被称为内垣，这里涵盖了静宜园二十八景中的二十景。雨香馆的名称有两个含义：其一，雨香馆的景色以雨景最有特色，"山中晴雨朝暮各有其胜，而雨景尤奇"；其二，雨香馆降雨时有淡淡香气，"坐我雨香馆，山云送雨香"。从国图藏样式雷图《静宜园内雨香馆等图样》来看，雨香馆由雨香馆宫

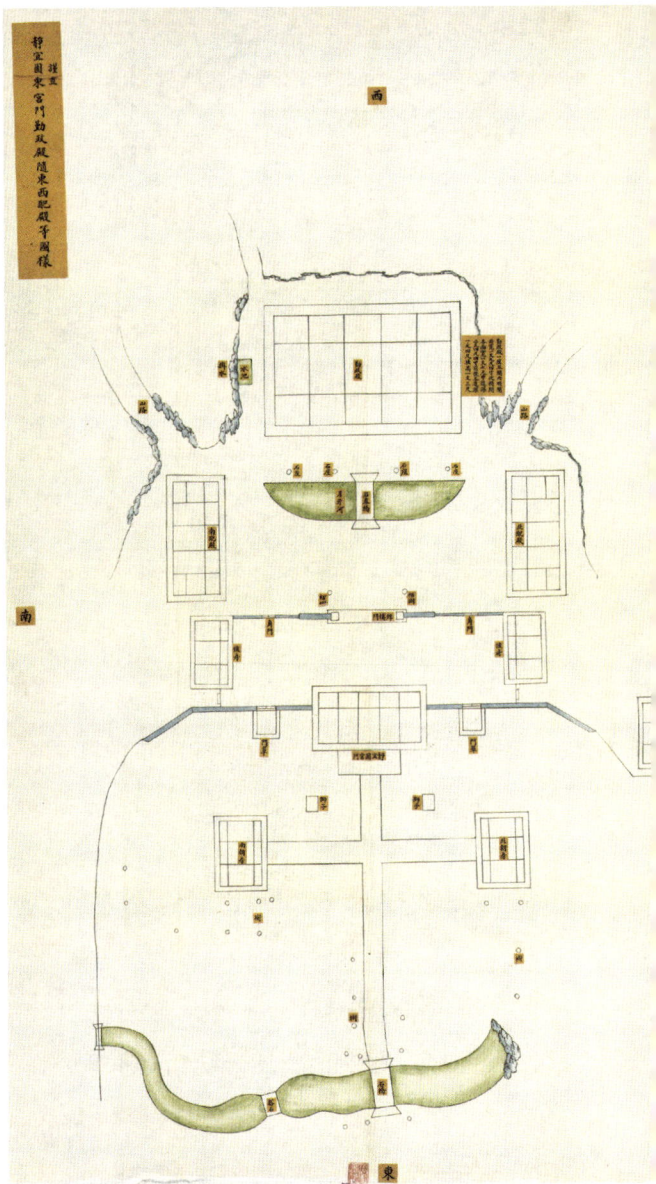

《静宜园东宫门勤政殿随东西配殿等图样》

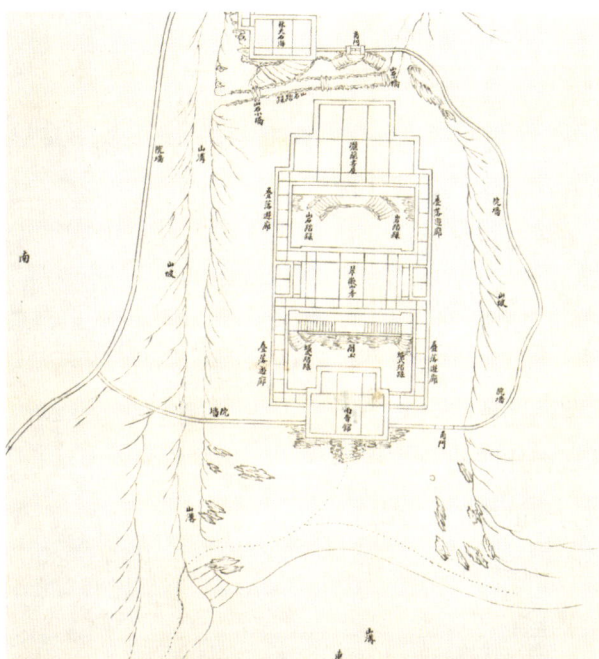

《静宜园内雨香馆等图样》

雨香馆现状(易弘扬摄)

门、翠微山房殿、洒兰书屋殿、林天石海殿、过河亭等组成。这些建筑自南向北排列,四周有围墙环护,南边和西边是两道山沟。

尽管多数典籍都记载香山寺建于金代,但实际上,香山寺的前身永安寺早在唐代就已经建成。如前文所述,历经多个朝代的经营,香山寺在清代乾隆年间得以重修、扩建,并得赐名"香山大永安禅寺",也称香山寺。其整体布局在国图藏《谨查静宜园内圆灵应现殿宇房间图样》中体现得比较细致。香山寺寺前建坊楔,山门东向,南北为钟鼓楼,上为戒坛,内有正殿七楹。殿后有庭宇名为"眼界宽",再往后为三层六方楼,最后为山巅楼宇上下各六楹。香山寺正殿前有一石屏,中间刊有金刚经,左边刊有心经,右边则刊有观音经。石屏的后方有乾隆御笔燃灯古佛、观音、普贤诸像,并有御制赞语。香山寺正殿有匾额"圆灵应现"。六方楼自上至下分别有匾额"光明莲界""无住法轮""蒼卜香林"。山巅楼宇上有匾额"鹫峰云涌"和"青霞寄逸"。以上匾额皆为乾隆御书。

静宜园于咸丰十年(1860)和光绪二十六年(1900)两次遭受破坏之后,原有建筑物除见心斋和昭庙外,都已荡然无存。五园三山系列地图呈现的静宜园都是英法联军火烧西郊园林之前的全貌。不同于其他几处园林,坐落于香山东麓的静宜园是一

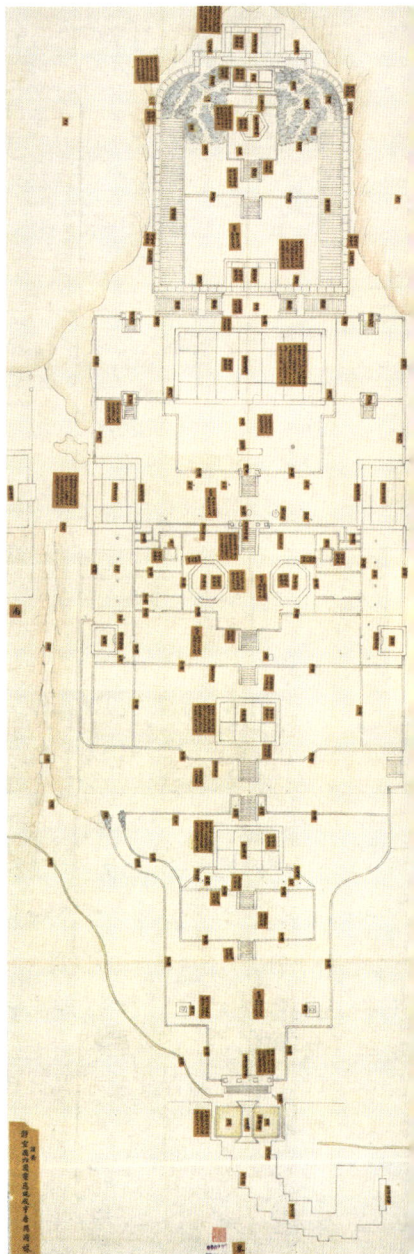

《谨查静宜园内圆灵应现殿宇房间[

香山寺现状（易弘扬摄）　　　　　　昭庙现状（易弘扬摄）

座完全建在山坡上的园林，这从《三山五园外三营地理全图》《五园图》及海外藏五园三山图中均可看出。园子由两道界墙隔开，分为内垣、外垣和别垣三部分，最外一周界墙将静宜园与其他区域分开。园内各个建筑的画法与圆明园类似，绝大部分是想象中的园林景致。民国年间绘制的三幅五园三山地图（《西山图》《西郊图》《五园三山及外三营图》）对静宜园的描绘，在虚构的景色中加入了少量真实的标注。玉泉饭店、静宜女学校、电话局、双清别墅等地名的出现，是非常具有时代特征的标记。

　　民国年间，静宜园内古树遭遇盗伐，风景区大多成为达官贵人、军阀巨商私人乱建的别墅。民国六年（1917）九月，顺直省区（即河北、北京地区）发生大水灾，奉命督办水灾善后事宜的熊希龄，以安置水灾后无家可归的儿童为契机，决定成立一所慈幼院。经时任大总统徐世昌与前清皇室内务府商量，香山静宜园被拨用于建立慈幼院。建院工程于民国八年（1919）二月十七日动工。至年底男女校舍竣工。民国九年（1920）十月三日，香山慈幼院正式开院。慈幼院初建时分为男女两校。男校在静宜园东北，原是一片空地，大约200亩，即今香山公园管理处和香山别墅所在地；女校所在之处原为前清皇室的寝宫，名中宫，即今香山饭店所在地。香山慈幼院是北京实验

《三山五园外三营地理全图》中的静宜园区域

《五园图》中的静宜园区域

外藏五园三山图中的静宜园区域

《西山图》中的静宜园区域

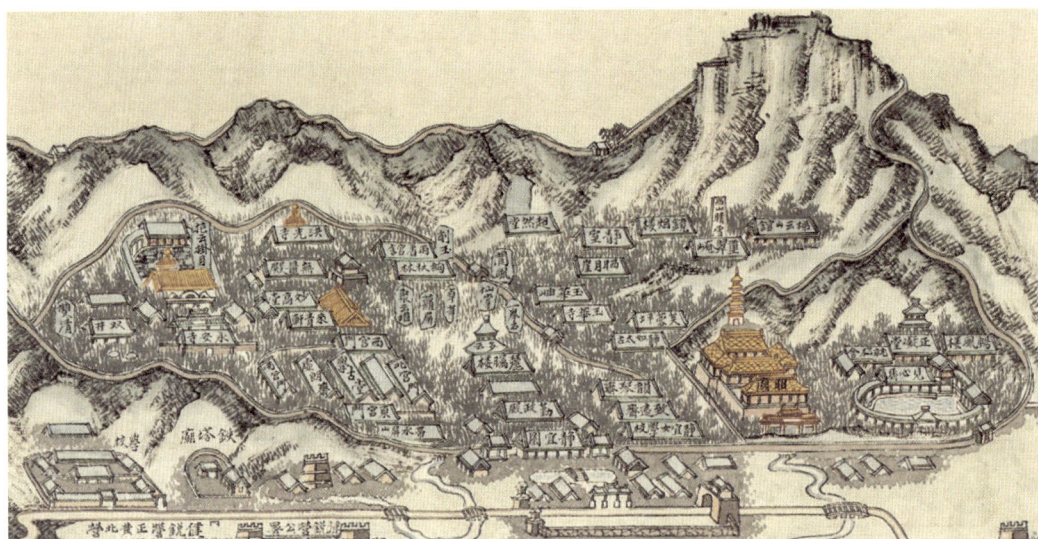

《西郊图》中的静宜园区域

《五园三山及外三营图》中的静宜园区域

香山慈幼院旧照[①]

学校的前身。

新中国成立之后，静宜园得以整修和重建。1957年5月1日，在原来静宜园旧址上建设起来的"香山公园"正式对游人开放。21世纪初期的香山公园，已经成为北京最著名的大公园之一。这里不仅有重修的古代建筑景观，还有在原有景观基础上仿建和改建的景点。香山公园如今已经成为广大群众踏春观花、消夏避暑、金秋赏叶、隆冬踏雪的旅游胜地。

---

① 刘阳、翁艺：《西洋镜下的三山五园》，中国摄影出版社，2017年，第363页。

第五节
清漪园（颐和园）和万寿山

　　北京西郊原有瓮山，属西山余脉，山下有湖，称七里泺、大泊湖、瓮山泊或西湖。金代贞元元年（1153），金主完颜亮在此设置了金山行宫。元朝定都大都后，水利工程专家郭守敬开辟上游水源，引昌平白浮村神山泉水及沿途流水注入湖中，使此湖水势增大，成为保障宫廷用水和接济漕运的蓄水库。清康熙皇帝平定三藩后，社会、经济趋于稳定。北京西郊皇家园林的建设由此拉开序幕，瓮山与西湖周边陆续兴建了许多园林。至清代乾隆皇帝继位前，此处已有四座自成体系的大型皇家园林，即畅春园、圆明园、香山行宫（后来的静宜园）和静明园，中间的西湖则是一片空旷之地。

　　为什么略过瓮山和西湖这片区域呢？因为这里先天条件不足，山与水原先的位置关系和形态不能达到最佳的景观效果。原始的瓮山过于矮小且山势缺乏变换；原来的西湖在瓮山西南，离山体有一定距离，而且湖面无岛，单调无趣。此外，明末清初频繁的战事使

《京杭道里图》中的瓮山周边[1]

得西山一带不能得到妥善经营，白浮村泉水渠道白浮堰失修，水源枯竭，瓮山泊面积也因此缩小。在浙江省博物馆收藏的清朝中期绢本彩绘长卷《京杭道里图》中，大致能看到这一时期的瓮山和西湖。有学者经考据后判断，这幅图呈现的是康熙年间的大运河。北京西郊的五园三山在图中也有所体现。不过此时的清漪园区域中，只有瓮山和山前的湖泊，没有标注名称，显然处于尚未营建的状态。图中可以清晰地看出，瓮山泊位于瓮山西南，山和水并未相接。

乾隆十五年（1750），以筹备其母崇庆皇太后六十寿诞为契机，乾隆皇帝着手治理京西水系，一方面拦截西山、玉泉山、寿安山来水，

---

[1] 北京市颐和园管理处、中国科学院遥感与数字地球研究所：《颐和园佛香阁精细测绘报告》，天津大学出版社，2014年，第10页。

一方面拓挖西湖蓄水，并以挖出的湖土堆培于瓮山。乾隆将瓮山改名为"万寿山"，是为了给母亲崇庆皇太后祝寿；将西湖更名为"昆明湖"则更有深意。西汉元狩三年（前120），汉武帝下令在长安城西南开凿昆明池。开凿出的昆明池周围40里，面积相当于四个杭州西湖，堪称"古代中国第一大人工湖"。目前学术界趋于一致的说法是，汉武帝开凿昆明池是为了操练水师，攻打西南善于水战的昆明国，以便打通通往西南的商贸之路。昆明池也是古长安城重要的蓄水供水工程。乾隆皇帝如此命名，正是为了效仿汉武帝。乾隆十六年（1751）六月六日，乾隆皇帝取《诗经·伐檀》中"河水清且涟猗"之意，正式命名"万寿山、昆明湖"为清漪园。

从乾隆十五年（1750）到乾隆二十九年（1764），万寿山前山、昆明湖、东宫门一带、万寿山后山的景观工程陆续建成。乾隆二十九年（1764），清漪园全面竣工。清漪园的整个营建工程都受到乾隆皇帝的高度重视，他将自己的艺术见解灌入清漪园的建设，将南巡过程中所见的江南景观在清漪园中重现。清漪园成为其艺术修养和造园审美的体现，正因如此，清漪园在乾隆皇帝心中的地位是其他皇家园林无法比拟的，这是他最为满意的一座皇家园林。"何处燕山最畅情，无双风月属昆明"，这句诗真实道出了乾隆皇帝内心的偏爱和自豪。

清漪园是一座典型的天然山水园，园中不仅囊括了天然山水的全部主要形态如冈、岭、峰、峦、岫、岩、谷、洞、峡、壁、屏、湖、河、溪、泉、渚、涧、瀑等，还构成了完整的山形水系。清漪园一成，西郊皇家园林、京畿水路全盘皆活，可谓点睛之笔。风水之法，得水为上。北方缺水，造园更是以得水为贵。昆明湖是北方不可多得的大片水域，更是清

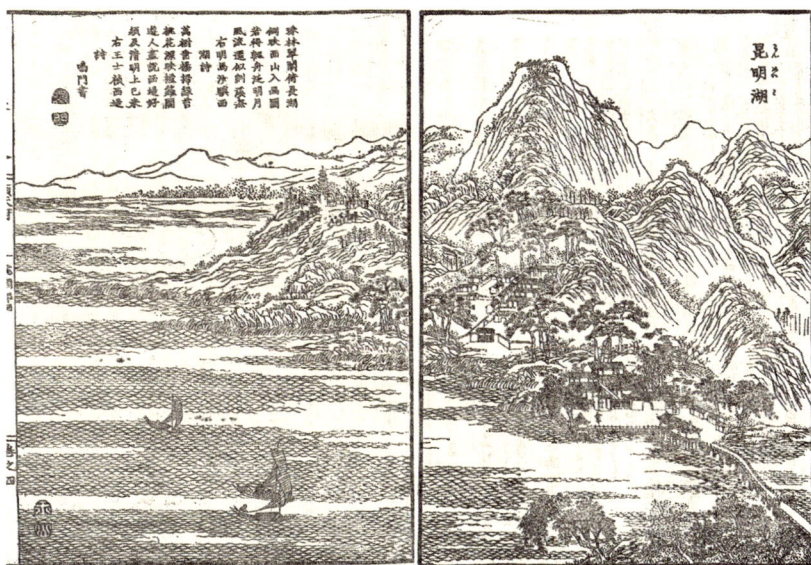

《唐土名胜图会》中的《昆明湖》

代皇家园林中最大的一处水面。在许多河道图以及京城附近水利图中都能看到昆明湖，例如中国国家博物馆收藏的《京畿水利图卷》。

此图由清朝宗室子弟爱新觉罗·弘旿绘制，反映了清乾隆年间北京地区的水系分布及水利建筑、风景地貌、园囿城郭等相关情况。图卷从玉泉山开始绘制，其水流源出西山，聚于昆明湖，流经长河，贯绕京城，于城东流入通惠河、潞河。图卷对清漪园的描绘十分细致，除了层次分明的万寿山前山中路建筑外，南湖岛、治镜阁、文昌阁等都具有很高的辨识度。图中还绘出了水军操练的船队。

清漪园的建成，将两边原有的4个园子连成了一片，形成了从现在的清华园到香山长达20公里的皇家园林区。嘉庆皇帝在位期间，除了零星修缮之外，只对清漪园做了两处改动：一是改惠山园为谐

《京畿水利图卷》^①（局部）

趣园，增建了涵远堂；二是改望蟾阁为涵虚堂。道光皇帝在位期间，拆毁了凤凰墩上的会波楼及共配殿。咸丰十年（1860），英法联军侵华入京，清漪园被毁，之后的 20 多年间一直处于荒废状态。咸丰、同治两朝皇帝并未对清漪园进行整修，只是每年遵循旧历派遣官员至广润祠所在地，临时支搭席棚祭祀龙神。光绪年间，慈禧太后开始考虑修建归政后的离宫御苑。光绪十年（1884），慈禧太后颁下懿旨，下令修复清漪园。光绪十二年（1886），清内务府档案中出现了在清漪园遗址上兴建排云殿的明确记载，名义是兴办海军学堂。光绪十四年（1888）二月初一日，光绪皇帝上谕："万寿山大报恩延寿寺，为高宗纯皇帝侍奉孝圣宪皇后三次祝嘏之所。敬踵前规，尤徵祥洽。其清漪园旧名，谨拟改为颐和园。殿宇一切亦量加葺治，以备慈舆临幸。"从此，清漪园正式更名为颐和园。

乾隆皇帝营建清漪园，一是为了庆贺其母寿诞，二是为了疏通水利，三是为了操练水军，四是为了散志澄怀。光绪年间，清政府

---

① 引自 https://www.chnmuseum.cn/zp/zpml/ysp/202012/t20201217_248579.shtml（中国国家博物馆网站）。

124

财力大不如前，重修清漪园自然需要足够的理由。慈禧太后尽管是为了替自己修建颐养天年之所，仍然假借了操练水师之由。由于财力不足，以及园林使用功能和统治者审美不同，颐和园在重建过程中尽管整体沿袭了清漪园，仍然在局部上做了较大调整。

首先，园内建筑类型发生变化，寺庙建筑减少，居住建筑和后勤建筑增多。清漪园有别于其他园林，是先有寺后有园，以寺院为主，旨在通过礼佛、诵经等活动为太后延寿、祈福。在寺庙建筑的基础上，园林才逐渐在山前山后添修其他建筑，同时兼顾儒释道的建筑景观。佛教景观建筑在清漪园中占有重要地位，主要分布在万寿山前山和后山，寺院群组规模宏大、特色鲜明，构成了清漪园的一大亮点。也正因其具备佛寺的功能，所以从乾隆皇帝到咸丰皇帝都遵从"过辰而往，逮午而返"，从不在清漪园留宿。为了改变清漪园时期延寿、

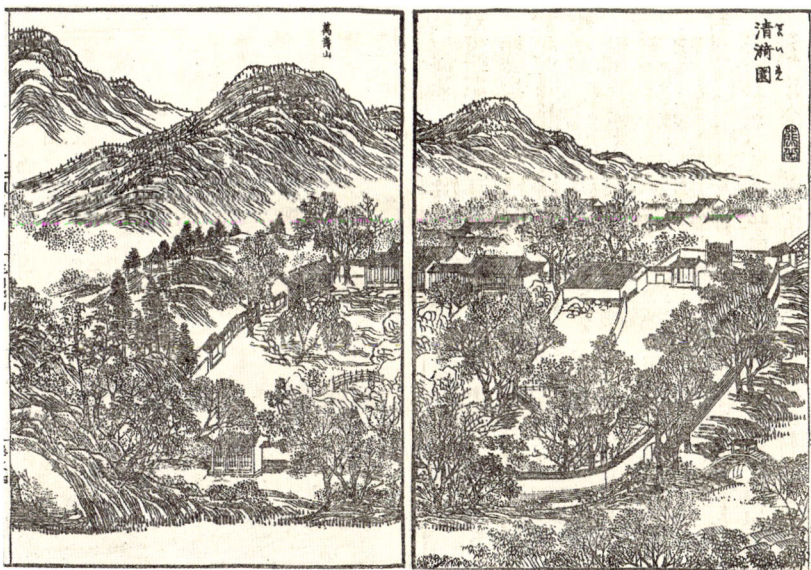

《唐土名胜图会》中的《清漪园》

祈福的宗教氛围，重修清漪园时，根据慈禧太后的旨意，园内多处宗教建筑改建为适合居住的寝宫等，突出了庆寿、纳福、颐养的主题。除此之外，东宫门一带添建了大量附属建筑如寿膳房、御膳房、各部公所等，主要为居住在园中的帝后提供日常后勤服务。

其次，为了节省经费开支，园内部分单体建筑或建筑群未能恢复或不得不缩减。西堤以北的西北水域、外湖、后山、后湖一带，除个别情况外仅保留遗址而不做恢复，例如西宫门买卖街就不复存在。许多点景建筑或者缩小规模，或者降低层数，或者简化装饰，例如建筑造型极有特色的昙花阁改建成了卷书平台，文昌阁从三层缩减成了两层。

再者，为了园居安全，昆明湖周围添修了人墙。清漪园时期，昆明湖东、西、南三面并不设置围墙作为障碍。经由西部的治镜阁、耕织图等景观建筑，清漪园

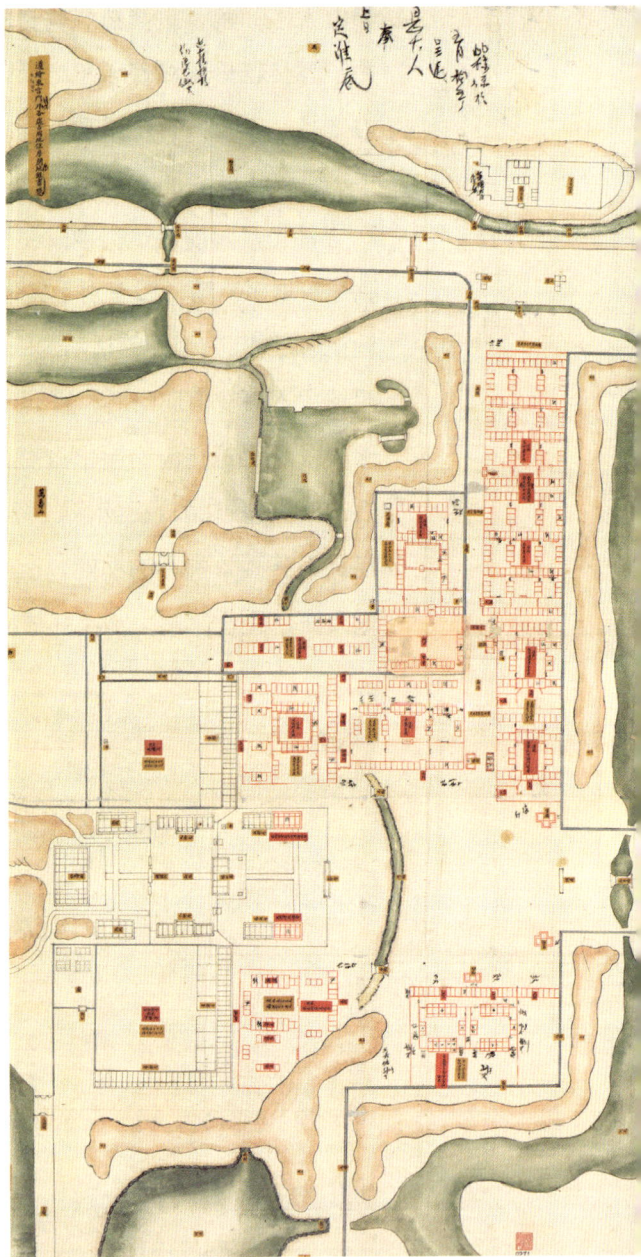

《东宫门外各处占用地位房间地盘画样准底》

126

《昆明湖添建大墙做法图》

的景域可以向外扩展，与周边稻田、其他园林景观等连为一体。这种空间处理充分考虑到了园内建筑与周边景观的借景关系，西郊园林可以作为一个整体得到经营。而到了颐和园时期，皇家明显只能费心于园内空间的经营，无力再与周边景观进行衔接。

囿于政府的财力和统治者的个人艺术修养，颐和园的总体造园水平较之清漪园有所逊色。不过，颐和园仍然恢复了清漪园景观中最主要、最精华的部分，调整了万寿山前山建筑布局，突出了中央建筑群，新建了排云殿、德和园等气势巍峨的建筑精品，因此仍然不失为一座辉煌典丽的皇家园林。重建后的颐和园成为一座皇帝、太后以及整个后宫长期居住且兼具从事政治活动的离宫御苑。

如果按照使用功能划分，颐和园大致可以分为行政、生活、游览三个区域。以仁寿殿为中心的行政区，建筑较为庄重威严，是当年慈禧太后和光绪皇帝坐朝听政、会见外宾的主要场所。以乐寿堂、玉澜堂和宜芸馆等庭院为主体的生活区，分别是慈禧、光绪和后妃们居住的地方。这两个区域主要集中在东宫门附近。游览区的面积较大，主要包括万寿山和昆明湖两部分，万寿山又可分为前山和后山，后山北侧有后湖。此外，园林西区也是供帝后们澄怀散志、休闲娱乐的地方。

自万寿山顶的智慧海向下，前山有佛香阁、德辉殿、排云殿、排云门、云辉玉宇牌楼，构成了一条层次分明的中轴线。山下是东西走向的长廊，长廊前有水面开阔的昆明湖。前山中轴线两侧有转轮藏、宝云阁、介寿堂、清华轩、写秋轩、意迟云在、无尽意轩、养云轩、福荫轩、景福阁、云松巢、听鹂馆、贵寿无极等点景建筑。后山中轴线上有香岩宗印之阁、须弥灵境等，点景建筑有眺远斋、澹宁堂、花承阁、味闲斋、清可轩、构虚轩、绘芳堂等。后湖东端有谐趣园。众多景点和建筑不能一一列举，他们构成了颐和园的主要内容，同时也显示了颐和园的整体布局。整个布局主次分明，一方面和原有地形圆满契合，一方面也实现了园林的众多使用功能。

中国皇家园林最大的特点当数规模宏大、建筑类型多样，颐和园也不例外。鼎盛时期，园林占地面积近300公顷，其中水面占了3/4。园中有景点建筑百余座、大小院落20余处，亭、台、楼、阁、廊、榭等不同形式的建筑3000余间，古树名木1600多株。万寿山下的长廊长达700多米，号称"世界第一廊"，光是长廊枋梁上的彩画就有8000多幅。水面上桥梁众多，有著名的十七孔桥、西堤六桥等，至今园里尚有近20座桥留存。

清漪园建成于清朝的鼎盛时期，此时也是中国古典园林发展史上最辉煌的时期。作为清皇室修建的最后一座大型园林，颐和园积淀了深厚的中国园林文化传统，是中国古典园林中的集大成者。因此，颐和园作为北方皇家园林的代表，在古典园林研究中是一个必须提及的存在。在造园艺术方面，颐和园整体构思巧妙，是中国古典园

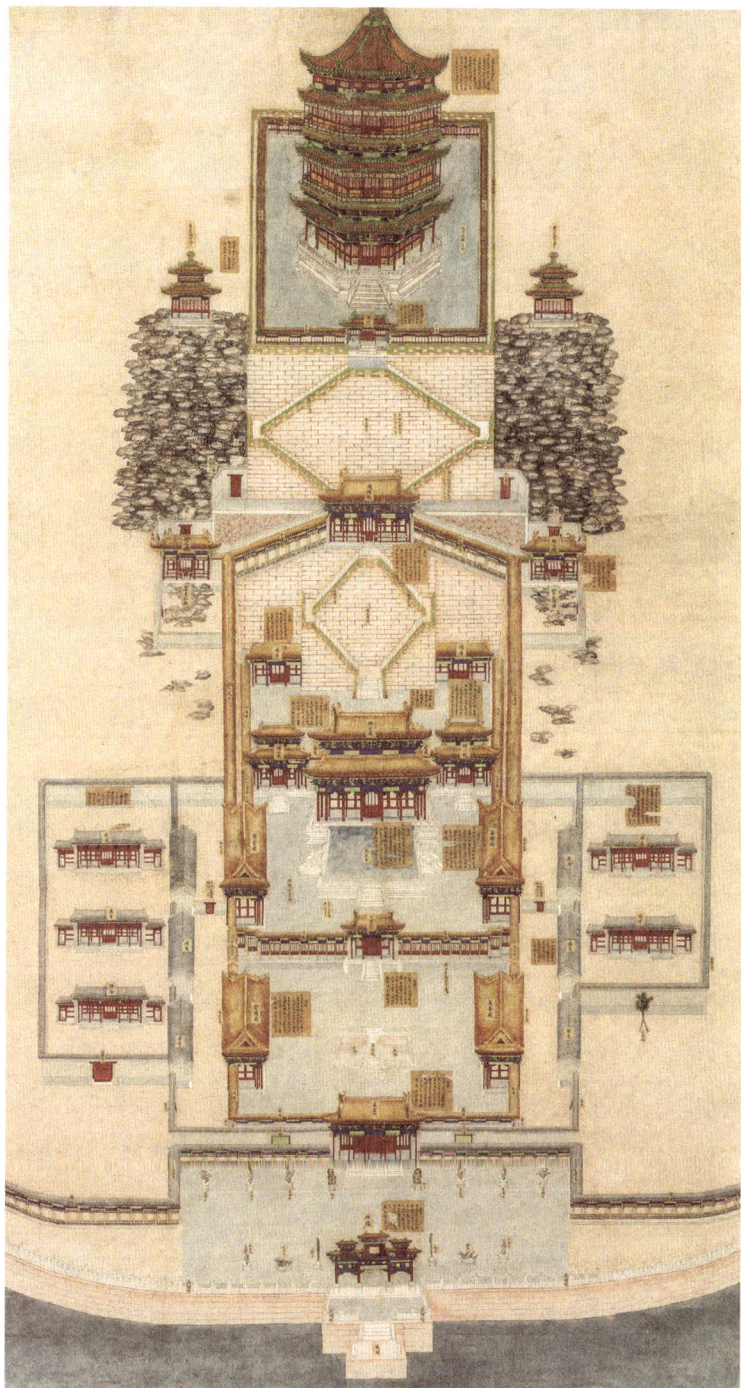

颐和园藏《佛香阁排云殿图》①

① 北京市颐和园管理处等编著：《明珠耀"两河"：西山永定河与大运河文化带中的颐和园》，国家图书馆出版社，2019年，第60页。

129

林中讲究"虽由人作、宛自天开"造园准则的典范，尤其体现在山水结合、"移天缩地"、布局精巧几个方面。

山和水是中国古典园林必不可少的元素。在清代各个皇家园林建筑中，山水都不可或缺，但是"山水结合"做到极致的，当推颐和园。首先，园林基础便是山水兼备。清漪园在瓮山和西湖的基础上修建而成，有山有水是其最初地形，造园利用的是自然山水，而非完全人工。其次，园林改造以山水为主。修建园林的一系列工程都是围绕扩大水面和充实土山展开。经过一系列整治后，山和水更加实现了相互依托、完美结合。最后，园林利用也离不开水。无论是作为水利工程，还是作为水军操练场所，抑或是单纯作为水上游乐之所，都使得管理者要持续妥善经营园林的水面部分。昆明湖湖面往北拓展直抵万寿山南麓，绕过万寿山西麓后分出两条支渠。一条往北延伸，通过青龙桥沿着元代白浮堰引水故道接于北面的清河，也叫作后湖；一条兜转而东，沿北麓把原先的零星小河泡连成了一条河道，唤作后溪河。另有高水湖和养水湖与昆明湖相邻，以河堤为界。在"北山南水"的基础格局之上，昆明湖湖面得以开拓、湖底得以挖深，万寿山经过堆培后得以拔高，整体形成了山嵌水抱的格局。万寿山仿佛脱出于水面的岛山。

晚清学者王闿运在《圆明园词》中有一句，"谁道江南风景佳，移天缩地在君怀"。"移天缩地"是指江南的名园胜景被移植到北方的皇家园林中来。这句诗词不但可以形容圆明园，同样也适用于颐和园。清漪园的总体规划即是以杭州西湖为蓝本，同时广泛仿建江南园林及山水名胜。昆明湖与西湖的基础格局同为北山南水，昆明湖西堤及堤上六桥正是仿照了西湖的苏堤和苏堤六桥。昆明湖南端

《清漪园西宫门买卖街地盘图》

的圆形小岛凤凰墩仿照了无锡运河中的黄埠墩。昆明湖西堤南端练桥和柳桥之间的景明楼仿照了洞庭湖畔的岳阳楼。"景明"二字也是出自范仲淹《岳阳楼记》中的"春和景明,波澜不惊"一句。南湖岛上的望蟾阁高三层,仿照了武昌蛇山之巅的黄鹤楼。颐和园东北角的谐趣园仿照了无锡惠山脚下的寄畅园,它在清漪园时期的原名即为惠山园。后溪河上的买卖街参考了江南地区常见的一水二街形式,据说是乾隆皇帝游历苏州七里山塘街后下令仿造的街市。四宫门内买卖街则是仿照了扬州二十四桥,据说原来的店铺面积比后溪河买卖街还要大上许多。在上述建筑群或单体建筑之外,颐和园在整体设计上也是移天缩地、以小见大。中国古代有"一池三山"的造园手法。清漪园在初建时期即秉承了这一造园思想。昆明湖及其西侧的高水湖和养水湖内分别建成了南湖岛、团城岛和藻鉴堂岛这三个小岛，代表着传说中的东海三仙山——蓬莱、方丈和瀛洲。

颐和园的空间布局精巧，体现在内外两个方面。在园内空间里，颐和园划分出了东宫门附近的宫殿区、以南湖岛为中心的昆明湖景区、万寿山前山景区和后山景区。这几处区域各具功能，各有特色。因此，尽管整个园林面积宏大，却不会重复和凌乱，而是层次分明、各有千秋。另一方面，在任何园林空间都有边界的认知前提下，颐和园巧妙利用了借景手法来实现空间延伸。例如，站在昆明湖畔的知春亭向西远眺，山水一色不可辨认，近处稍稍清晰，远处烟雾蒙蒙，更远处又渐渐清楚，恰似中国传统山水画中的"三远"。知春亭作为观赏全园景色的最佳位置之一，既可以看到万寿山一带华丽、气派的景观；也可以远眺西堤，感受杨柳飘飘的自然之美；同时还可以看到远处玉峰塔和玉泉山若隐若现的旷远景致。将本园景观巧妙地连上园外数十里西山群峰，更让人感受到山外有山、景外有景，景致变幻、美不胜收。

清漪园的新建和颐和园的重修是中国封建帝制下的皇家最后一次大兴土木，可以说是当时中国土地上最大的工程和最大的工地。如果说乾隆皇帝作为清漪园的总规划设计师，以自己的见识、审美和情趣赋予清漪园灵魂，慈禧太后是颐和园的总修复设计师，赋予颐和园崭新的面貌，那么"样式雷"作为清漪园和颐和园的总建筑设计师，则是实实在在勾画出了这座皇家园林的每一处。清漪园的营造从乾隆十五年（1750）一直持续到乾隆二十九年（1764），历经15年。颐和园的重修从光绪十年（1884）一直持续到光绪二十一年

（1895），历经 12 年。在这几十年间，"样式雷"用不计其数的建筑图档，描绘了园林的里里外外、方方面面。他们一方面从上接收并领悟帝后的旨意，一方面向下传达并实施这些旨意。这当中作为媒介的就是样式雷图档。颐和园是中国皇家园林现存最为完整的实物例证，与其相关的文献、档案、资料等记载翔实，现今存世的千余幅颐和园相关样式雷图档是最为直观的凭证。

《清漪园地盘画样》

2011 年，天津大学建筑系张龙和王其亨教授调查后得出，目前中国第一历史档案馆收藏有颐和园相关样式雷图档 70 余件，故宫博物院图书馆收藏有 60 余件。此外，中国国家博物馆、清华大学、中国人民大学、中国科学院图书馆、日本东京大学东洋文化研究所、法国巴黎吉美博物馆等国内外机构也存有少量相关图档。国图作为样式雷图档最大的收藏机构，目前收藏有能明确辨认为颐和园的图档 600 余件，其中绝大部分为图样，另有万寿庆典相关的颐和园图档约 200 件。国图藏样式雷图档中有为数不多的几件清漪园时期画样，例如《清漪园地盘画样》。这幅图样可能绘制于道光二十年至二十四年（1840—1844）之间，至少反映了这一时期的建筑格局。

在晚清至民国年间的五园三山系列地图中，颐和园始终居于中心位置，也是绘制最详细的园林。几幅地图总体都采用由东向西的侧视视角,使观者可以全面观赏昆明湖及万寿山东麓建筑。而不同图上的局部视角变动,又导致昆明湖水面和万寿山宫殿区的绘制面积发生了此消彼长的变化。常印绘制的《三山五园外三营地理全图》和《五园图》这两幅相对更早的地图与其余几幅差异较大。这种差异主要表现为万寿山区域的图向不同。常印绘制的两幅图中,万寿山区域的朝向为上西下东、左南右北,与全图一致。其余几幅图(海外藏五园三山图及《西山图》《西郊图》《五园三山及外三营图》)中的万寿山朝向被人为扭转,为左西右东、上北下南。这种局部视角变化又导致几个结果。其一,万寿山与昆明湖的比例不同。常印二图中,昆明湖水域面积明显更大,接近实际。其余图中,万寿山区域明显扩大,宫殿区域的展示成为重点。其二,随着万寿山区域被刻意向地图上方挪移,原来的颐和园东宫门以及东部地区有了更多空间。后面几幅图中就绘出了常印二图中并未绘出的谐趣园以及东宫门附近诸多建筑。因此可以判断,这种对万寿山区域的局部视角变换,应该是为了更好地绘制颐和园东宫门内外区域建筑。

五园三山系列地图绘制了光绪年间重建后的颐和园景致。由于财力所限,光绪朝集中修复了万寿山前山建筑群,这与图中重点绘制的区域吻合。《三山五

园外三营地理全图》真实地反映了光绪十年（1884）至光绪二十一年（1895）间颐和园重建的成果。图中绘制的文昌阁城楼为两层，这是由于经费紧迫，改建时将原有三层城楼减为两层的结果。不过有些建筑名称似乎未能及时更新，例如颐和园德和园的位置仍然标注旧名"宜春堂"（怡春堂）。而事实上在光绪二十一年（1895），旧址上已经新建成了三层的德和园大戏楼。《五园图》中又将文昌阁画成三层。《五园图》既绘制了清漪园时期的文昌阁，又标注了近代化特征的颐和园电灯所。这是虚实结合的画法。其他建筑大都保留了重修颐和园时的面貌。

这种缩小昆明湖水面、扩大万寿山区域的画法在国图藏清末彩绘卷轴《颐和园全景图》中达到极致。《颐和园全景图》图幅纵112

《颐和园全景图》

厘米，横 261 厘米，为了成就万寿山前山的详细描绘，尽可能缩小了昆明湖水面，水陆比例失衡较为严重。此图在描绘建筑物时比较写实，但是图上除廓如亭、文昌阁、万寿山昆明湖碑以外，其他建筑没有标注名称。从图上已经出现了德和园三层大戏楼大致可以判断，此图绘制时间不会早于 1895 年。

五园三山系列地图中的颐和园画法，在民国期间也有继承和发展。民国年间铜版印刷的《颐和园图》就是一个例子。地图纵 75 厘米，横 99 厘米，采用传统山水形象画法，表现了当时颐和园的全貌，内附图说，印制精细。图上有编者菊隐撰写的"志"。从"曩日人士思一窥而不获，今则弛禁，供众游览矣"这一句可以推测，此图绘制于 1914 年颐和园正式对公众开放后不久，有可能在 1914 年、1915 年左右。从"菊隐特倩画师，摹绘园内及玉泉山全景，多日始成，友人索观者甚伙。兹缩印成图，以备分赠"这一句可以看出，此图由菊隐委托画师制作而成，并将画作缩印成图，分赠给感兴趣的友人。编者菊隐个人信息不详。其所撰志中有一句，"既阅此图，如呈诸几

民国年间铜版印刷的《颐和园图》（局部）

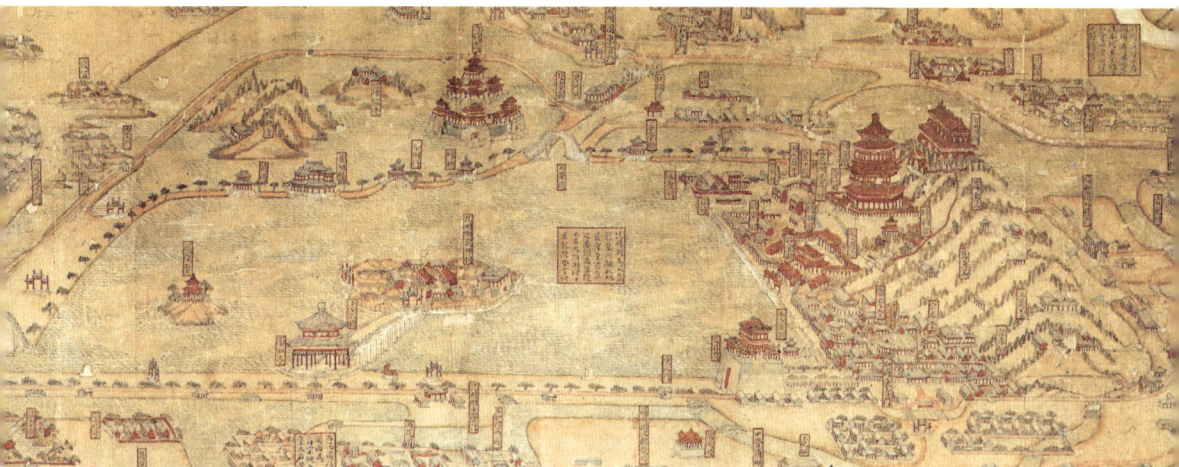

《三山五园外三营地理全图》中的颐和园区域

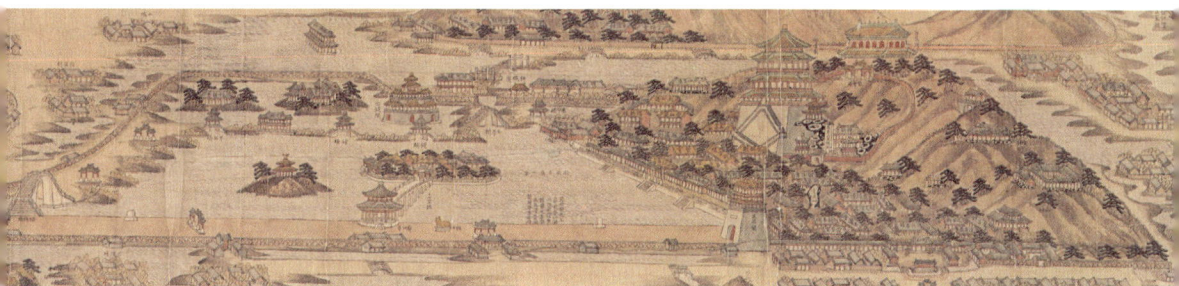

《五园图》中的颐和园区域

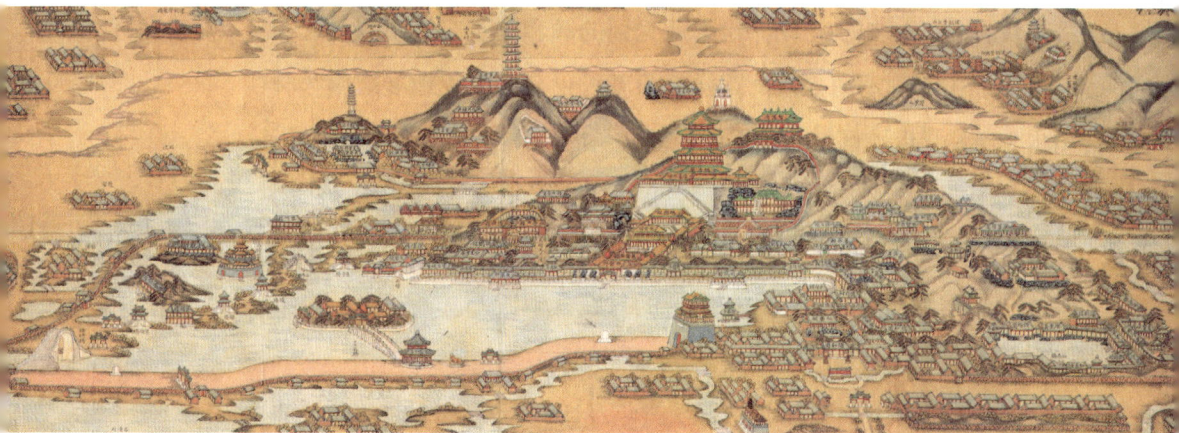

海外藏五园三山图中的颐和园区域

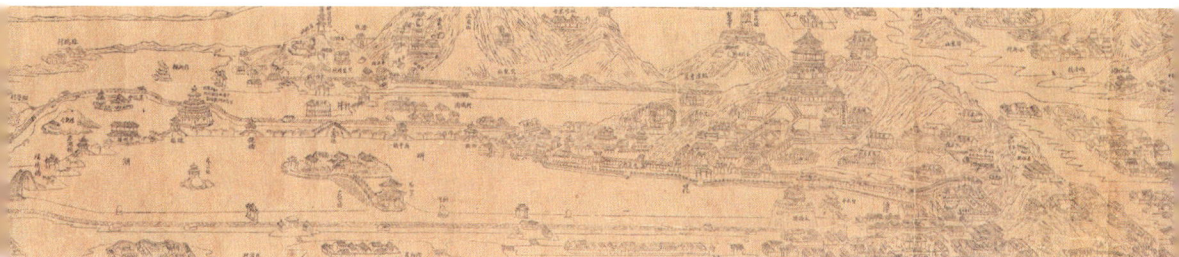

《西山图》中的颐和园区域

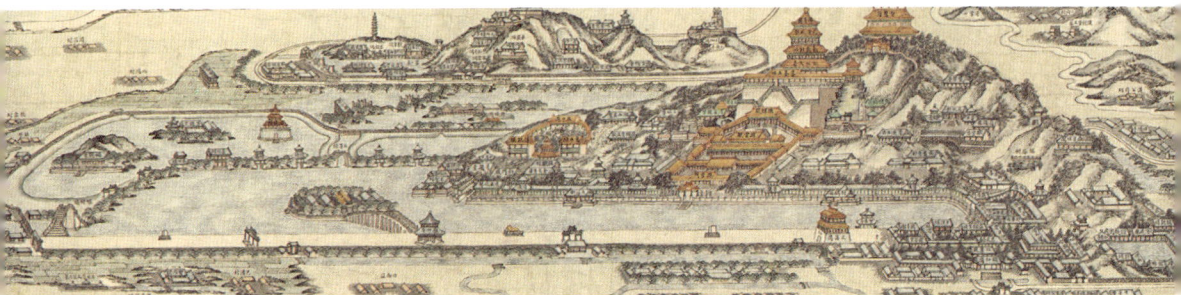

《西郊图》中的颐和园区域

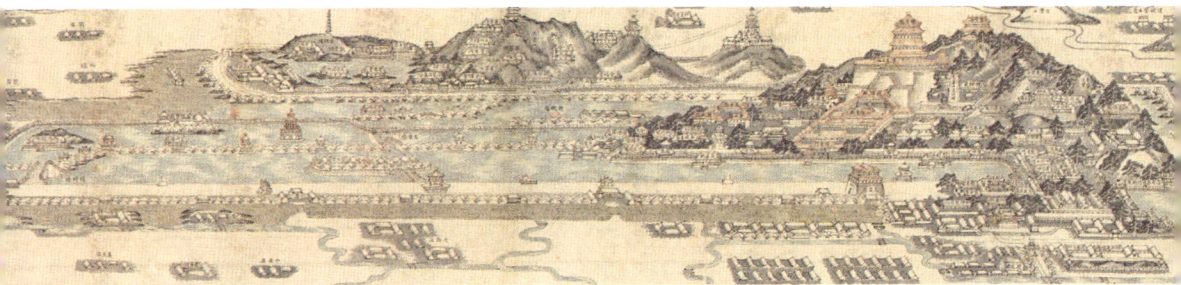

《五园三山及外三营图》中的颐和园区域

案间，或亦少文卧游之一助也"，可见此图有"卧游"导览之用。

地图采用由东向西单点定位的侧视视角，好像绘图人站在颐和园东堤铜牛和廓如亭之间，绘制所见到的颐和园全貌。视角的选择与五园三山系列地图一致。这样的角度可以最大限度地展现颐和园园内建筑和昆明湖区域。画面近处是文昌阁、十七孔桥、绣漪桥一线。画面的中心是波光粼粼的昆明湖。昆明湖上，火轮、龙船和小舟同时并存。画面的远端是以万寿山为主体的宫殿区。更远处，以玉泉山为主的连绵西山成为颐和园景色的衬托。铜版画画面精细，形象逼真。

从乾隆十五年（1750）到宣统三年（1911），颐和园是清代最高统治阶级开展政治活动、宫廷生活和许多重大历史事件的舞台，它从一个侧面反映了中国社会、政治、经济、文化的发展进程，是中国近代历史的缩影。继咸丰十年（1860）和光绪二十六年（1900）两次遭受外国势力破坏之后，在军阀混战和国民党统治时期，颐和园也持续遭受了一定程度的掠夺。1914 年 5 月 6 日,颐和园作为溥仪私产正式对社会售票开放。1928 年北伐战争胜利后,南京政府正式派员从清室手中接收颐和园,此后转交给北平特别市政府管理。同年,颐和园正式作为公共公园对社会开放。至 20 世纪 30 年代,各种颐和园导览图已经层出不穷。

《园内路线一览表》和《万寿山昆明湖》是同一类示意性导览图,图向均为上西下东、左南右北。图上有部分标志性建筑采用形象画法绘制而成。其重点不在准确描绘建筑,而在于提供观光路线。《园内路线一览表》是彩色石印本,1930 年上海中华书局出版,图幅纵32 厘米,横 48 厘米。地图上地名标注详细,佛香阁、龙王庙、廓如亭、清晏舫及各种桥、城关等景点有示意性建筑描绘。昆明湖上还绘有一艘"翔云"号船只。"翔云"号火轮船确有实物,是御船的拖带船之一。《万寿山昆明湖》是一幅中英文双语对照导览图,大约成图于20 世纪 30 年代,图幅纵 33 厘米,横 48 厘米。地图对园内地物标注详细,地名中英文对照齐全。部分建筑如桥、城关等有形象示意图。此图与《园内路线一览表》视角相同,但画法、用色等均有较大差异。

《颐和园全图》和《颐和园图》是同一类标准游览图,基本是现代地图的样子。《颐和园全图》由国立北平研究院测绘组测制、出版部印行,系民国二十三年(1934)九月九日初版,比例尺 1:2000,图幅纵 127 厘米,横 102 厘米。这是一幅比较完备的颐和园全园图,详细绘制了万寿山和昆明湖两部分,图上附有图说,山地标注了高度。《颐和园图》由北平市管理颐和园事务所绘制,比例尺 1:2000,图幅纵 44 厘米,横 70 厘米,图上地名中英文对照。图名为《颐和园图》,实际只详细描绘了万寿山区域,这是当时常见的一类旅游图。

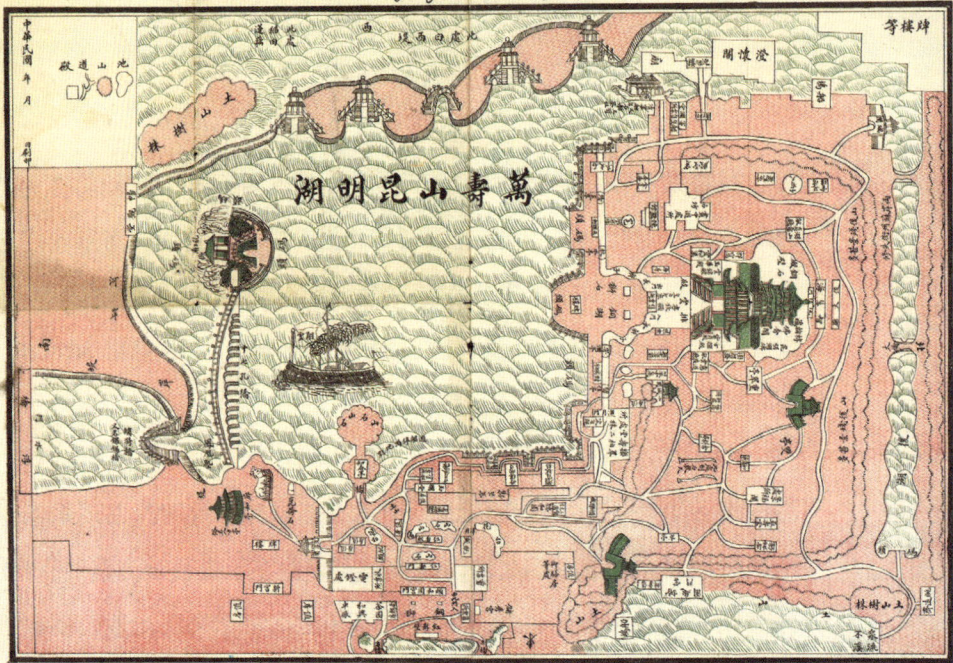

《园内路线一览表》

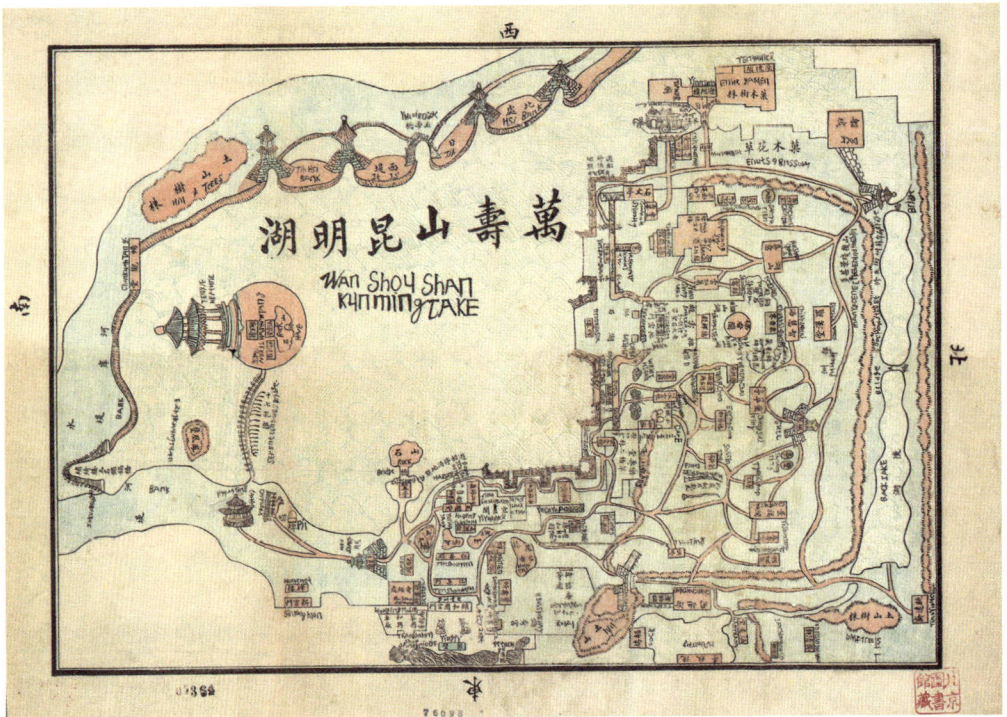

《万寿山昆明湖》

如此处理，或许是为了缩小篇幅，使地图便于携带，毕竟园内绝大部分景点集中在万寿山区域。这幅地图由颐和园主管单位出版发行，因此使用范围较广，在民国二十七年（1938）、二十九年（1940）分别有二、三版发行。

民国时期的年画上也有颐和园的身影。年画是中国特有的一种民间美术形式。民国时期，传统年画式微，在上海、天津等城市兴起了新式题材的改良年画，新增了反抗列强侵略、提倡爱国、描绘新事物等内容。《万寿山观景》就是一幅新式年画。画面中有万寿山、昆明湖、佛香阁、众香界、文昌阁、廓如亭、十七孔桥和南湖岛等。这幅年画线条粗犷、风格简约，但是画中的亭台楼榭、宫殿庙宇结构匀称、布局合理、极富表现力。这是冯骥才老师天津大树画馆收藏的一件"贡尖"。这幅年画纵 58 厘米，横 100 厘米，由永庆合记画店制作，应该成图于民国年间，因为图中已有普通民众在园中游览。图中既有套色印刷，也有手工上色。成图在加上鲜明的人物后，更是充满喜庆欢乐的气氛，感染力十足。颐和园相关年画的出现，说明颐和园在民国时期就已经是深受百姓喜爱的公共场所了。

新中国成立后，颐和园得到系统维护，重获新生。1961 年，颐和园被公布为第一批全国重点文物保护单位，成为中国四大名园之一。1998 年，颐和园被列入《世界遗产名录》。2009 年，颐和园入选中国世界纪录协会中国现存最大的皇家园林。作为我国保存最完整的一座皇家园林，颐和园也被誉称为"皇家园林博物馆"。

颐和园在世人眼中是一座充满魅力的园林。它的魅力就像多棱镜一样，展现在许多方面，每一面在不同的人眼中又有不同的解读。颐和园最大的魅力在于"融合"，将两种不同甚至对立的美融合在

《颐和园全图》

颐 和 园 图

MAP OF I HO YÜAN

《颐和园图》

《万寿山观景》①

一起，达成奇妙的和谐与平衡。它既有人工建筑的巧夺天工，又有自然风光的趣味盎然；既有北方山川雄浑壮阔的气势，又有江南山水婉约清丽的风韵；既有帝王宫室的富丽堂皇，又有民间园林的精巧别致；既有宗教寺庙的庄严肃穆，又有居家宅院的烟火气息；既秉承了古典建筑的科学严谨，又发挥了能工巧匠的艺术智慧；既维护了园林整体的统一和谐，又尊重了建筑单体的自成一体；既是清末帝后浓墨重彩创造历史的政治舞台，也是慈禧太后颐养天年的生活场所。多一分则溢，少一分则缺，难得地恰到好处。所以说，融会贯通了中国几千年南北各地园林景观艺术的颐和园是中国园林艺术的典范和瑰宝。其卓越的规划和精美的建筑，完美诠释了古代中国关于人与自然和谐统一的哲学思想和美学观念。

---

① 冯骥才主编：《以画过年：天津年画史图录》，河南美术出版社，2009年，第105页。

第三章

五园三山周边园林

上文提及，在全盛时期，自海淀镇至香山还分布着西花园、熙春园、镜春园、淑春园、鸣鹤园、朗润园、弘雅园、澄怀园、自得园、含芳园、墨尔根园、诚亲王园、康亲王园、寿恩公主园、礼王园、泉宗庙花园、圣化寺花园等 90 多处皇家离宫御苑、赐园等。这些园林屡有更迭。但总体而言，几座大型皇家园林加上几十处小型园林，构成了连绵 20 余里的西郊皇家园林区域。

在我们特指的"五园三山"之外，其他园林主要有皇家园林附属园、王府园林以及私家园林。皇家园林附属园指附属于畅春园、圆明园等大型皇家园林的小型园林、行宫、寺庙等，例如畅春园就有附属西花园、圣化寺等。这类园林属皇家所有。私家园林属于私人财产，可以由个人进行买卖、操办。王府园林是介于皇家园林和私家园林之间的一种园林形式，比较特殊。

清代宗室封爵不封地，所以宗室封爵后就要在京城内选址修建府第。《清史稿·诸王传》记载："诸王不锡土，而其封号但予嘉名，不加郡国，视明为尤善。然内襄政本，外领师干，与明所谓不临民、不治事者乃绝相反。"这项国策一方面可以防止宗室叛乱的问题，另一方面，宗王拱卫京师也可以达到保卫京城的作用。所以，清军入关，定都北京后，将京师分而治之。内城由八旗分治，汉人全部迁至外城居住。清代皇子成年后，在京师得赐王府，自立门户。

康熙二十六年（1687）二月，畅春园竣工后，康熙皇帝在玉泉山行宫处理完政事后，移驻畅春园。此后，康熙皇帝时常驻跸园内，处理政务，到夏季更是常驻畅春园。"计一岁之中，（康熙）幸热河者半，驻畅春者又三之二。"① 从此开始，五园三山逐渐形成，陆续成为清代皇帝避喧听政的场所。为了方便皇帝与皇子、大臣沟通，皇家御园周围开始兴建大大小小的王公赐园。这些皇家赐园成为宗室在内城王府之外的一种住宅补充，其兴建费用由内务府管理。作为内务府控制的官房房产，皇帝掌握着赐园和收回的权力。清代对宗室管理十分严格，王爵高者，受封较少；爵位依次降授者多；封而不建，拱卫京师。西郊赐园是清朝职能建筑的重要组成部分，与园主人的爵位等级密切相关。当宗室封爵发生变化时，同一赐园可能多次易主，也存在宗室因罪，赐园被收回的情况。无论是恩封降袭、无嗣承继、失势革爵还是袭次届满，赐园均收归内务府，重新分配。因此，京师西郊的皇家赐园存在着多次赏赐、改名、收回、改建的历史。一座赐园的兴衰变换也常与多位园主的经历有关。

　　王府园林府主身份的特殊性，导致王府园林拥有一些有别于皇家园林和私家园林的特点。王府园林属皇家宗室所有，由于受到了府主爵位等级和清朝分封制度的限制，建筑也不可超出王府的等级规制，体现出皇权意识。以朗润园、镜春园、淑春园为代表的清代皇家赐园，是清代王府园林的杰出代表。皇家御园与王公赐园等共同构成了京西园林景观。但是时至今日，这些园林或者历经变迁，或者只存遗址，甚至只余地名，我们只能在各类文献资料中寻到它们的踪影。

---

① 吴振棫：《养吉斋丛录》卷十八，北京古籍出版社，1983年。

第一节
西花园

　　康熙二十六年（1687），畅春园正式建成。康熙二十八年至康熙三十年（1689—1691）间[①]，畅春园内清溪书屋等部分建筑及附属园林等开始建造，其中就包括西花园。也有学者推测，西花园是建于康熙二十七年至二十九年（1688—1690）之间[②]。西花园的营造由彼时在内务府任职的曹寅负责。

　　西花园作为畅春园的附属园，是一座位于畅春园西墙外西南角的水景园。全园以大湖面、中部半岛及三座平行的岛屿为主景并沿湖布置景点[③]。中部半岛上有一组合院式建筑，即讨源书屋、左右配

　　① 崔景舒、崔山：《康熙时期畅春园范围界定及平面布局研究》，《中国园林》2022 年第 1 期，第 139—144 页。
　　② 张宝章：《三山五园新探》，中国人民大学出版社，2014 年，第 18—97 页、第 746—778 页。
　　③ 朱强、李东宸、郭灿灿、姜骄桐：《清代畅春园复原及理法探析》，《风景园林》2019 年第 2 期，第 117—122 页。

西花园复原平面图（乾隆四十二年）①

殿和观德处；西南紧邻园墙为承露轩和龙王庙；花园南部荷花池畔建有南、东、中、西四所。西花园的正门为南宫门，门前为通向畅春园大宫门的大道。

西花园和畅春园密切相关，因此，现有畅春园相关复原图中一般都有西花园。在"畅春园"部分已经介绍过，侯仁之、周维权和北京林业大学团队都制作过畅春园复原图。无论在哪一版本中，即便是最新的北京林业大学团队复原图中，西花园的绘制都比较简略，因为相关史料实在太少。

---

① 朱强三山五园工作室提供。

康熙称西花园为"畅春园西新园"，简称"西园"。康熙皇帝曾为西花园赋《畅春园西新园观花》，诗云："春花尽季月，花信露群芳。细草沿阶绿，奇葩扑户香。寸心惜晷短，尺影逐时长。心向诗书奥，精研莫可荒。"康熙年间，西花园最初是皇帝观花和读书的地方，后来被定为皇太子和诸皇子居住与读书的地方。每当康熙帝驻跸畅春园时，皇太子和众皇子即随父住到西花园。众皇子主要集中居于南、东、中、西四所，皇太子居于讨源书屋。

乾隆年间，皇帝将畅春园作为奉养其生母孝圣皇太后的御苑。他常去畅春园向皇太后请安，请安后常到西花园讨源书屋，并著诗记录。从乾隆七年（1742）第一首诗到乾隆四十一年（1776）五月最后一首《夏日讨源书屋》，乾隆皇帝关于讨源书屋的诗共有 70 首。这里是他临时处理政务与瞻仰皇祖之所。乾隆四十二年（1777），随着乾隆生母去世，西花园与畅春园一同闲置，逐渐衰落废弃。

目前已知的国图藏西花园相关样式雷图档共有 7 件。《西花园地盘样糙底》重点绘出西花园整体的水陆布局和山石分布，并标注各片土地面积及尺寸。图中绘出有平格，用于丈量地亩尺寸。图中用苏州码注记，西花园面积共"一顷四十二亩三分六厘"。折算可知，西花园面积大约为 9.5 万平方米。但是图样未绘出建筑，仅框出东南侧宫门组群，即西花

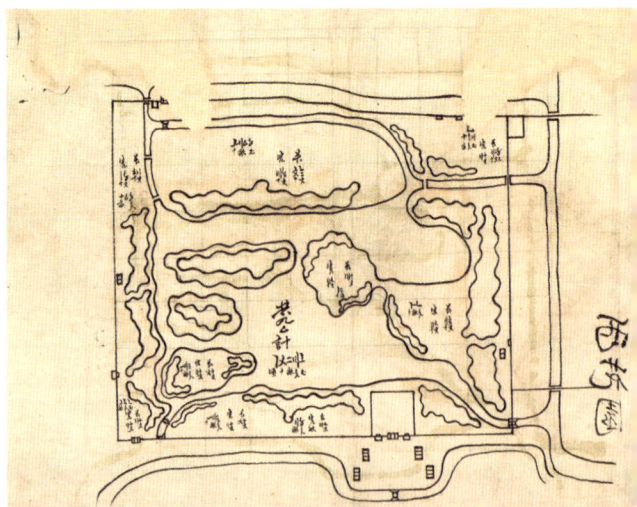

《西花园地盘样糙底》

园南所的轮廓。图背面有"西花园现查情形"字样。

　　《西花园地盘画样》是一幅关于西花园南所的修缮勘察图。图上

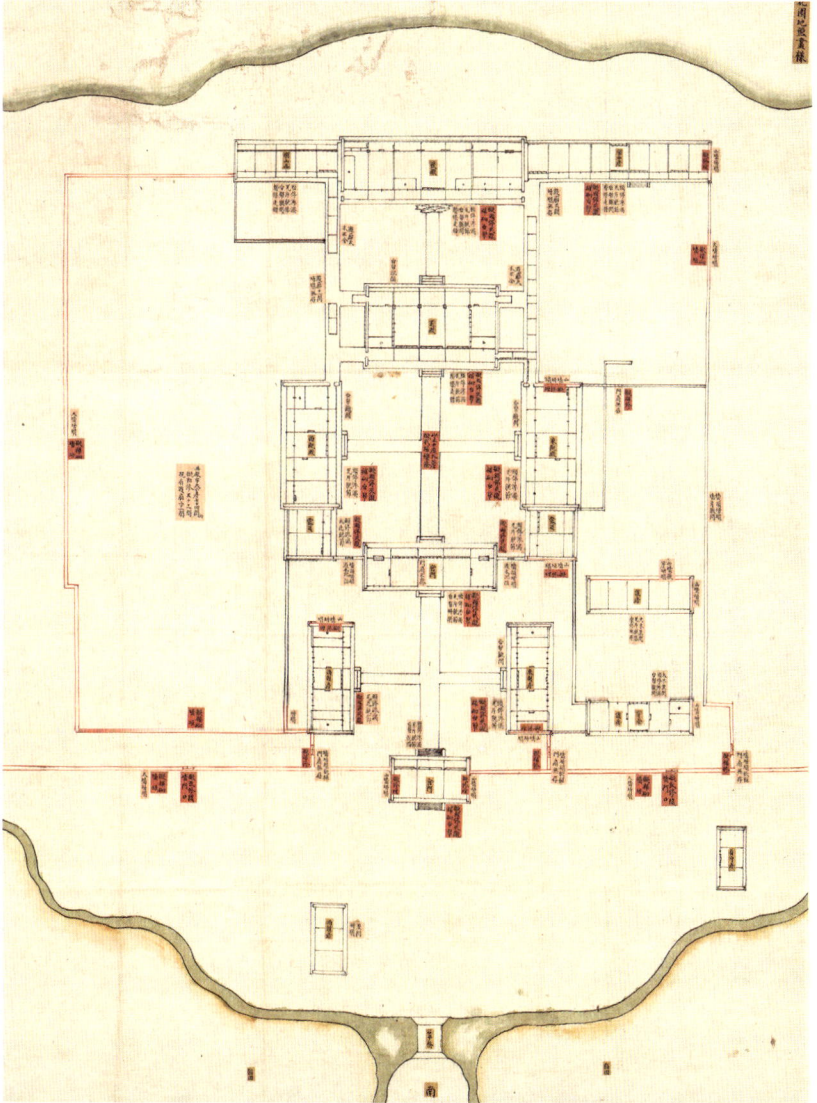

《西花园地盘画样》

字迹工整，内容完整，贴有图签，似为进呈样。图中水域着草绿色，现存建筑为黑色墨绘，坍塌部分以红色绘出。图上浮签有三种：黄签标写建筑名称；浅红签注明建筑残损程度，例如"头停渗漏""瓦片脱节""阶条走错"等；红签眷写拟修理办法，例如"拟头停夹陇，补砌台帮"等。另有贴签标注房间及粘修总数："共殿宇大小房七十四间，内拟粘修五十三间，现有游廊二十一间。"从这幅图可以看出，此时西花园已经经历了长时间的闲置，损毁十分严重。南所西侧和南侧围墙几乎全部倒塌，建筑瓦片脱落、台帮坍塌。拟修理部位主要是中路殿宇及围墙，游廊和东路值房等不在修补之列，可见本次修补意在维持西花园现状，并无意将其重新启用。

样式雷图《畅春园之西花园北部添修御马圈地盘样糙底》并无任何文字注记，似乎不易解读。但是另有一封奏折："（光绪十五年）七月初八日，上驷院今奏为请旨事。窃查圆明园自在园设有木材衙门郭什哈一圈，现据准咨军衙门文称，钦奉懿旨将自在园改建养花园处所得给。因，钦此。奴才等即饬令郭什哈圈厩长文连，将自在园内所养马匹全数移出，仅将马王佛像在西花园地方搭盖席棚，暂为供奉以待□修……当经奴才衙门行文圆明园查勘地势，旋据文称查得西花园内有空闲地基一块，共水旱地一顷八十余亩……奴才等共同商酌，拟请时西花园空闲地一顷八十余亩堪以本院建设御马之厩……"[①]据此可推断，上图当绘于光绪十五年（1889）后。原用于饲养御马的自在园（自得园）被改为养花园。为了安置御马，上驷

---

① 《奏为圆明园西花园搭建郭什哈（马厩）请派员踏勘事》，光绪十五年七月初八日，中国第一历史档案馆藏03—7157—041号档。

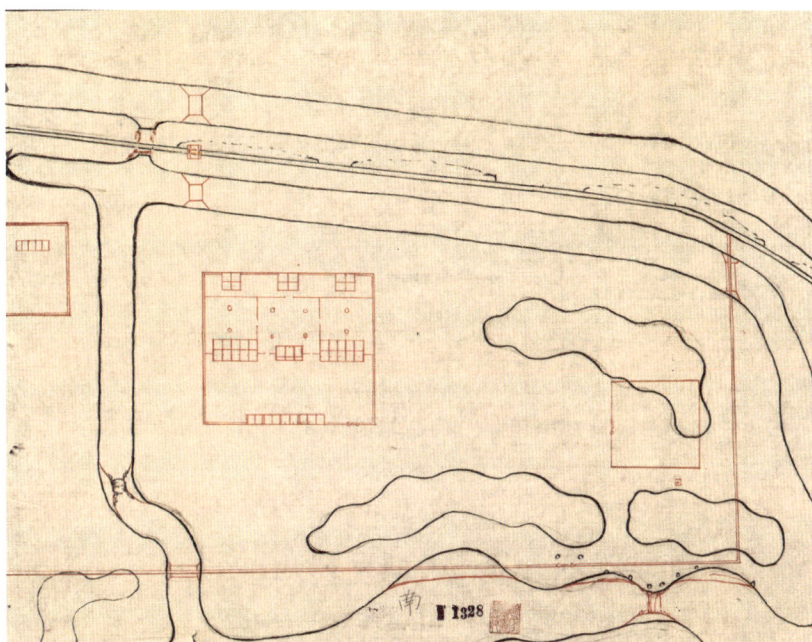

《畅春园之西花园北部添修御马圈地盘样糙底》

院经过调查后，发现西花园内有空地可供养马，遂在该地添修马厩。《畅春园之西花园北部添修御马圈地盘样糙底》即为拟建马厩草图。

西花园作为畅春园附属园，命运也与其息息相关。在清末五园三山系列地图上仍有西花园的画样。《三山五园外三营地理全图》上的西花园标注："西花园在畅春园西，为高宗纯皇帝问皇太后安之所。"图中西花园与东部的畅春园隔河相望。此时花园北部已经是上驷院马圈，说明此图反映的至少已经是光绪十五年（1889）后的情形。在民国五园三山系列地图中，西花园随着畅春园一起不复存在，所在区域是一排排兵营。民国年间，这里的空地曾作为练兵操场。后来也曾作为农田耕种。2003 年，海淀区将原西花园遗址及附近地区

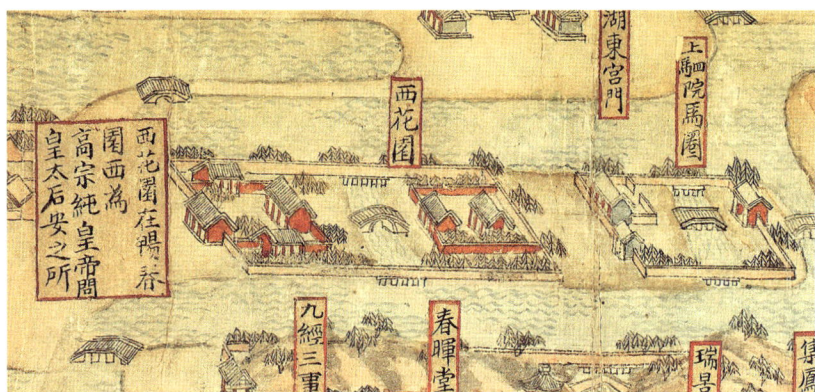

《三山五园外三营地理全图》上的西花园区域

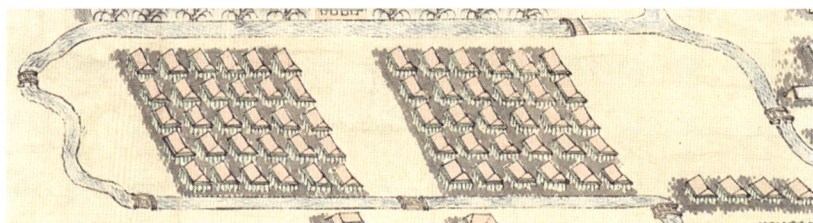

《西郊图》上的西花园区域

开辟为海淀公园。公园内已经没有任何古迹遗存,只有"讨源书声""仙人承露""承露亭"等景观名称在纪念历史上的皇家园林。

第二节
春和园

春和园在皇家赐园的历史中曾多次出现。第一次以"春和"命名的是乾隆皇帝御赐给太保大学士忠勇公富察·傅恒的园林。这座园林是绮春园的前身。后来，傅恒及其子福隆安进呈了春和园，迁入另一皇家赐园，仍然将其命名为"春和园"。这座园林是朗润园、鸣鹤园和镜春园的前身。道光年间，庆郡王奕綵袭爵之后获得赐园。此园是第二座春和园中的一部分，范围大致相当于后来的朗润园，但仍然沿用此前傅恒赐园的命名，即"春和园"。

一、第一座春和园

第一座春和园作为绮春园的前身，在并入皇家御园之前，曾经历多次赐园。张宝章梳理绮春园建立之前的历史后认为，春和园在成为傅恒的赐园之前，曾是康熙年间裕亲王福全的萼辉园，建园时间在康熙二十六年（1687）前后。雍正二年（1724），裕亲王赐园被收回。雍正三年（1725），蓁辉园被赐予怡亲王允祥，同时更名为交辉园[1]。根据何瑜推测，交辉园曾居住两代怡亲王。雍正八年（1730），允祥七子弘晓承袭怡亲王爵位，居于交辉园，并于乾隆二十四年（1759）迁出[2]。而张宝章认为，弘晓迁出交辉园，入住红桥别墅的时间是乾隆二十八年（1763）[3]。弘晓迁出交辉园的时间与傅恒入住春和园的时间密切相关。因此，张宝章认为傅恒在乾隆二十九年（1764）前后入住春和园。

张宝章同时也提出有关傅恒入住春和园的另一种说法。富察·傅恒，字春和，满洲镶黄旗人，乾隆皇帝孝贤纯皇后之弟，更是乾隆朝功勋卓著的外戚名将。乾隆十四年（1749），傅恒参与指挥平定大小金川后，被赐封一等忠勇公爵位，并在京师赐建府第。春和园的初始赐园时间，可能与傅恒此次被赐建府第有关。据张宝章推测，皇帝除赐建府第之外，很可能增加一座西郊赐园。因此，很可能早在乾隆十四年（1749），傅恒就拥有西郊春和园。何瑜则认为，乾隆十七年（1752）时，傅恒已拥有春和园。也就是说，春和园与交辉园在某几年的时间里很可能并存过。关于春和园并入绮春园的时间，何瑜推断是乾隆三十二年（1767）嘉和公主病故之后至乾隆三十四年（1769）四月御笔赐名"绮春园"之间。根据以往学者研究可知，

---

[1] 张宝章：《蓁辉园和交辉园沿革初探》，《圆明园》学刊第11期，2011年，39—47页。

[2] 何瑜：《清代绮春园沿革辨析》，《历史档案》2020年第3期，第85—95页。

[3] 张宝章：《蓁辉园和交辉园沿革初探》，《圆明园》学刊第11期，2011年，第39—47页。

傅恒居住在第一座春和园的时间大概为 10 年。

乾隆皇帝将春和园赐予傅恒之后，傅恒对春和园内景观大兴改造，从而奠定了绮春园早期的园林格局。但目前我们对乾隆年间春和园的园林布局知之甚少。目前所知，直接记录春和园的史料有清代学者毕沅的个人诗集《灵岩山人诗集》。诗集里有一组二十四首《春和园纪游诗》，是目前所知描述春和园最详尽的文献资料。除此之外，在怡亲王弘晓迁出交辉园之前，曾作多首与交辉园有关的诗。这些诗被收录在弘晓的个人诗集《明善堂诗集》中。比较这两部诗集对春和园的描述，可以大致了解春和园的样貌。曾有学者对《春和园纪游诗》进行研究，根据其中所载卷目信息判断，这组诗的写作时间在乾隆二十七年至二十八年之间（1762—1763）[①]。据此推知，至迟在乾隆二十八年（1763），乾隆皇帝赐给傅恒的春和园已修建完成。

《春和园纪游诗》二十四首有序，先整体介绍了春和园内的景致布局，再按照一定顺序介绍园内景致。二十四首纪游诗所描述的景致依次是春和园、虹梁、萝月山房、绎堂、兰辉堂、小桃源、含碧轩、连云榭、玉池、和庆堂、环秀亭、潋香亭、小蓬壶、鹤柴、双寿寺、荻浦、明善堂、涵远阁、花坞、十乐止、雪堂、槐市、水云榭、四爽村。参照《春和园纪游诗》，我们大体可以推测一下春和园旧貌。春和园的景观建筑中，展现主人功勋及志趣的日常生活区包括春和园大殿、虹梁、绎堂、兰辉堂、连云榭等，具有宗教祭祀功能的建筑是双寿寺、萝月山房等，具有娱乐功能的园林区包括小桃源、玉池、环秀亭、

---

① 徐卉风：《从〈春和园纪游诗〉论绮春园的早期历史风貌》，《圆明园》学刊，2015 年。

澂香亭、小蓬壶等。据有关学者研究，明善堂、西爽村和双寿寺三组建筑可以与后来绮春园的生冬室、西宫门和延寿寺对应。

《春和园纪游诗》开篇即点明春和园赐园身份，为"太保大学士忠勇公别墅"，并说明御赐园林的原因，再交代赐园位置在"海淀禁苑东偏"。乾隆二十八年（1763）前后，"海淀禁苑"指圆明园。"禁苑东偏"便锁定了春和园的位置，即后来的绮春园所在。随后描写园内景色，介绍园内建筑的大概位置。正殿悬挂"春和园"赐额。正殿东轩为宁静堂，之后是怡情室。正殿西侧为连廊，连廊西通"一院清胜"，再往西有舫斋"一片云烟"。西侧建筑还有澄怀室，之后是观赏荷花的"红莲满沼"，以及池边东侧的"绾翠亭"。春和园东院正殿名"至爽斋"，之后为水面，隔岸有凉亭二座，一座是观鱼亭，一座是绿烟亭。春和园的四至准确位置，从纪游诗中无法推断。从国图藏样式雷图《绮春园河道地盘全样》可以看出，春和园的范围

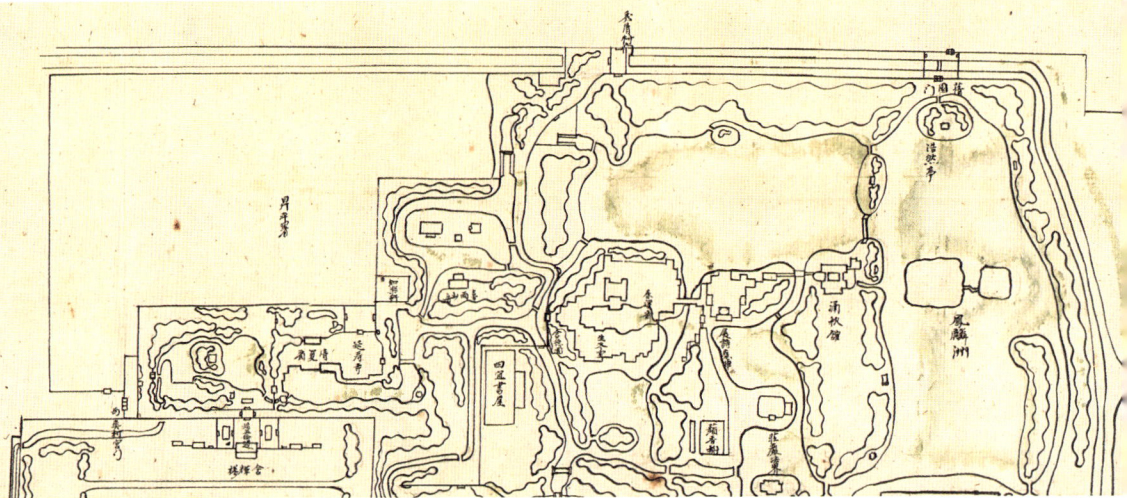

《绮春园河道地盘全样》（局部）

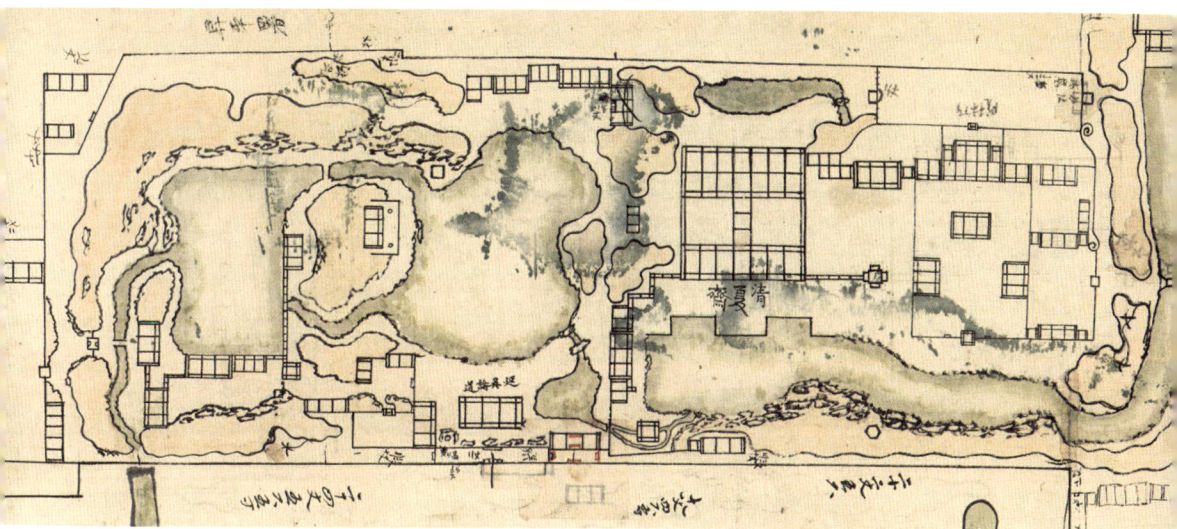

《清夏斋地盘全样》（局部）

已经基本包括绮春园北区的大部分景观。另一幅样式雷图《清夏斋地盘全样》，将绮春园清夏斋周边改建前后的园林样式绘于纸上，从中可以看出春和园西部的山水景。

乾隆三十二年（1767），傅恒、福隆安父子将新建不久的春和园进呈。春和园并入绮春园之后，完成了由皇家赐园到皇家园林的转变过程。此后，绮春园出内务府管理，并在嘉庆年间大兴土木，新的园林景观逐渐形成。

二、第二座春和园

和硕和嘉公主去世后，傅恒和额驸福隆安进呈第一座春和园，随即搬入新的赐园。新园沿用旧有赐园名，仍称春和园。这座新园与旧园仅一河之隔，范围大致相当于现在北京大学朗润园、镜春园和鸣鹤园。乾隆三十五年（1770），傅恒逝世于园中，春和园被额驸福隆安继承。乾隆四十九年（1784），福隆安去世，春和园由傅恒另外两子——福长安和福康安居住。嘉庆十四年（1809），福康安之子德麟将春和园进呈。嘉庆皇帝将园子转赐于庆郡王永璘。春和园在庆郡王一支传承三代。道光二十二年（1842），庆郡王奕綵被革爵，春和园被收归内务府。咸丰元年（1851），此园被赐给恭亲王奕䜣。咸丰二年（1852），咸丰皇帝御赐园名"朗润园"[①]。由此可知，第二座春和园的存在时间是乾隆三十二年至咸丰二年（1767—1852）。而且在最后 10 年左右里，也就是道光二十二年至咸丰元年之间（1842—1851），春和园处于闲置的状态，无人居住。

国图藏样式雷图档保留了春和园改建朗润园之前的实地测绘地盘图样、室内装修图样、实地勘测略节、装修改建略节等资料共 30 余种。这批图档资料与春和园被赐予恭亲王一事直接相关。恭亲王于咸丰元年（1851）得到赐园后，对旧有春和园进行整修改造。此时赐园仍沿用旧名。由此可以推测，国图藏春和园相关样式雷图档的制作年代可能在咸丰元年至咸丰二年之间（1851—1852）。根据流传至今的样式雷图档来看，我们尚不能获知春和园在傅恒一系传承时的旧貌，也不知晓春和园由傅恒一系转赐庆郡王一系时是否经过大规模的修缮。但根据这些资料可知，春和园在被赐予恭亲王

① 何瑜：《清代皇家赐园与北大校园》，《故宫博物院院刊》2021 年第 2 期，第 44—59 页。耿威：《鸣鹤镜春朗润三园史再考》，《中国园林》2011 年第 5 期，第 91—94 页。吴艳莹、阮景、曹煜雯、蒋子凌：《绮春园历史沿革及布局特征初探》，《遗产与保护研究》2019 年第 4 期，第 81—85 页。

号《春和园地盘画样》

之后，曾经历过一次大规模的修缮扩建工程。而这批春和园相关样式雷图档呈现出的，正是庆郡王一系居住在春和园时的园林旧貌。

国图藏《春和园地盘画样》有5种。1号《春和园地盘画样》信息最全。这幅图是样式房工匠在接手赐园修缮重建工作之前，对闲置的春和园进行实地勘测而绘制的一幅平面图。图样清楚地反映了春和园的山水格局和建筑结构。整个园林平面近似长方形，主体建筑在山水环抱之中，具有特定服务功能的建筑分布在山水之外，靠近园墙。主体建筑分为东、中、西三路。其中东所是三进合院。第一进门厅为春和别业，正房为恩辉余庆。第二进抱厦房为澄怀撷秀。第三进罩房未标注名称。东所三进院落由东西两侧游廊相连，游廊在实地勘测时已经坍塌。在东所春和别业以东，有四方亭一座。中所由正房和抱厦房组成，并未形成合院。正房为乐静堂，两侧有顺山房。正房之后，经垂花门，可见抱厦房。抱厦房无名，在实地勘测时已坍塌无存。西所是一进标准的合院，由正房、倒座房和东西厢房组成，所有建筑均未标注名称。从建筑格局来看，东路建筑无疑是春和园中最主要的生活区域。

　　春和园的正门设在南墙偏东，后门位于西墙中间。园内东南角为马圈，南墙中间位置有书房和敞厅各一座，东墙土山和水面之间建有厨房。另外，四方园墙均设有值房。园墙西北角还有水门，将京西水系引入园中。水面环绕主体建筑，出水水门设在园墙东北，园中湖面与出水口由一段较窄的水渠沟通。

　　1号《春和园地盘画样》将实地勘测的建筑形制、尺寸、现存情况、房屋数量等情况全部标绘在图样中，并辅以双色贴签标注建筑名称和坍塌位置。经过此次勘测，图上贴签简要总结了春和园改建成朗润园之前的状况。"共大小房一百五十三间，游廊五十七间，垂花门一座，门罩二座，四方亭一座，灰棚十二间。内有坍塌无存房十二间，房三十一间，四方亭一座，游廊五十四间。其余房间游廊俱有歪闪、头停坍塌、檐头不齐。"由于这幅图样所标绘的信息过于庞杂，样式雷图档中还保留有另外四幅春和园地盘画样——2号《春和园地盘画样》、3号《春和园地盘画样》、《春和园地盘画样全图》、《庆郡王园地盘图》，将勘测后的结果按照建筑结构、建筑名称、现存情况等分别绘图，以便展示。

　　除地盘图样以外，国图藏样式雷图档中还有一部分春和园实地勘测略节。将这些勘测略节和未标注建筑尺寸信息的地盘图样对照

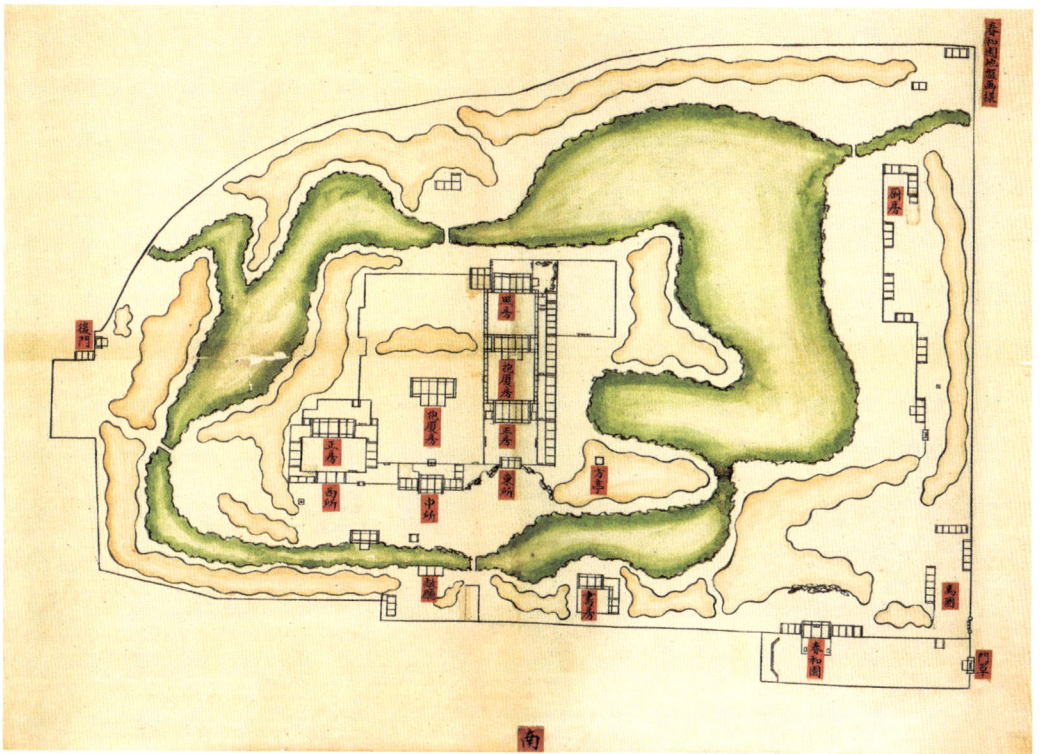

2号《春和园地盘画样》

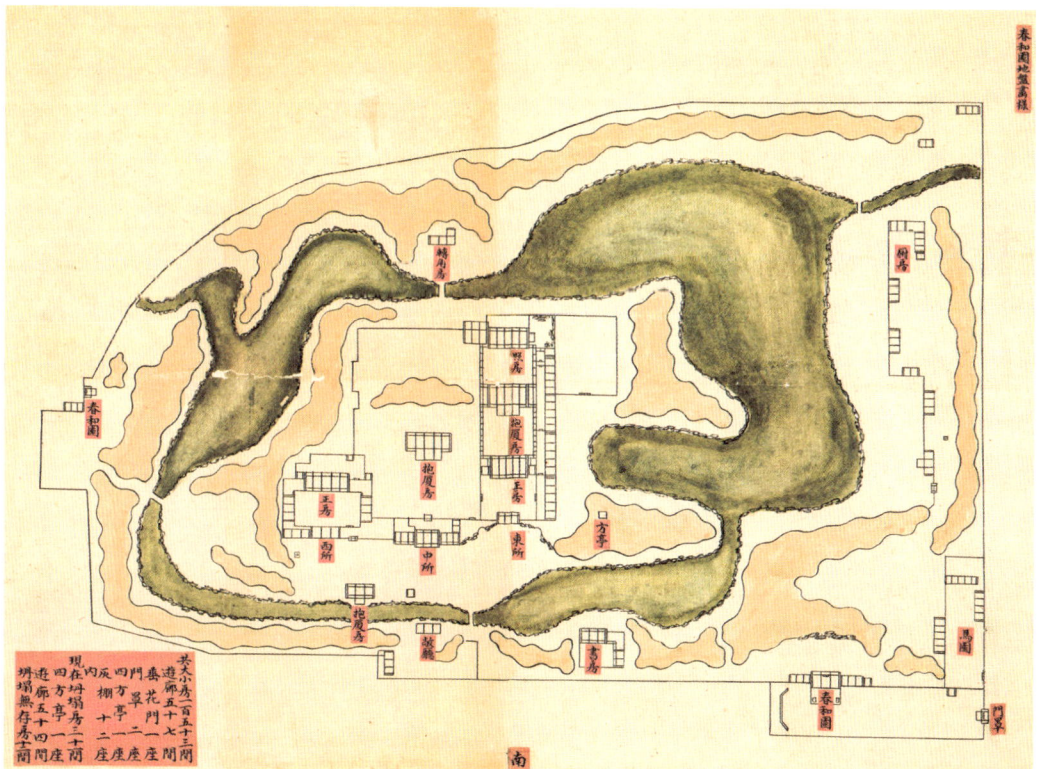

3号《春和园地盘画样》

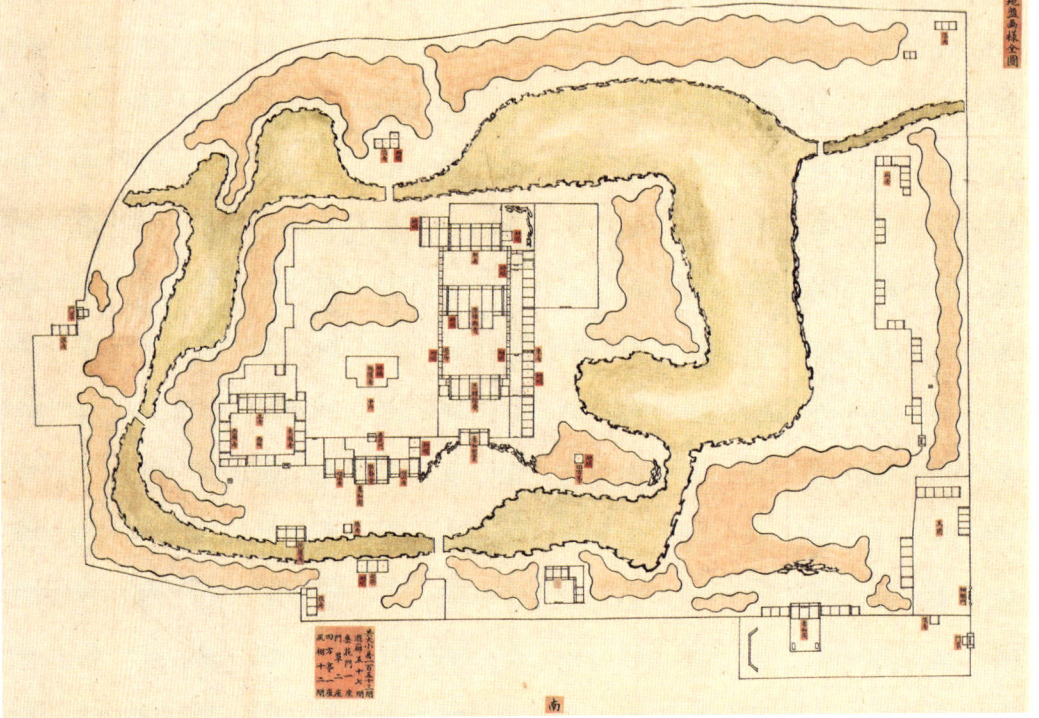

《春和园地盘画样全图》

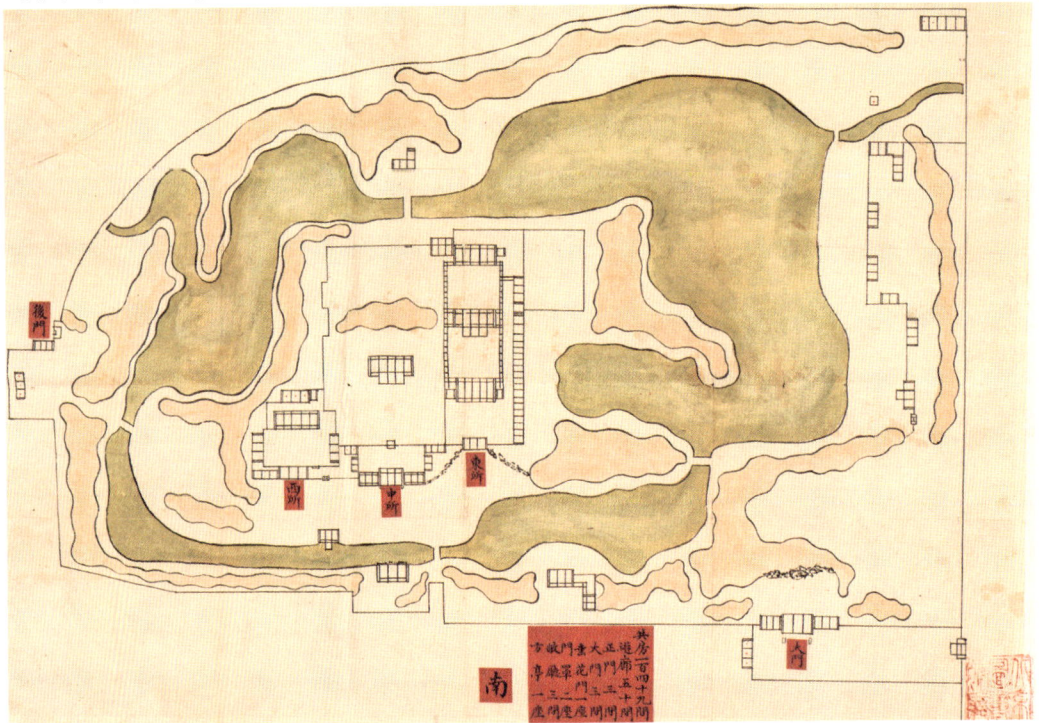

《庆郡王园地盘图》

看，可以发现，春和园的建筑规格一目了然。例如，《春和别业宫门恩晖余庆殿等略节》记载如下：

现查春和别业宫门一座三间，明间面宽一丈一尺，二次间各面宽一丈，进深一丈二尺二寸，后廊深四尺，檐柱高九尺，台明高一尺九寸。

恩晖余庆殿一座五间，明间面宽一丈一尺，四次间各面宽一丈，进深一丈八尺，前后廊各深四尺，檐柱高一丈一尺一寸，台明高二尺。

澄怀撷秀抱厦殿一座五间，明间面宽一丈三尺，二次间各面宽一丈二尺，二进间各面宽一丈一尺，进深二丈四尺，前后廊各深五尺，前接抱厦三间，进深一丈六尺，檐柱高一丈二尺六寸，台明高二尺四寸。

后殿一座五间，明间面宽一丈二尺，二次间各面宽一丈一尺，二进间各面宽一丈，进深二丈，前后廊各深四尺，

《春和别业宫门恩晖余庆殿等略节》

檐柱高一丈一尺，台明高一尺八寸。

乐静堂一座三间，明间面宽一丈二尺，二次间各面宽一丈一尺，进深二丈二尺五寸，前后廊各深四尺，檐柱高一丈一尺，台明高一尺九寸。

东西顺山房二座，各三间，明间各面宽一丈五寸，二次间各面宽九尺五寸，进深一丈二尺，前后廊各深四尺，檐柱高九尺六寸，台明高一尺九寸。

西所正房一座五间，明间面宽一丈五寸，四次间各面宽一丈，进深一丈三尺，前后廊各深三尺五寸，檐柱高八尺六寸，台明高一尺四寸。

东西厢房二座，各三间，各面宽九尺，进深一丈二尺五寸，柱高七尺五寸，台明高七寸。

南房一座三间，各面宽一丈，进深一丈四尺，柱高八尺，台明高九寸。

从这段略节可以看出，庆郡王时期的春和园内，东路建筑最为繁华，从东路宫门春和别业至正殿澄怀撷秀，主体建筑规模逐渐增大，台基逐渐增高。正殿之后，后照房的规模和高度下降。整个东路建筑突出正殿的核心位置。对比清朝王公府第的建制，我们可以大致了解春和园内建筑所反映的赐园等级。光绪朝《大清会典》中王公府第的规制，大都根据乾隆朝修订，仅在个别处有所不同。以往学者总结《大清会典》王府建制，如下表：

种类	亲王	郡王	贝勒	贝子
正门（间）	5	5	3	3
启门（个）	3	3	1	1
基高（尺）	3	2.5	2	2
正殿（间）	7	5	堂屋五重各广5间	堂屋四重各广5间
基高（尺）	4.5	3.5		
翼楼（间）	各9	各5		
台基高（尺）	（前墀护以石栏）7.2	（前墀护以石栏）4.5		
后殿（间）	5	3		
基高（尺）	2	2		
后寝（间）	7	5		
基高（尺）	2.5	2.5		
后楼（间）	7	5		
基高（尺）	1.8	1.4		
正殿内屏座	设（基高1.5尺，广11尺，后列屏3，高8尺，绘金云龙）	不设		
绘画	五彩金云龙	四爪云莽	彩画花草	
门钉（个）	63（纵九横七）	45	45	45
压脊（种）	7	5	5	5（用望兽）
门前下马桩高度（尺）	10	9	8	

　　庆郡王的春和园东路正门为三间，正殿五间，台基明高二尺四寸，后罩房五间，台基明高一尺八寸，中路和西路正房均为五间。参照上表，春和园基本符合清代郡王府的建筑规制。由此可知，王公赐园的建筑规制基本可以参照王府的建筑规制。

　　春和园于咸丰元年（1851）被赐予恭亲王奕䜣之后，改建工程随即展开。样式雷图档中保留了勘察旧园和改建新园的记录。此次改建在原有建筑基础上进行,包括在东所东侧添建一处院落,将中所乐静堂、抱厦房改建成新的三进合院,西所也由一进合院改建为三进合院[①]。

从乾隆年间富察·傅恒的赐园,至咸丰年间改建为恭亲王奕䜣的朗润园,曾经存在于京西的两座春和园,见证了近百年的皇家赐园历史。第一座春和园最终成为皇家御园,第二座春和园成为不同王公的赐园。

① 毕琼:《朗润园东、中、西三所考》,《北京大学学报(哲学社会科学版)》2003 年第 3 期,第 146—153 页。

第三节
朗润园

　　咸丰元年（1851），闲置了近 10 年的春和园被赐予恭亲王奕䜣。同年，内务府样式房对春和园进行整修改造。咸丰二年（1852），整个园林改造完成。咸丰皇帝御赐园名"朗润园"，并御笔题诗一首，"名园朗润近圆明，赐额心同弟与兄。孝弟立身先务本，慰予厚望勖公平"。

　　王公赐园与中国古典园林遵循同样的造园原则，山系搭建园林的立体空间，水系蕴藏园林的内在灵魂。山水相间的造园布局被皇家赐园沿用。朗润园区位优势明显，紧靠万泉河，与圆明园、绮春园隔河相望，毗邻近春园和蔚秀园。河道资源明显，风景优美，植物生长旺盛。朗润园在园林格局上基本沿用了庆郡王的春和园，园内景观基本不变，但对中心主体建筑进行了规模较大的改扩建。朗润园全园占地面积 8.2 公顷，园林近似东西长、南北宽的长方形。紧邻园墙最外围是一周土山，土山内是湖面，湖面中心岛是园林的主体建筑。朗润园的正门在园林的东南角，进门后经过土山、过桥越过湖面进入中心岛建筑区。园林主体建筑分为东、中、西三路，格局基本保留庆郡王春和园的旧貌。

东所共三进院落，建筑与院落通过连廊连接。东所格局基本沿用春和园，大门开间三间，正门挂有"春和别墅"，后改为"壶天小境"。通过东所大门进入第一进院落，是正房五间的建筑，被称为"恩辉余庆"。穿过该建筑进入第二进院落，也是该建筑群的主体建筑。这是一座有房五间且有抱厦三间，被称为"澄怀撷秀"的建筑。东所以东，春和园时期为空地，改建朗润园后，在此处新建两进院落，其中大门三间，正房五间，后罩楼三间。新建院落通过连廊与东所后院相连。

中所建筑排列较为疏朗，但与春和园时期有较大区别，确切地说，这里是改建工程中变化最大的一处。春和园时期的中所仅有大门三间，大门两侧有连廊。进门后有抱厦房一组五间。抱厦房后为土山，再无其他建筑。改建后的朗润园中所共分为三进院落。原有大门建筑改建为倒座厅，入口设置在东侧。进入第一进院落，正中间设置开间三间正堂，名为"乐静堂"。穿过正堂进入第二进院落，是原来的抱厦房改建的中所中院正厅，此处原为春和园时期的"致福轩"。在成为朗润园后，此处在原基础上重新建造开间为五间的厅堂。穿过厅堂来到后罩楼前院。后罩楼原来是春和园时期的土山，改建时平整土地，重新修建。后院三面围合，东西连廊连接后罩楼，形成半封闭空间。朗润园在东所和中所通过连廊划分和连接。东所每进院落都是通过连廊围合，再与主体建筑相连。连廊连接东所"澄怀撷秀"西侧与中所"乐静堂"东侧。

西所在春和园时期是一处独立的四合院建筑，改建后形成三进院落。入口位于南侧，通过倒座房可进入第一进院落。第二进院落正中建有正房。第一、二进院落空间比较狭窄,第三进院落豁然开朗。通过较长的园路可到正厅,前出三间抱厦。通过花厅可到院落以北,此处设有桥。桥正对处有一座建筑。通过桥梁可到达花园北侧。

国图藏样式雷图档中有关春和园改建朗润园的略节显示,此次

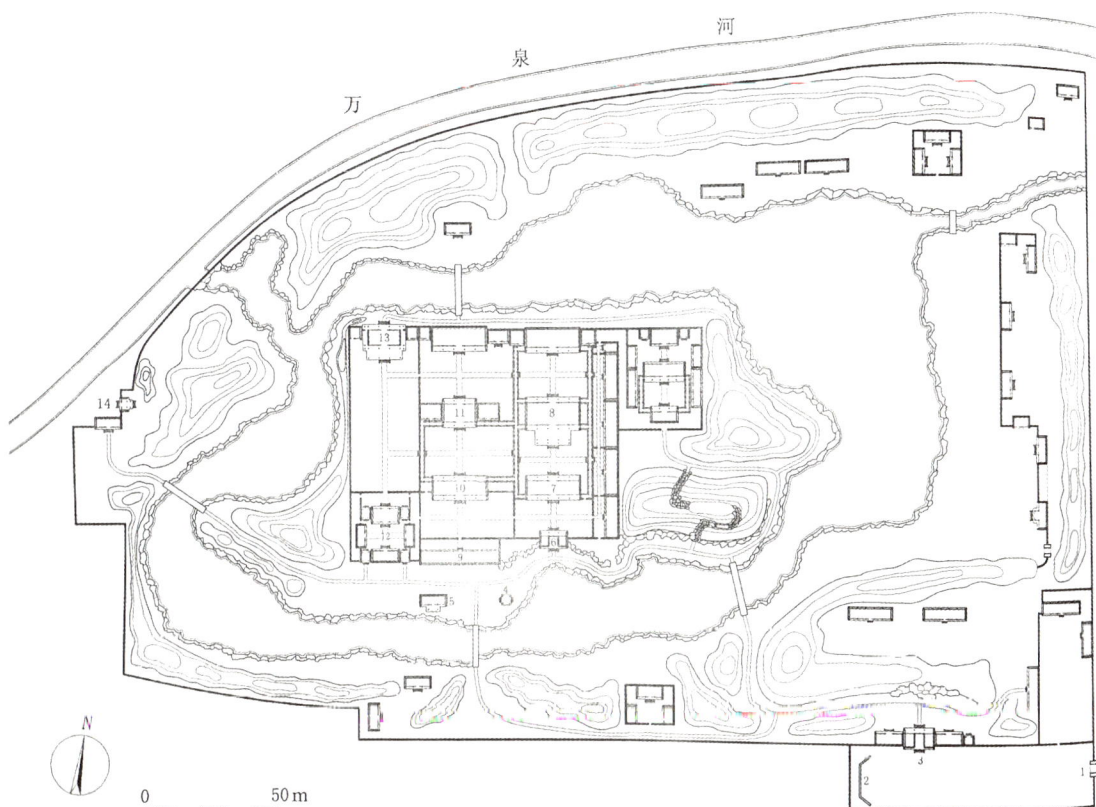

图9-9-4　咸丰同治时期朗润园平面图

1 东门　2 影壁　3 宫门　4 涵碧亭　5 水榭　6 东所大门　7 恩辉余庆　8 潜怀撷秀
9 中所倒座厅　10 中所前院正厅　11 中所中院正厅　12 西所　13 歇山厅堂　14 西门

咸丰同治时期朗润园平面图①

① 贾珺:《北京私家园林志》,清华大学出版社,2009年,第358页。

171

改扩建完成后，朗润园房屋数量几乎是庆郡王府原有房屋的两倍。究其原因，春和园符合清代郡王府的建筑规制，而朗润园则是亲王府的建筑规制。样式雷图档《朗润园略节》记载：

> 春和园改朗润园，拟留用原存大小房一百十间，游廊四十六间，四方亭一座，灰棚十四间，门罩二座。
>
> 现拟添盖共大小房一百四间，挪盖房二十三间，添盖游廊三十一间，添修三孔石平桥一座。
>
> 以上新旧大小房，共二百三十七间，游廊七十七间，外续添盖房十四间，灰棚二十间。

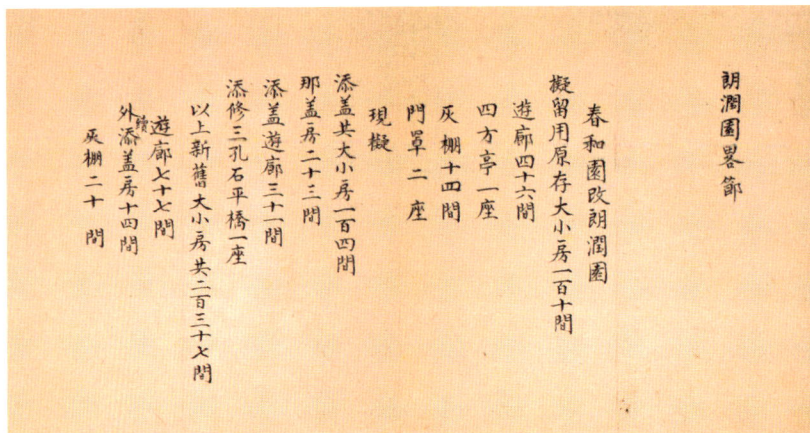

《朗润园略节》

通过春和园与朗润园东、中、西三所平面图的对比，也可以得出这一结论：添盖的建筑集中在中所、西所及东所东部新建建筑区域，添建游廊是三所之间建筑的必要连接。

《春和园略节》除统计改扩建的建筑数量之外，还详细记录了添盖建筑的数量和尺寸：

现拟添盖前正房一座五间，明间面宽一丈一尺，二次间各面宽一丈五寸，二进间各面宽一丈，进深一丈四尺，前后廊各深四尺，檐柱高一丈，台明高一尺六寸。

挪盖正房一座三间，明间面宽一丈二尺，二次间各面宽一丈一尺，进深二丈，前后廊各深四尺，檐柱高一丈一尺，台明高一尺八寸。

挪盖顺山房二座，各三间，明间面宽一丈五寸，二次间各面宽九尺五寸，进深一丈二尺，前后廊各深四尺，檐柱高九尺六寸，台明高一尺四寸。

添盖后照房五间，明间面宽一丈一尺，二次间各面宽一丈五寸，进深一丈四尺，前后廊各深四尺，檐柱高一丈，台明高一尺六寸。

添盖顺山房二座，各三间，各面宽一丈，进深一丈二尺，柱高八尺五寸，台明高一尺二寸。

添盖南房一座九间，各面宽一丈，进深一丈二尺，柱高八尺五寸，台明高一尺二寸。

东所后正房两山添盖顺山房二座，各二间，各面宽一丈，进深一丈二尺，后廊深三尺五寸，檐柱高九尺，台明高一尺四寸。

后河北岸添盖下房三十间，各面宽一丈，进深一丈二尺，柱高八尺五寸，台明高一尺二寸，内耳房二间，各面

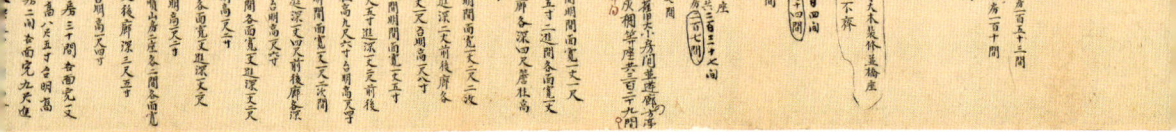

《春和园略节》

宽九尺，进深一丈，柱高七尺五寸，台明高八寸。

除中心岛主体建筑改扩建之外，园内靠近北墙位置添盖下房，这一组建筑在平面图中也显示出来了。

朗润园改建工程除了修复原春和园内建筑、添盖新建筑之外，对园内建筑的装修陈设也进行了大规模的改造。《春和园东所装修画样》和《春和园西所装修画样》两幅样式雷图样展示了朗润园中心岛东所和西所室内装修陈设改建的诸多细节。图中陈设格局用黑色线条表示，改扩建陈设工程用红色线条表示。

从《春和园东所装修画样》来看，东所主体建筑格局不变，但室内格局及陈设经过大规模的改造。样式雷图档《春和园东所装修略节》反映出改建工程前后的建筑变化情况。略节内容如下：

春和园，原旧有坍塌大小房一百五十三间，拟留用原存大小房一百十间，游廊四十六间，四方亭一座，灰棚十四间，门罩二座。殿宇、房间、游廊等大木装修并桥座，均有坍塌糟朽不齐。

现拟盖共大小房一百四间，挪盖房二十三间，添盖游廊三十一间，添修三孔石平桥一座。以上新旧大小房共二百三十七间，游廊七十七间，净房二三七，通共三一四。

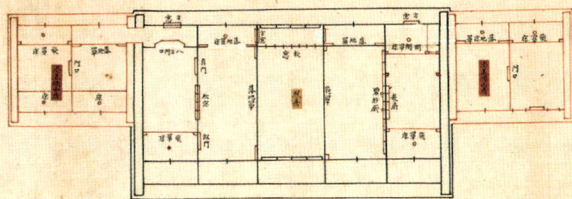

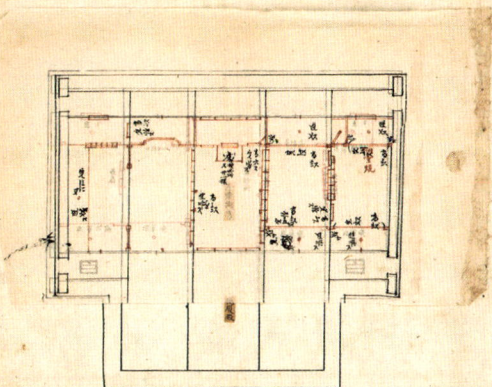

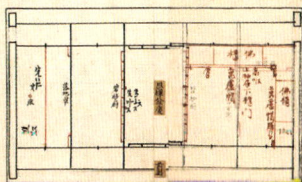

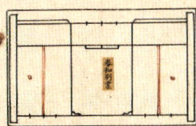

《春和园东所装修画样》

统计新旧大小房间并游廊、四方亭、门罩、灰棚等，共三百二十九间。

外续添盖房十四间，灰棚廿间。

现拟添盖前正房一座五间，明间面宽一丈一尺，二次间各面宽一丈五寸，二进间各面宽一丈，进深一丈四尺，前后廊各深四尺，檐柱高一丈，台明高一尺六寸。

挪盖正房一座三间，明间面宽一丈二尺，二次间各面宽一丈一尺，进深二丈，前后廊各深四尺，檐柱高九尺六寸，台明高一尺四寸。

添盖顺山房二座，各三间，各面宽一丈，进深一丈二尺，柱高八尺五寸，台明高一尺二寸。

添盖南房一座九间，各面宽一丈，进深一丈二尺，柱高八尺五寸，台明高一尺二寸。

东所后正房西山添盖顺山房二座，各二间，各面宽一丈，进深一丈二尺，后廊深三尺五寸，檐柱高九尺，台明高一尺四寸。

后河北岸添盖下房三十间，各面宽一丈，进深一丈二尺，柱高八尺五寸，台明高一尺二寸，内耳房二间，各面宽九尺，进深一丈，柱高七尺五寸，台明高八寸。

《春和园东所装修画样》（局部）展示了房屋内部装修的情况。改建后的澄怀撷秀在建筑规制上保持不变，但房屋内的床、窗位置以及落地罩、碧纱橱等室内陈设均一并重做。因此，改建之后的朗润园，既保留了春和园的旧貌，又营造了符合新主人身份的奢华生活空间。

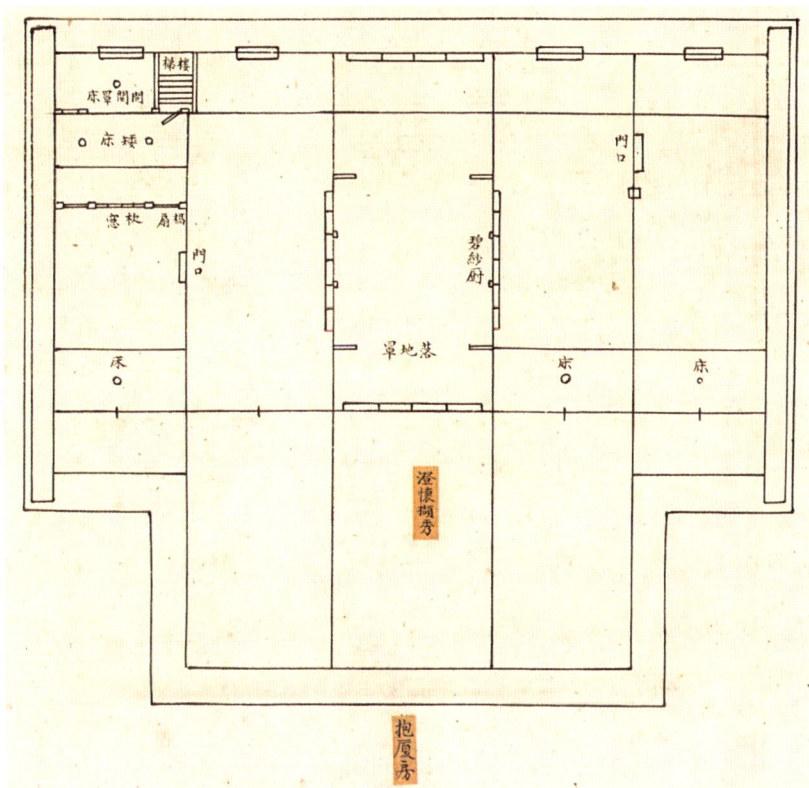

《春和园东所装修画样》（局部）

　　西所无论是建筑主体还是室内陈设均为新建。以《春和园西所装修画样》为例，第　进正房五间，前后出廊，注明"添盖前正房"。第二进正房三间，前出廊接东西顺山房各三间，注明"那（挪）盖正房""那（挪）盖顺山房"。第三进罩房五间，前出廊，接东西顺山房各三间，注明"添盖照房""添盖顺山房"。

　　中心岛东所的建筑规模及基本布局自春和园时期就已经基本固定下来，始终没有发生很大的改变。在朗润园时期，恭亲王参与政务，

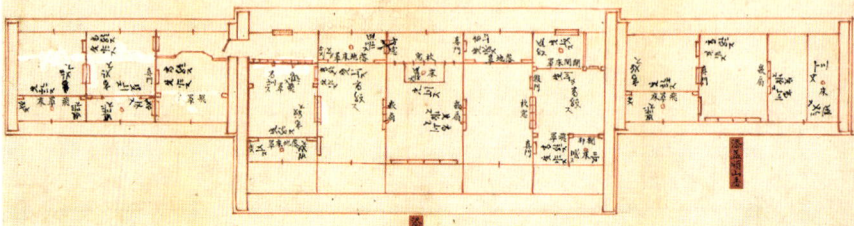

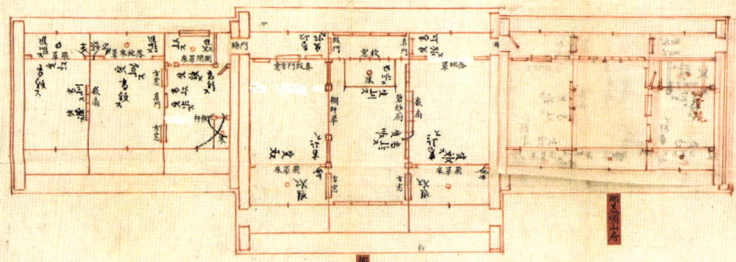

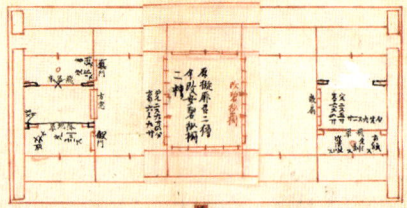

《春和园西所装修画样》

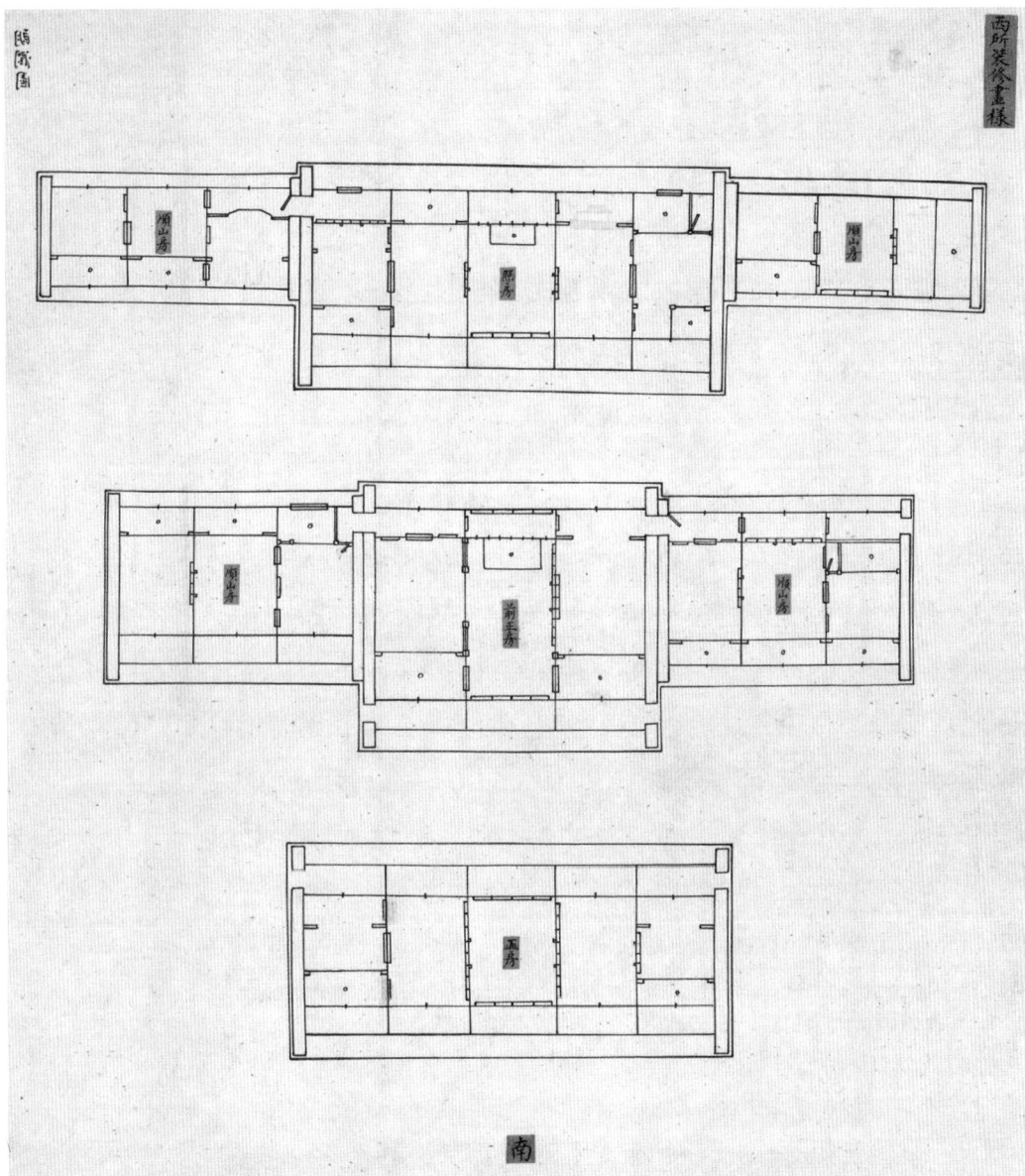

《春和园西所装修画样》

179

深受重用，因此东所建筑主体悬挂多个御赐匾额，带有浓厚的政治色彩。中所从春和园时期至朗润园时期经历了较大改变，说明恭亲王的个人意志和生活需求促进了朗润园的改造扩建工程。中所改造试图营造出舒适宽敞的生活空间。西所的变化则最为复杂。就总体布局而言，东、中、西三所按照所在方位排列，共同组成一个大型院落。朗润园三所，大到布局，小到构件，均体现着浓厚的中国传统建筑的风格和规矩。严格的功能分化和院落间的彼此沟通，体现了古代匠人的建筑智慧。

光绪二十四年（1898）四月，奕䜣去世。根据宗室王公赐园的回收原则，朗润园应收归内务府。光绪二十五年（1899）三月，奕䜣之孙溥伟继任恭亲王，将朗润园交归内务府。内务府奉旨接收朗润园，并清点登记园内陈设。光绪三十二年（1906），朗润园成为清末新政机构督办政务处的办公地点，内阁军机大臣在此商议清末新政事宜。辛亥革命之后，清宫附属园林被多方势力看重。徐世昌以租用为名拆毁鸣鹤园，引起紫禁城小朝廷的戒心，生怕附近诸园再遭同样厄运。1916 年，清逊帝溥仪下旨，"朗润园著赏给贝勒载涛"，该园成为载涛的私人财产。载涛将圆明园西洋楼大水法石屏风、翻尾大石鱼、石雕麒麟等文物运到朗润园中保存。1920 年，朗润园由燕京大学购得，作为教职工宿舍区。1952 年，全国高校院系调整，北京大学迁入燕京大学校址至今。当然，现在作为校园一部分的朗润园，较之旧日的朗润园，从建筑上来说，已经有了很大的变化。

事实上，民国时期创立的燕京大学不只购入朗润园这一处园林，还包括镜春园、承泽园、鸣鹤园等。新中国成立后，处于清代五园三山核心地区的燕京大学旧址成为北京大学校园。因此，这些旧日

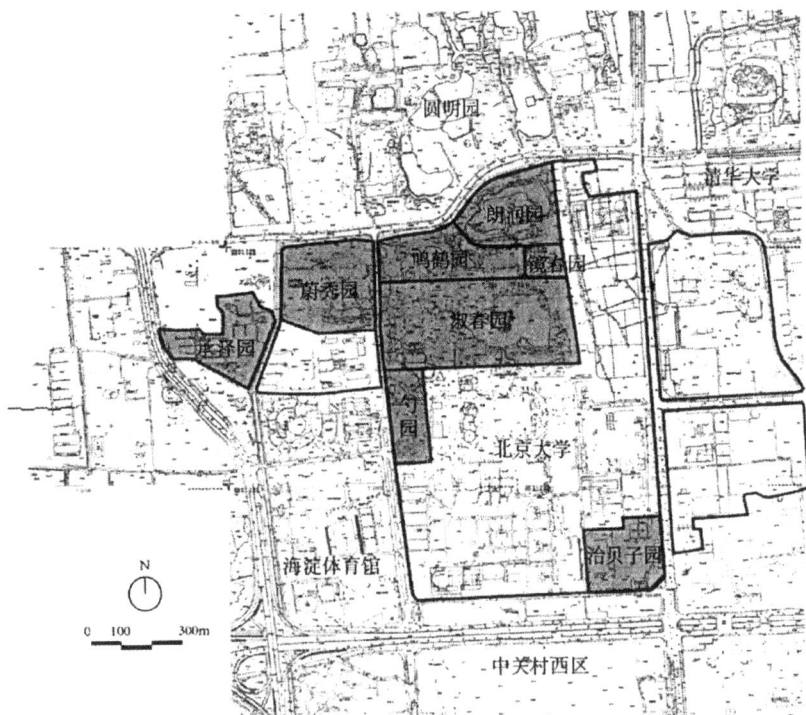

北京大学内的清代宗室王公园林分布图[①]

王府园林也就成为北京大学的独特遗产。如今的北京大学有"九大园林"之说，即北京大学是在勺园、畅春园、蔚秀园、承泽园、农园、鸣鹤园、镜春园、朗润园、淑春园等九座园林的基础上建造而成的。1990 年 2 月 23 日，北京市人民政府公布"原燕京大学未名湖区"为北京市文物保护单位。2001 年，未名湖燕园建筑被国务院列入第五批全国重点文物保护单位。

①　王瑶：《北京大学校园的园林遗产研究》，北京林业大学，2012 年硕士论文，第 2 页。

第四节
镜春园

镜春园的历史比较复杂。学术界对镜春园的历史沿革有多种说法。该园在康熙时期是哪位皇子的赐园,目前尚不清楚。侯仁之《燕园史话》记载,"原是乾隆年间从淑春园中划分出来的,最初叫做春熙院。后来春熙院又被分作东西两部,东部较小,赐给了嘉庆帝第四女庄静公主,改称镜春园,时在嘉庆七年(1802),这是镜春园得名之始"。焦雄在《北京西郊宅园记》中也持同样观点,认为镜春园和鸣鹤园最初园名叫春熙院,是乾隆年间大学士和珅的漱(淑)春园的一部分。嘉庆四年(1799),和珅被治罪,该园被籍没,东部赐给嘉庆四女,后改名镜春园。

何瑜则认为,清代圆明园附近曾有两个前后同名的淑春园,但两个淑春园均与镜春园没有关系。镜春园与鸣鹤园、朗润园三园一体,原是傅恒及其诸子的第二座春和园赐园。嘉庆四年(1799)二月,因与和珅同党,傅恒四子福长安被夺爵、抄家,其赐园也被没

收。上谕曰："福长安园内中段、西段著赏给仪亲王永璇""福长安
园内东段著赏给奕纯"。"中段、西段"即后来的鸣鹤园，"东段"即
后来的镜春园。奕纯于嘉庆二十一年（1816）卒。睿亲王淳颖之子，
内务府大臣禧恩与其弟内阁学士裕恩成为该园主人。至于该园何时
得名"镜春园"，并不清楚。"镜春园"一名首次出现的史料是乾隆
五子永琪之孙奕绘之师韩云溪《同游梦园和韵》诗注，其中有"戊
寅上元，睿王裕容斋宴于镜春园，是为与余会面之始"。"戊寅"是
嘉庆二十三年（1818）。"裕容斋"即裕恩。由此推断，"镜春园"一
名应当是在嘉庆四年至嘉庆二十三年（1799—1818）之间出现。嘉
庆二十五年（1820），副都统裕恩以失察巴克什营遗失行印案，被革
职退出乾清门，禧恩也因病解职。所以镜春园应在当年被内务府收
回 ①。道光八年（1828），镜春园被赏赐给惠郡王绵愉。绵愉在镜春园
住了若干年后，搬到一墙之隔的仪亲王园。此后，军机大臣文庆可
能曾在镜春园居住过数年。道光二十一年（1841），镜春园成为道光
帝四女寿安固伦公主的赐园，又称"四公主园"。咸丰十年（1860），
寿安公主卒，镜春园呈交内务府。

　　镜春园由傅恒的第二座春和园分府赏赐而来，占地面积较小，
相当于朗润园的1/4左右。镜春园平面呈近方形，园内建筑被坏形
水面分割成主体建筑区、东南园门厨房区和北部建筑区三个区域。
国图藏镜春园相关样式雷图档，均为道光二十一年（1841）重新修
建园林时期的图档。重修的原因是，道光皇帝将镜春园赏赐给出嫁

---

① 何瑜：《清代皇家赐园与北大校园》，《故宫博物院院刊》2021 年第 2
期，第 44—59 页。

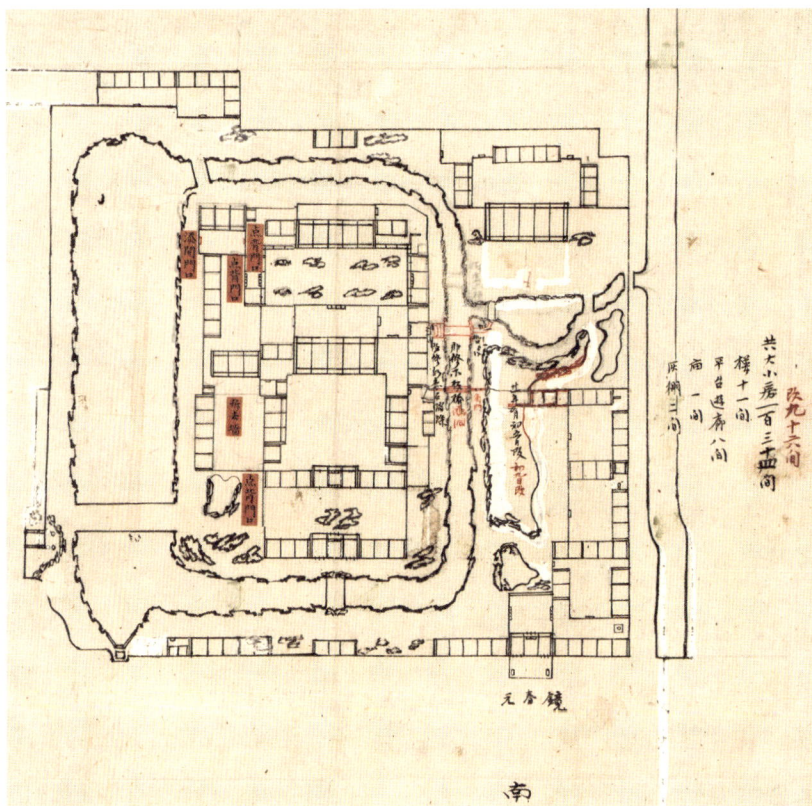

《镜春园地盘糙底》

的皇四女寿安公主。其中，《镜春园地盘糙底》绘制了镜春园改扩建之前的园林平面格局。图样东侧水面桥梁改建说明处，可见"廿一年四月初五日改"等字样，确定了这批镜春园地盘图样绘制于道光二十一年（1841）。另有一幅《城府北头路北四公主住镜春园地盘样》，图背标注"四公主住"，也证实了这批图档的绘制时间。据统计，国图藏改建四公主赐园时的镜春园相关样式雷图档共 16 种，包括镜春园地盘画样、镜春园马圈地盘以及房屋数目略节等。

　　《镜春园地盘画样》是经过实地勘察测绘而成的镜春园地盘准底。图样中，所有建筑标注均贴红签表示，由此推测这是一幅上呈给园主阅看的图样。从地盘图样来看，镜春园园墙四周均有建筑。园子主体建筑位于四周水面环绕的中心岛上。主体建筑为一组封闭式三进院落。宫门三间，两侧各有顺山房三间。进入宫门，园内有假山布景。之后是穿堂三间，建筑格局与宫门相似。经过穿堂，就是主体建筑的中心院落，正房五间，东西厢房各三间。穿过正房，进入后院，有八组假山构成的院内陈设。后罩楼为五间。正房与后罩楼之间两侧，另有东房、西房，以及连接两个院落的穿堂游廊。主体建筑四周均通过木板桥与外界相连。园内土山主要分布在主体建筑以东的水面和宫门之间。镜春园宫门位于园子的南墙靠东侧一角，宫门三间，两侧各有顺山房五间。进入宫门有影壁，右侧为一组三进的生活功能建筑。第一进院落正房贴签"厨房"，第二、三进院落功能不明。进入宫门向左，为通向主体建筑区的石路，车辇可进入园子西行。园内东北角，另有一组合院建筑，这里是园主的书房所在。

　　《城府北头路北四公主住镜春园地盘样》同样画出了镜春园改建工程的建筑格局。与《镜春园地盘画样》相比，这幅图样主要展示的是改建工程中的室内装修陈设部分。从图样来看，建筑的整休格局并没有太大变化，但主体建筑室内陈设几乎都进行了重新设计装修。原来的建筑结构以黑线画出，改建变化部分以红线标出。另外，改建的陈设在相应的位置贴红签标注。园内装修统计为："以上各座大小房间俱添安纱屉、暖屉、随帘架、风门二十五槽，单风门三十一扇。"《镜春园东侧地盘画样》还单独画出主体建筑向东通向书房、厨房区域新建的桥梁、涵洞情况。镜春园园林面积较小，但

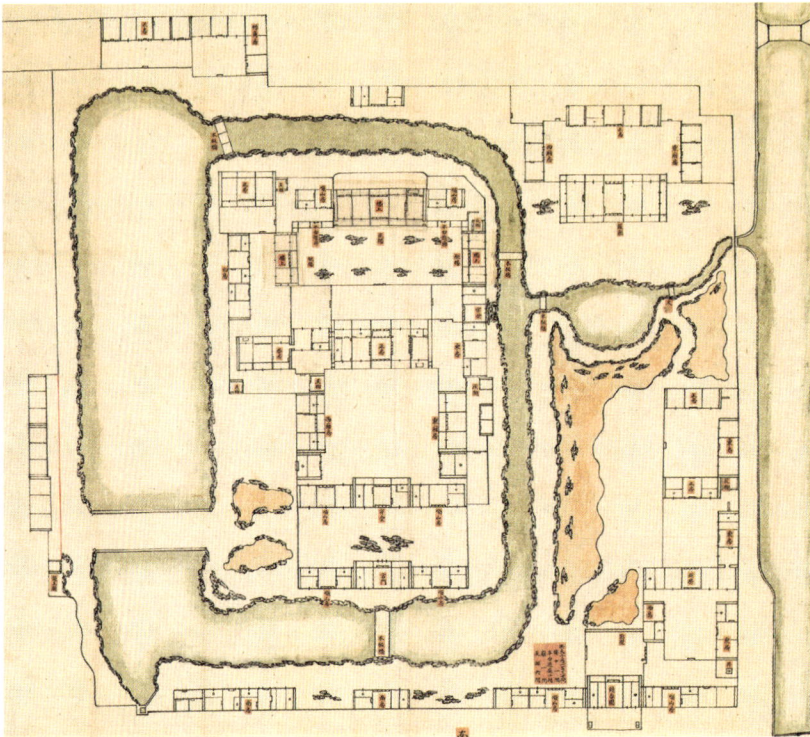

《镜春园地盘画样》

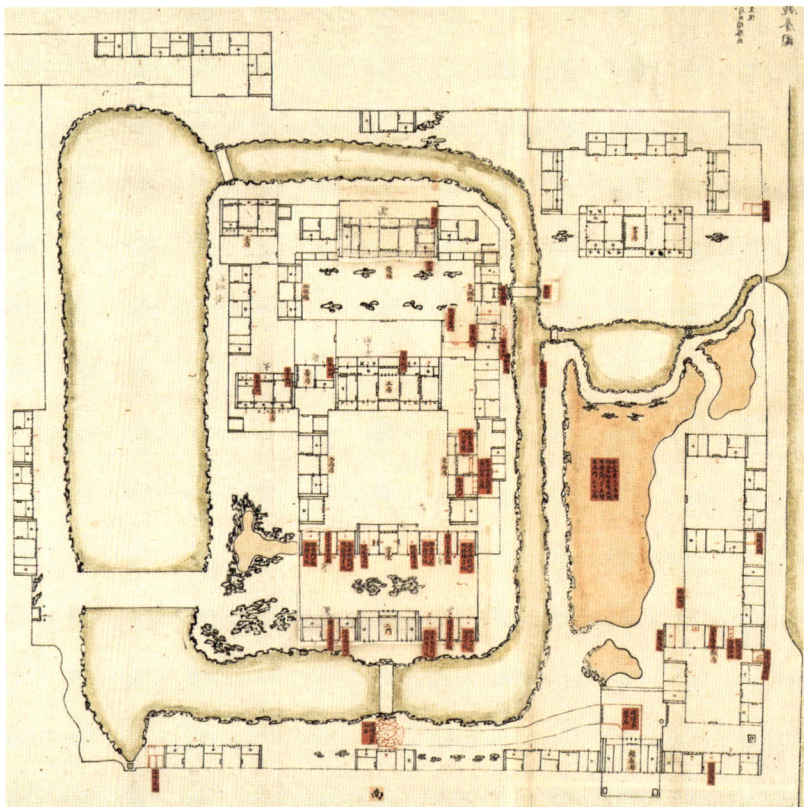

《城府北头路北四公主住镜春园地盘样》

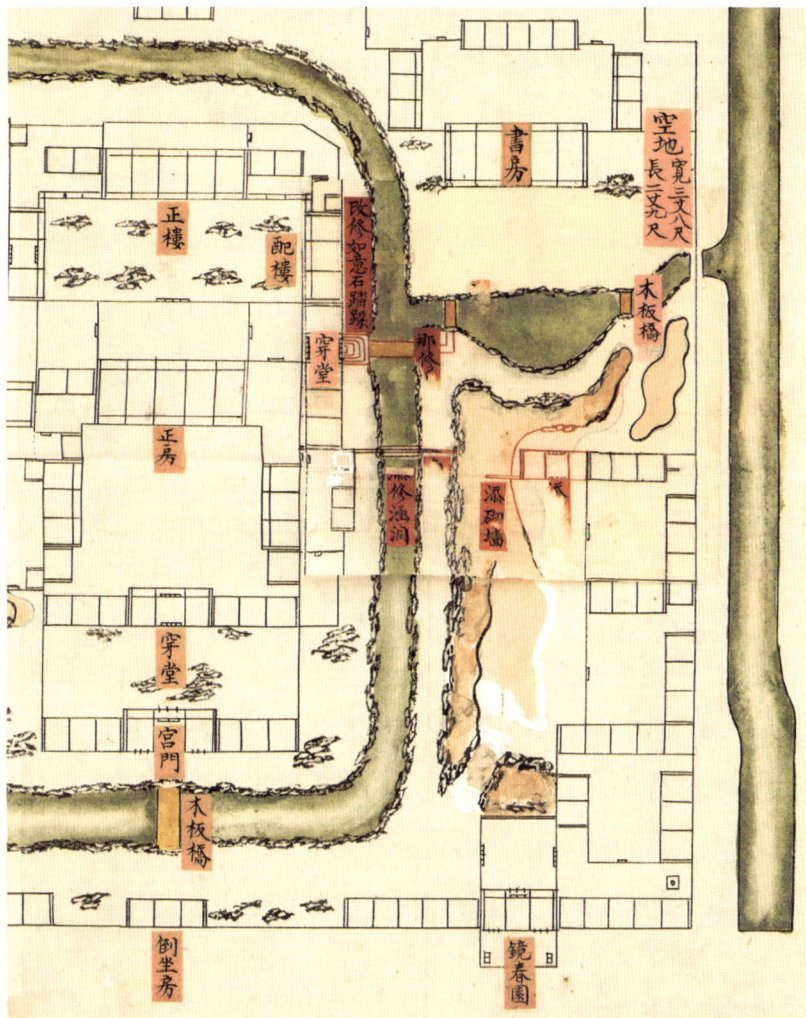

《镜春园东侧地盘画样》

可以通过水面与土山、假山的布局构筑空间的开阔感。

　　通过实地勘测统计，道光二十一年（1841）前后，改扩建四公主赐园之前，"查得镜春园共旧大小房七十一间，楼十一间，平台游廊八间，庙一间，新房六十六间"。这是国图藏样式雷图档《查得镜春园房间数目略节》中的记录。而《镜春园地盘画样》上的统计数据是"共大小房一百三十间，楼十一间，平台游廊十间，庙一间，灰棚六间"。经历改扩建后，园中建筑数量几乎翻倍。

样式雷图档《镜春园房间工程略节》记录了此次工程中主体建筑的数量及殿宇尺寸：

> 镜春园中所内共房三十六间，楼十一间，平台游廊十间，灰棚七间，东所内共房十间。
>
> 歇山正房一座五间，明间面宽一丈一尺，四次间各面宽一丈，进深一丈八尺，外周围廊各深四尺，檐柱高一丈，台明高一尺二寸。
>
> 后正房一座五间，明间面宽一丈一尺，四次间各面宽一丈，进深一丈二尺，柱高八尺九寸，台明高一尺二寸。
>
> 东西配房二座，各三间，明间面宽一丈，二次间各面宽九尺五寸，进深一丈二尺，柱高八尺，台明高一尺。
>
> ……
>
> 穿堂房座三间，明间面宽一丈一尺，二次间各面宽一丈，进深一丈二尺，外后廊深四尺，檐柱高九尺，台明高一尺八寸。
>
> 东西顺山房二座，各三间，各面宽一丈，进深一丈，柱高八尺，台明高一尺八寸。
>
> 东西鹿顶房二座，各一间，各面宽一丈二尺，进深一丈四尺，柱高八尺八寸，台明高一尺八寸。
>
> 东西配房二座，各三间，明间面宽一丈五寸，二次间各面宽一丈，进深一丈二尺，外前廊深四尺，檐柱高九尺，台明高一尺六寸。
>
> 正房一座五间，明间面宽一丈二尺，二次间各面宽一

丈一尺，二进间各面宽一丈，进深一丈八尺，外前后廊各深五尺，檐柱高一丈一尺五寸，台明高一尺六寸。

西顺山套房一座二间，各面宽一丈，进深一丈二尺，柱高八尺，台明高一尺四寸。

套房一座三间，各面宽一丈，进深一丈四尺，外前后廊各深三尺五寸，檐柱高九尺，台明高一尺四寸。

东房一座五间，各面宽一丈，进深一丈二尺，柱高八

《镜春园房间工程略节》

尺五寸，台明高一尺六寸。

东西配楼二座，各三间，明间面宽一丈，二次间各面宽九尺，进深一丈，外前廊深三尺，下檐柱高八尺，上檐柱高七尺，台明高一尺二寸。

后正楼一座五间，明间面宽一丈一尺，四次间各面宽一丈，进深一丈四尺，外前后廊各深四尺，下檐柱高九尺，上檐柱高七尺五寸，台明高一尺五寸。

东西顺山房二座，各二间，各面宽九尺，进深一丈，柱高八尺，台明高一尺二寸，平台游廊二座，各五间。

西房一座五间，各面宽九尺，进深一丈二尺，柱高八尺，台明高一尺二寸。

正房一座三间，各面宽一丈，进深一丈四尺，外前后廊各深三尺五寸，檐柱高九尺，台明高一尺二寸。

......

通过这些记录可以发现，四公主园的建设基本符合清代郡王府一级的建筑规制，足见道光皇帝对四公主的喜爱。镜春园在道光年间达到建筑及园内艺术的最盛期。在一个四周建有围墙的封闭、有限的园林空间内，湖面与土山将局促的空间构建出深远、层次丰富的意境，突破了有限空间带来的限制，建造出变化多样的园林景观。其中，假山、涵洞等多种空间划分手法的运用，使园林内各组建筑区既相对独立，又互相联系，在园林整体中创造出有虚有实、迂回曲折的多重园林空间。

咸丰十年（1860），英法联军火烧五园三山地区，镜春园也逐渐荒废。镜春园南接淑春园，西接鸣鹤园，北接朗润园。金勋《成府村志》记载："光绪二十二年（1896）九月初五日，慈禧太后驾幸圆明园，复至鸣鹤园，将镜春园合并为鸣鹤园内。"民国初年，徐世昌以薄酬租下鸣鹤园和镜春园，合称"淀北园"。他"以改农园为名，将殿宇楼房拆去十之八九"，所有木料砖石均运往其河南老家，用于修建自家宅园。鸣鹤园中部建筑主体消失殆尽。20世纪20年代前期，燕京大学以淑春园旧址为中心开始建校时，镜春园仍属徐世昌所有。当时燕京大学已经购得镜春园北邻的朗润园作为教职员工住宅，中间隔有镜春园，不便通行，必须绕道东门外来往。1937年卢沟桥事变之前，燕京大学计划扩大校园，向北直通朗润园，为此曾屡与徐家洽商，希望以优惠价格购入镜春园。随着抗日战争的全面爆发，此事不了了之。1952年，北京大学迁入燕京大学旧址，同时旧有镜春园也并入北大校园。

第五节
鸣鹤园

上文提及，镜春园与鸣鹤园、朗润园三园一体，原是傅恒及其子的第二座春和园赐园。嘉庆四年（1799），傅恒四子福长安被夺爵、抄家，其赐园也被没收。之后福长安园内中段、西段著赏给仪亲王永璇。永璇于道光十二年（1832）八月去世后，其孙于道光十四年（1834）八月回缴永璇赐园。后来皇帝将"东边房一百三十一间"，即原福长安园内的中段，赐予惠郡王绵愉，"其余房间著交圆明园查收"。绵愉生于嘉庆十九年（1814），于道光八年（1828）及岁时以惠郡王身份获赏镜春园，至道光十九年（1839）晋封惠亲王时又获赏更大的鸣鹤园[①]。这样，绵愉就从镜春园迁到了其叔父永璇园子的东段。此时赐园更名为"鸣鹤园"。此时的鸣鹤园仍是原永璇赐园的

---

① 耿威：《鸣鹤镜春朗润三园史再考》，《中国园林》2011年第5期，第91—94页。

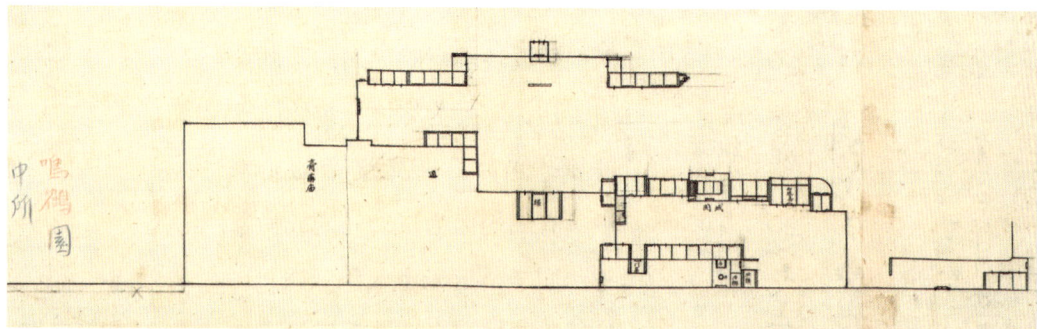

《鸣鹤园中所地盘样》

东段，也是后来鸣鹤园的一半。据中国第一历史档案馆未刊上谕档载：至道光十八年（1838）正月时，鸣鹤园"西边的房座游廊共计一百七十七间"，仍为"空闲"。其后这片园屋如何使用，未见相关史料，估计最晚在咸丰时期也赏给了绵愉。因为绵愉是晚清政局中一位举足轻重的人物，为道光、咸丰皇帝所倚重，曾与僧格林沁一起镇压过太平天国北伐军，于朝廷有功①。

鸣鹤园在全盛时期总面积约141公顷，东西长约535米，南北宽约176米。园呈狭长形平面，四周圈以虎皮石围墙。园内有东湖、中湖、西湖三个较大的水面，也有东所、中所、西所三个建筑群落。与起居、会客相关的建筑主要集中在东所。西所则是庞大的可供休闲娱乐的园林建筑群。国图藏鸣鹤园相关样式雷图档10余种。其中图样有8种，基本为糙底，包括中、东、西所图及马圈图等。其中一件《鸣鹤园房间数目略节》标出了日期，"十八年正月廿七日"。推断应为道光十八年（1838）正月，即绵愉晋封惠亲王的前一年。

---

① 何瑜：《清代皇家赐园与北大校园》，《故宫博物院院刊》2021年第2期，第44—59页。

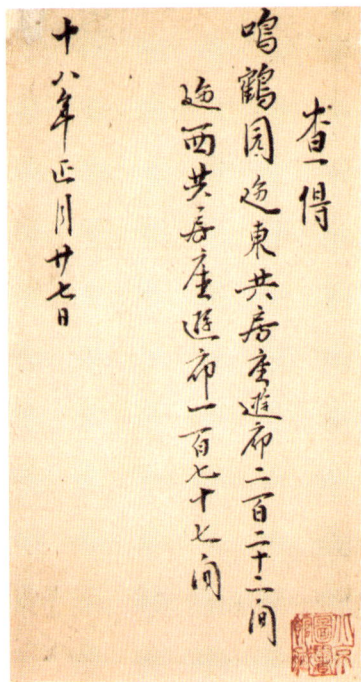

《鸣鹤园房间数目略节》

图档所反映的对鸣鹤园的踏勘绘图工作，应是为绵愉晋封赐园做准备。当时，道光皇帝的兄弟中只有绵愉因为年幼尚未成为亲王。同样是道光十八年（1838），惇亲王绵恺薨逝，之后绵愉成为道光唯一在世的兄弟。皇帝将占地广阔、风景优美的鸣鹤园赏赐给绵愉居住，算是情理之中①。

结合《鸣鹤园东所地盘糙底》与相关史料可知，鸣鹤园大门开在园东南隅，图中标"东宫门"，三间南向，门内有东西值房各三间。走进三间二门，过河上三孔石券桥，就是东所。澄碧堂是园内最重要的部分，院内正房五间，东西厢房各三间，院内有戏台一座，这里是园主宴请宾客的地方，宽敞奢华。澄碧堂附近有怀新书屋，规制稍逊于澄碧堂。西跨院有正房五间，院北土山上建一座六方垂檐亭。院西东湖绿岛上建有点景廊榭。东湖南岸靠近园墙有一座膏药庙②。

---

① 耿威：《鸣鹤镜春朗润三园史再考》，《中国园林》2011年第5期，第91—94页。

② 商祥波：《镜春园与鸣鹤园保护及再利用研究》，北京建筑工程学院，2012年硕士论文。

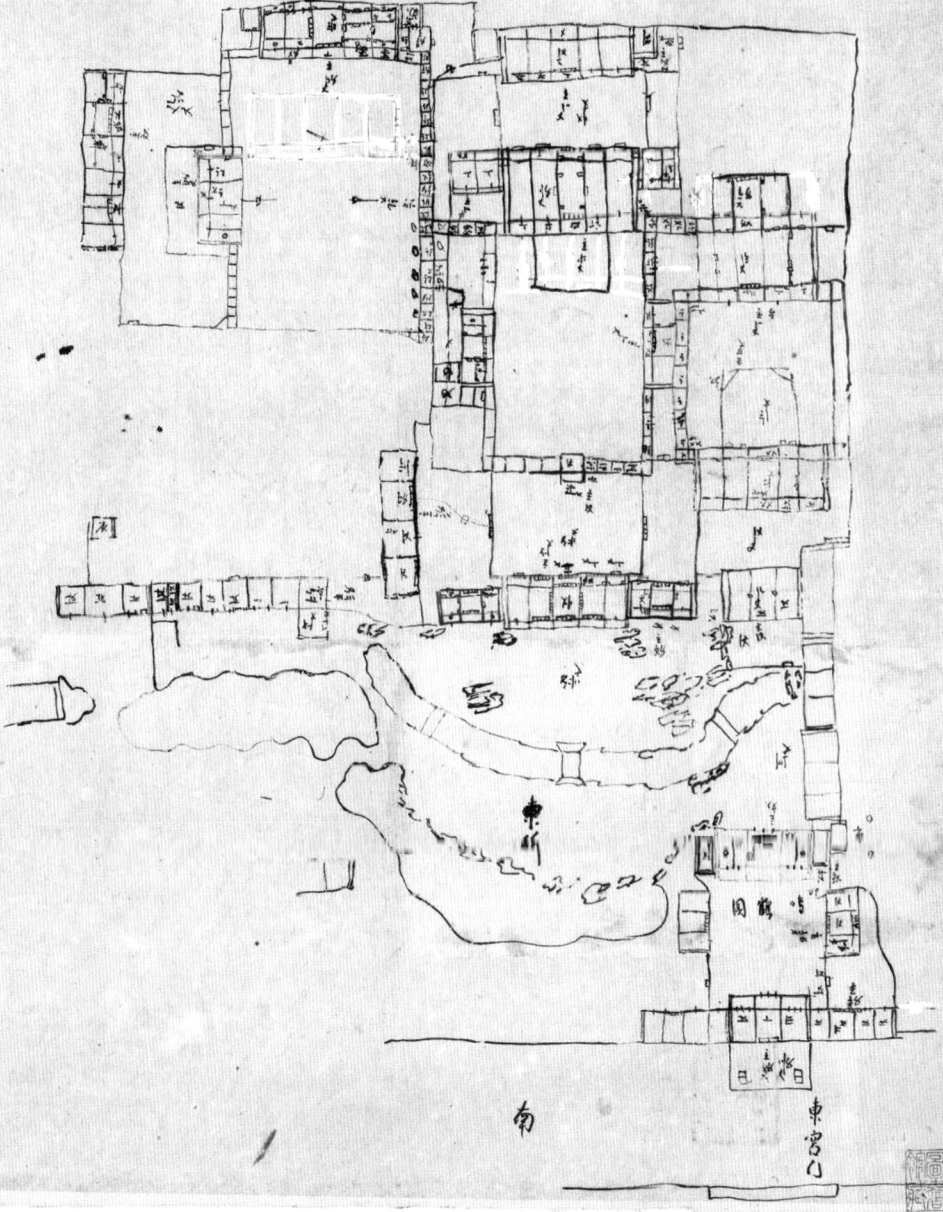

《鸣鹤园东所地盘糙底》

西所四面溪湖环绕，东西侧各有一个大湖。建筑群东南角为四方重檐"翼然亭"。亭子建在假山上，亭内可以远眺西山优美的自然景色。乾隆皇帝曾经在此处游赏，并且以亭名赋诗一首。翼然亭南侧是鸣鹤园的丽春门，在《鸣鹤园西所地盘画样》中被标为"宫门"。

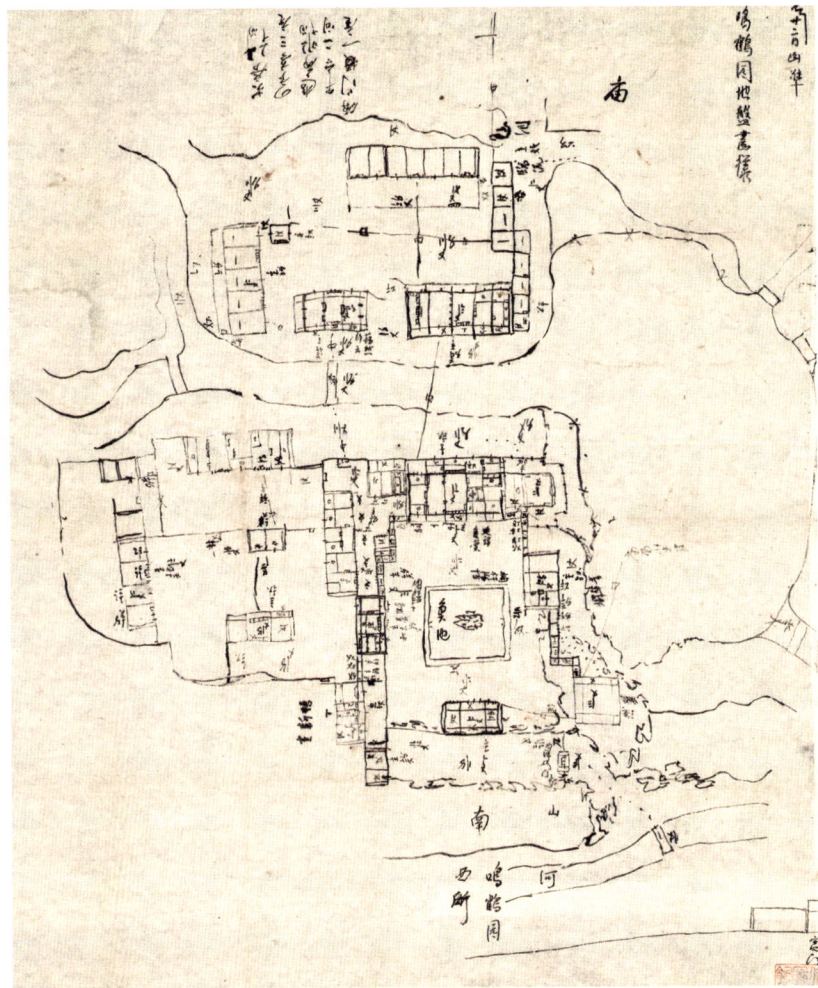

《鸣鹤园西所地盘画样》

南侧院落中间是一处巨大的方形金鱼池，鱼池北侧是院落的主体建筑"延流真赏"，其余三处为"悟心室""清华榭""碧韵轩"。往鱼池西南也可沿叠落游廊登上高台房"颐养天和"。从"延流真赏"向北过桥到达北部院落，院内有正房五间，悬"霭然静云"匾额。此院东北湖山之间修建一座花神庙，图中标注为"庙"。[①]

绵愉有时邀请昔日上书房的师傅和一些词臣诗友来园宴饮。最常到鸣鹤园游宴的人，是家住园东邻春泽园的亲侄、瑞郡王奕誌。奕誌有一首《鸣鹤园观灯歌》："红霞一片穿林来，满堂照耀华筵开。明星万点烛龙焰，天半恍筑金银台。重楼叠阁森千尺，灯影烟痕闪金碧。

图 7·169 鸣鹤园平面图

1 正门	6 丽春门	11 福岛
2 二门	7 延流真赏	12 西泡子
3 城关	8 金鱼池	13 井亭
4 戏台	9 方亭	14 花神庙
5 膏药庙	10 颐养天和	15 龙王亭
		16 钓鱼台

北

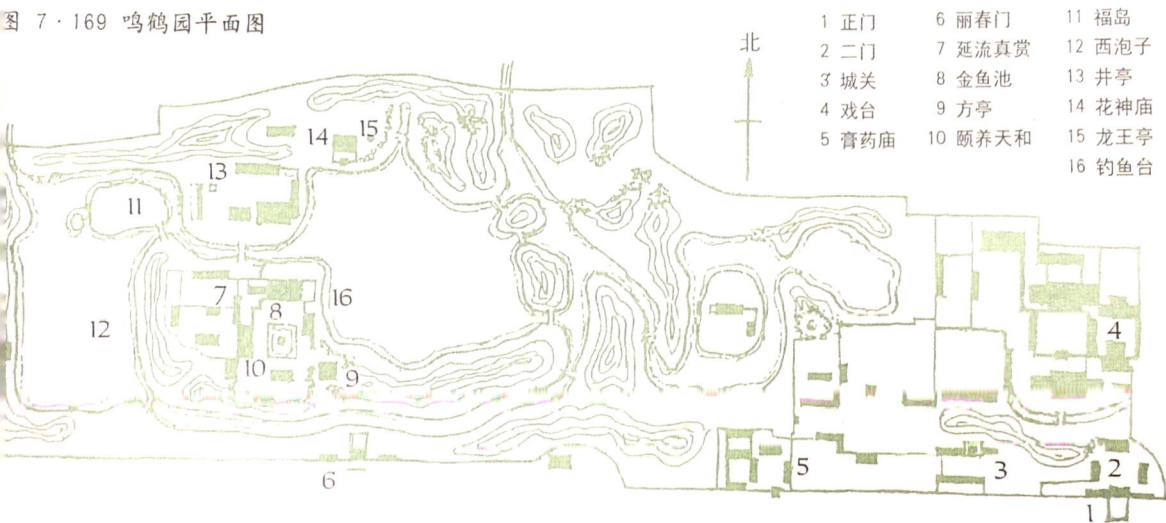

《鸣鹤园平面图》[②]

① 商祥波：《镜春园与鸣鹤园保护及再利用研究》，北京建筑工程学院，2012 年硕士论文。

② 周维权：《中国古典园林史》（第三版），清华大学出版社，2008 年，第 649 页。

火树纷从栏槛燃，水花都变池塘赤。"这首诗记录了园主绵愉在上元节赏灯的经历，细致描绘了园内景观，反映了园中日常生活。我们也可以从《鸣鹤园平面图》中看到此时鸣鹤园呈现出的气派景象。

但是，咸丰十年（1860）英法联军入侵北京后，鸣鹤园也惨遭焚烧劫掠，导致园林凋敝。同治三年（1864）十二月，惠亲王绵愉卒。鸣鹤园成为道光帝八子钟郡王奕詥与九子孚郡王奕譓的园子，两人分住东西二所。奕詥于同治七年（1868）十一月卒。奕譓于光绪三年（1877）二月卒。兄弟两人均无后，园子被收回内务府。光绪五年（1879），鸣鹤园又被赐予绵愉五子惠郡王奕详和六子奕谟。光绪十一年（1885）九月，奕详加亲王衔，翌年正月卒。其子载润降袭贝勒，成为鸣鹤园的新主人。光绪二十一年（1895）正月，载润门上二等护卫富祥咨行内务府："除褝护业经呈交奏事处外，其鸣鹤园寓一所，应行知贵衙门派员定期前往接收。"奕谟于光绪十年（1884）十月晋贝子，光绪十五年（1889）正月加贝勒衔，光绪三十一年（1905）七月卒。至此，鸣鹤园全部收归内务府。关于鸣鹤园在这一时期的归属，金勋有不同说法。金勋《成府村志》记载："光绪二十二年（1896）九月初五日，慈禧太后驾幸圆明园，复至鸣鹤园，将镜春园合并为鸣鹤园内。"如果按照这一说法，那么两园至晚在光绪二十二年（1896）均已隶属于内务府。

清末民国年间的五园三山系列地图，对鸣鹤园一般都进行了标注。这说明鸣鹤园在清末民初应该是一个比较"有名"的园林。鸣鹤园区域很明显由两座相邻的园林组成，中间的围墙还被清晰地绘出。所以，地图所画应该是鸣鹤园与镜春园合并后的园林。不过这些地图并不重视园林内部具体建筑的描绘，所以园林内部规划差异

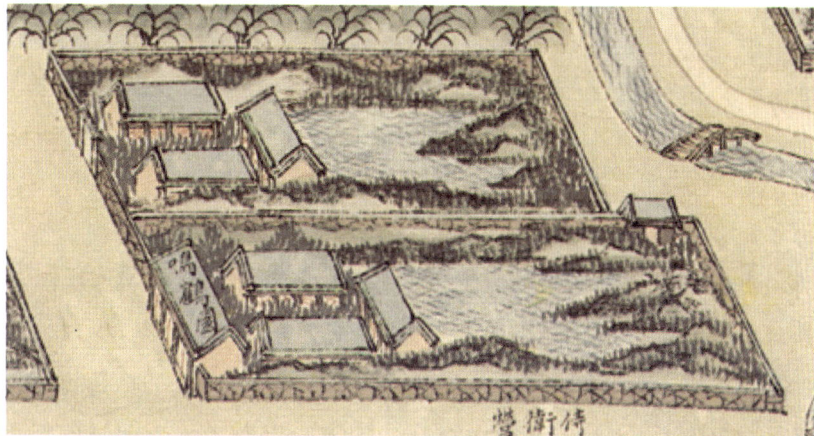

《西郊图》中的鸣鹤园区域

海外藏五园三山图中的鸣鹤园区域

较大，可从海外藏五园三山图和《西郊图》中看出。

民国初年，曾当过北洋政府总统的徐世昌，以每年四百元的廉薄租金占据了鸣鹤园和镜春园，并将其改名为"淀北园"，后又拆走园内建筑材料。之后不久，鸣鹤园又转入陕西督军陈树藩手中，他在那里建有夏令别墅和祠堂。1928 年以后，燕京大学校长司徒雷登以 10 万银圆的价格从陈树藩手中购得此园，作为新建校园的一部分。1952 年，鸣鹤园成为北京大学的一部分。1986 年，在美国医学家、著名收藏家和慈善家阿瑟·姆·赛克勒的资助下，北京大学赛克勒

考古与艺术博物馆在鸣鹤园破土奠基。博物馆结构与风格为中国古
典式,庄严宏伟,周围环境优雅恬静,与燕园昔日园林建筑十分和谐。
2003 年,考古文博学院落成并投入使用,学院大楼位于鸣鹤园红湖
西部以及北部。2006 年开始,学校逐步拆除包括全斋在内的位于鸣
鹤园内的私搭乱建,对古建园林有序地进行重建。

目前,鸣鹤园的原有建筑大多已经荡然无存,只有翼然亭、龙
王庙中的重檐六角亭、春熙园垂花门保留下来。翼然亭应该是燕园
里最古老的一座亭子。1926 年,燕京大学迁来后,对该亭进行了整理,
在亭内彩绘燕园校景 10 余幅,遂又名校景亭。

翼然亭

第六节
淑春园

　　淑春园是现在北京大学校园北部的一座清代园林，始建于康熙年间。学术界对淑春园的建园时间及历史沿革有多种说法。侯仁之认为，康熙二十六年（1687）畅春园建成后，其周边区域被赐给宗室营造园林别墅，淑春园至晚出现于此时。

　　张宝章认为恒亲王允祺可能是淑春园的主人。目前所知关于淑春园的最早记载出自乾隆二十八年（1763）《大清会典事例》卷一一九四："乾隆二十八年，奏准圆明园所收湘春园井北椶门外官地水田一顷二十二亩六分三厘，岁征租银三十九两 钱几分五厘有命。"该记载说明，淑春园在乾隆二十八年（1763）以前就已经存在，并且归属圆明园管理。乾隆四十五年（1780），淑春园发生了两件事。其一是在圆明园总管园务大臣属下，设置春熙院八品院副一人，管理此园事务。此"春熙院"即"淑春园"。不过正式命名是在乾隆四十七年(1782)。清代《钦定总管内务府现行则例·圆明园卷》记载：

"（乾隆）四十七年正月奉旨，淑春园改为春熙院。"其二是淑春园被赐予和珅。改名为"春熙院"的是淑春园北半部，曾为乾隆皇帝御赐给富察·傅恒的园林，在嘉庆年间以后被分赐予王公大臣，西部称鸣鹤园，中部称春和园、朗润园，东部称镜春园。御赐给和珅的是淑春园南半部，后改名为"十笏园"，但旧名"淑春园"仍然沿用。和珅大规模改扩建赐园，使其成为当时京西赐园中的经典之作。据礼亲王昭梿《啸亭杂录》记载，在乾嘉时期所有王公大臣的西郊花园中，十笏园被公认为第一名园。改扩建后的园中，湖面上建造有石舫一座，湖心岛也仿造圆明园福海湖心岛进行了改造。和珅作为园主时期，淑春园共有楼台 64 座，四角楼更楼 12 座，房屋 1003 间，游廊楼亭 357 间，规模极盛。《嘉庆诛和珅案》记载，嘉庆四年（1799）二月十六日奉旨，"和珅园内东段著赏成亲王永瑆，西段仍赏十公主十额驸丰绅殷德居住"。也就是说，和珅的十笏园，又名淑春园，在嘉庆年间分为东西两部分，西部由丰绅殷德与和孝公主居住，东部赐予成亲王永瑆①。

何瑜认为淑春园的前身是康熙年间皇四子胤禛的赐园，园林范围在鸣鹤园以南、勺园以北。后来，这里成为康熙皇十二子允祹的赐园。乾隆二十八年（1763），乾隆四子永珹成为园主。乾隆四十五年（1780），丰绅殷德与和孝公主得到赐园。和珅的十笏园与淑春园是两个不同的赐园。

十笏园与淑春园无论是否为同一赐园，道光年间都开始走向没落。道光年间，随着和孝公主和成亲王去世，淑春园被收回内务府。

① 张宝章：《淑春园和春熙院》（上），《中关村》2018 年第 3 期，第 102—104 页。

道光末年，淑春园被赐给睿亲王仁寿，因此又称睿王园。"睿"字满语为"墨尔根"，所以睿王园又称"墨尔根园"。

如果和孝公主和额驸居住的淑春园与和珅的赐园是同一园林，那么，乾隆年间的淑春园整体呈东西长、南北宽的长方形平面，且东西长800多米，南北宽近500米。园内水源丰富，全园的布局以分散的水面为骨架，水系绵长而富于变化。西部湖面大小不一、形态不同，湖岸曲折多变。东部有一较大湖面，形成环环相扣的连环式水体布局，湖中有三座岛屿，仿照"一池三山"，似圆明园蓬岛瑶台仿"海上神仙"之意。淑春园水面与土山占据园中大部分面积，主体建筑分布在园林中心偏南的位置，为一组复杂的两进合院建筑。另外在东湖湖心岛上有一组合院建筑。

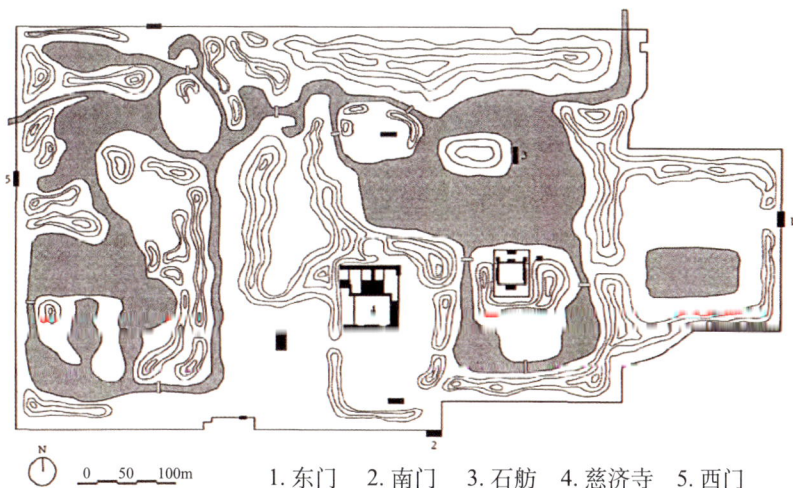

1. 东门　2. 南门　3. 石舫　4. 慈济寺　5. 西门

乾隆年间淑春园复原平面图[①]

[①] 王瑶：《北京大学校园的园林遗产研究》，北京林业大学，2012年硕士论文。

国图藏样式雷图档中有两幅淑春园地盘平样，另有房间数目略节和房屋装修清册作为淑春园内工程建设的文字记录。样式雷图样所绘淑春园仅包括园中主体建筑至南门一带。由此推测，国图藏淑春园相关样式雷图档，应当是记录了淑春园分为东西两园之后东园内的情况。再根据淑春园历史沿革推测，这些图档很可能是道光年间，淑春园被赐给睿亲王仁寿前后，样式房工匠实地勘测而绘制的资料。1 号《淑春园地盘平样》图背标注"原旧有地盘现在房内檐"，说明这幅是勘测旧园后绘制的现存建筑图样。从图样来看，此时的淑春园早已不复乾隆年间的盛况。园子宫门位于南墙东侧一角，为三间宫门。园墙与主体建筑之间有一周环绕的土山。进入宫门向北，在两座土山之间有一条进入主体建筑区的通道。通道靠近土山两侧有三间值房和五间歇山房，转而西行，便可见主体建筑群。主体建筑南侧靠近土山处，有四方亭一座。

淑春园主体建筑为两进合院，最南端是三间穿堂，两侧各有顺山房五间。穿堂北侧设有游廊，东南角还有角门一座。进入穿堂后是开阔的院子。院中搭设假山。正殿为两卷房五间，东有配楼五间，西侧无配楼，设有出入院落的屏门。正殿之后为后罩楼，两侧另有耳房。根据国图藏样式雷图档《淑春园房间数目略节》记载，在改扩建睿王园之前，"查得淑春园内，中一路正所，原旧有房间数目，共大小房五十间，楼一座五间，游廊十八间，四方亭一座。外自盖灰棚房卅一间，外围马圈一所，共房五间。马王庙一座，庙房十一间，六方亭一座"。从 2 号《淑春园地盘平样》可以看出淑春园改建工程的设计方案，以及室内装修细节。根据这幅图样可知，在主体建筑的东北方向，原计划添盖马圈一组，后因距离主体建筑太近而放弃。

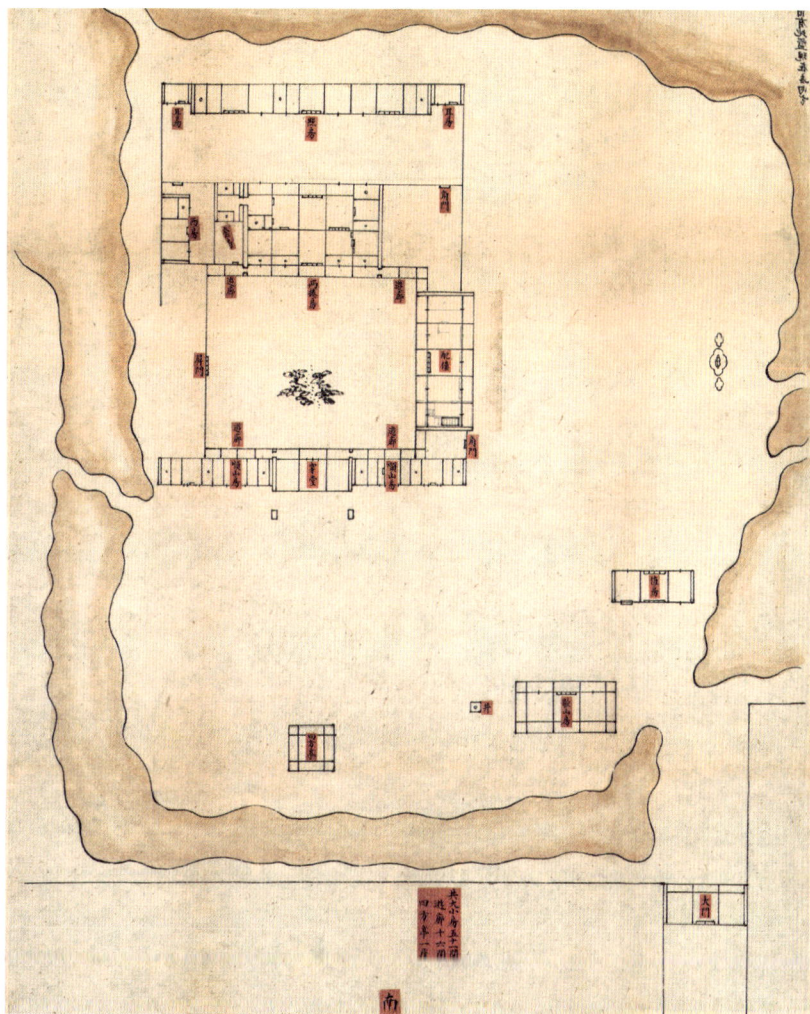

1号《淑春园地盘平样》

国图藏样式雷图档《淑春园内房间并内外檐装修数目清册》详
细记录了此次淑春园改建工程的具体内容：

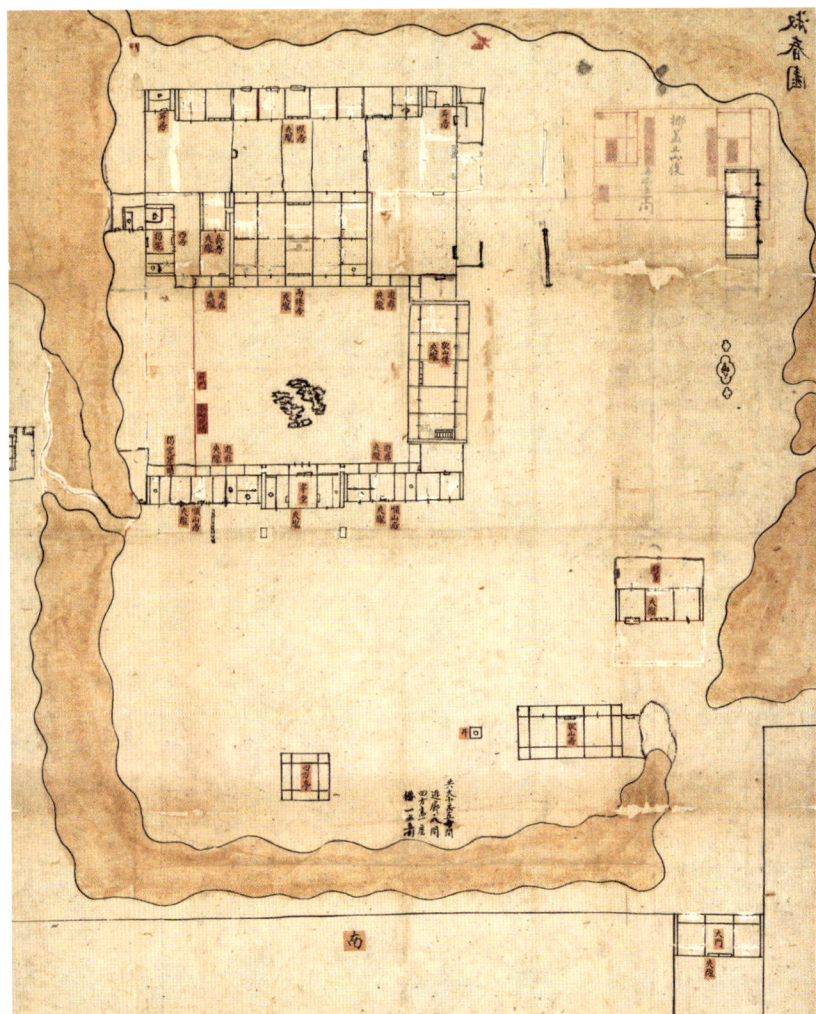

2号《淑春园地盘平样》

    查得淑春园内现有房间并内外檐装修、庙宇、亭座、
灰土房数目清册

    中所

    大门一座三间，明间前檐大门一合，二次间后进支摘

窗二槽，内里东西二缝隔断壁子门口二道，糙炕二铺。

歇山正房一座三间，明间前檐风窗隔扇一槽，二次间支摘窗二槽，内里东缝进深方窗门口壁子一槽，糙炕二铺。

歇山南房一座三间，明间前进大门一合，二次间支摘窗二槽，内里隔断墙二段，随门口一座，东山廊内隔断墙一道，糙炕二铺。

□所

穿堂一座三间，二次间前檐支摘窗二槽，后进大门一合，后檐屏门一槽，内里明间东西缝进深隔断壁子二槽，随壁子门二扇。东次间后进面宽嵌扇一槽，糙床一分，西次间内里糙炕一铺。

东顺山房一座五间，明间夹门窗一槽，无门，四次间支摘窗四槽，后檐门口一座，内里糙炕三铺，隔断墙二道。

西顺山房一座五间，明间夹门窗一槽，无门，四次间支摘窗四槽，内里糙炕二铺，隔断墙二道。

两卷正房一座五间，前进明间隔扇一槽，四次间支摘窗四槽，后檐明间隔扇一槽，四次间支摘窗四槽，后檐明间隔扇一槽，四次间支摘窗四槽，随帘架二分，内里糙炕一铺。

套房一间，前檐支摘窗一槽，内里进深门桶一座。

后罩房九间，前檐隔扇二槽，夹门窗一槽，无门，支摘窗六槽，后檐壁子方窗三座，内里进深隔断墙一道，壁子二道，随门口一座。

东西耳房各一间，前檐门窗二槽，□炕二铺。

《淑春园内房间并内外檐装修数目清册》

楼一座五间，前后进隔扇二槽，随帘架二分，四次间支摘窗八槽，内里进深隔断壁子一槽，随门口二座，楼梯一分。

上檐前进明间隔扇一槽，随帘架一分，四次间支摘窗四槽，后进明间纱屉子一槽，四次间支摘窗四槽。

西灰房三间，前檐夹门窗一槽，无门，支窗二槽，后檐门口一合，内里糙炕二铺。

北灰棚一间，前檐门窗一槽，无门，内里糙炕一铺。

照房西山灰棚二间，无装修。

照房后正灰棚一间，糙窗一扇，无门，糙炕一铺。

后山四方亭一座，无横□□橙，北面糙墙一道，随圆光窗桶。

大门迤南，无栅栏门一座，前影壁一道，砖块不齐。

大门南无栅栏门一座，前影壁一道，砖块檐头不齐。

大门一座三间，明间前檐大门一合，进深西东二缝截断壁子门口二道，糙炕二铺，后进二次间支摘二槽。

歇山南房一座三间，前檐明间大门一合，二次间支摘窗二槽，屋内隔断墙二道，随门一座，糙炕二铺。地面砖俱无，东山廊内截断墙一道。

歇山正房一座三间，明间风窗隔扇一槽，二次间支摘窗二槽，屋内里东，进深支窗门口壁子一槽，糙炕二铺，随炉炕架板二分，后檐风窗三扇，方砖地。

次花神庙西河桶木板桥一座，随栏杆、随石桥雁翅石料不全。花神庙后河桶石桥一座，宇墙不齐，雁翅石料不齐。

头花神庙前山门一座，东西角门二座，旗杆二座。

……

共大小房五十间，灰土房共廿一间。

淑春园作为乾隆年间京师西郊一座重要的皇家赐园，却没能避免走向没落。道光年间，当淑春园改建成睿王园后，其园林规模、造园艺术等方面远不能与盛时相比。第二次鸦片战争期间，英法联军火烧五园三山，淑春园未能幸免。在清末《三山五园外三营地理全图》上，淑春园区域标注为"花园"，其范围包括了后来的淑春园和鸣鹤园，是一处完整的园林。在此后的五园三山系列地图上，鸣鹤园均已单独存在，是一座独立的园林。在民国年间《五园图》上，淑春园地区标注为"睿王花园"。在民国年间《西郊图》中，淑春园被标注为"莫根园"。

清末，睿亲王仁寿后代德七继承淑春园。此时赐园早已经破败，

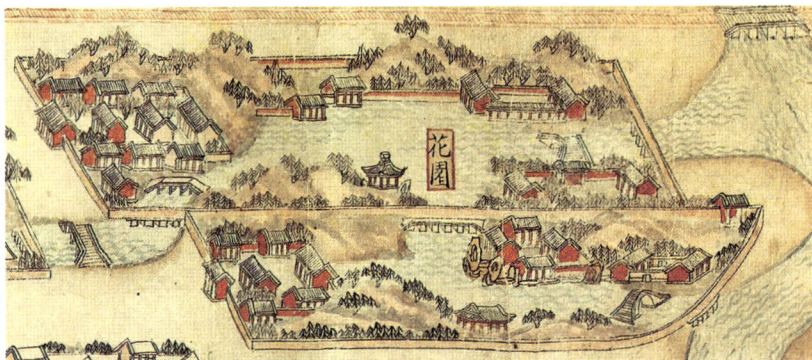

《三山五园外三营地理全图》中的淑春园区域

《西郊图》中的淑春园区域

德七拆除园内建筑，出售木材，同时在园中耕种水旱田地。辛亥革
命之后，军阀陈树藩从德七手中购得淑春园，改建为"肆勤农园"。
1920年，司徒雷登从陈树藩处购得淑春园，并根据园内山水布局，
改建为燕京大学校园。如今北京大学燕园未名湖畔的石舫是淑春园
唯一留下来的建筑。

第七节
蔚秀园

蔚秀园的前身可以追溯到康熙年间的北新花园。北新花园位于畅春园之北，也是相对畅春园而称"新"，时人亦称"北花园"或"北园"[①]。康熙五十年（1711）前后，皇帝将该园赏赐给十四皇子胤禵，并赐名"彩霞"。乾隆初年，彩霞园又成为雍正六子弘昼的赐园，时称"和王园"。嘉庆十九年（1814），弘昼之孙将赐园进呈，"交圆明园管理大臣"。道光元年（1821），皇太极六世孙敬敏承袭肃亲王爵，成为该园的新主人。此后，此园何时收归无从考证，道光十六年（1836），乾隆长子定亲王永璜之曾孙载铨承袭定郡王爵，入住该园，并将其更名为"含芳园"，俗称"定王园"。咸丰四年（1854），载铨去世后赐园被收回。咸丰八年（1858），皇帝将该园赐予醇郡王奕譞，同时赐名"蔚秀"。

[①] 王瑶：《北京大学校园的园林遗产研究》，北京林业大学，2012 年硕士论文。

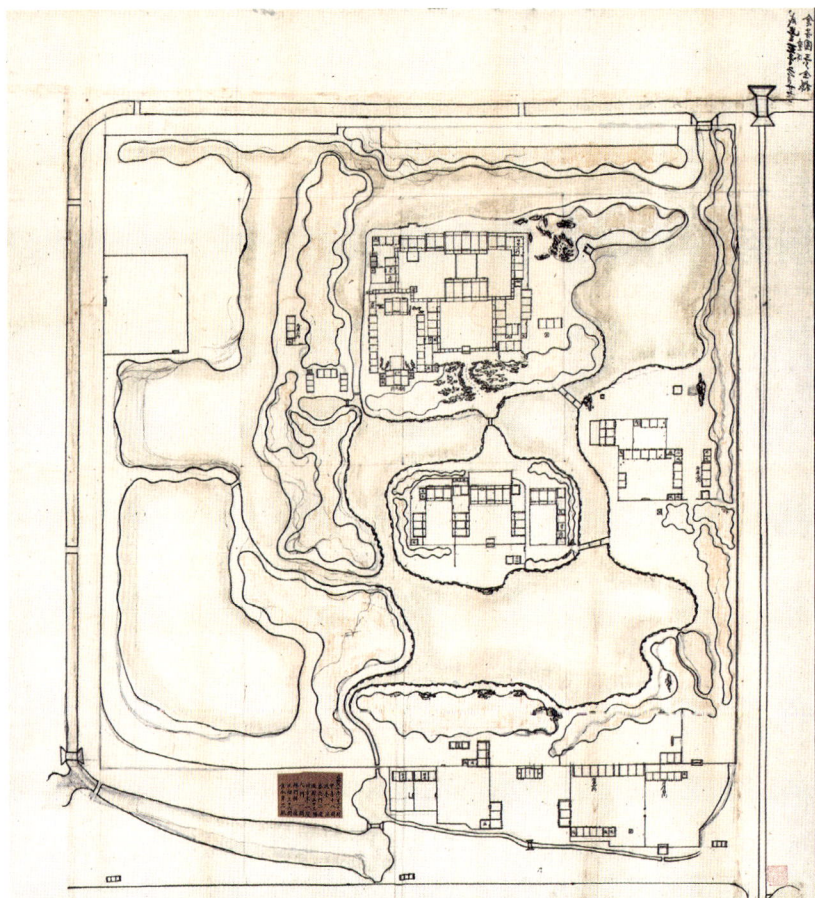

《咸丰五年五月廿九日查得含芳园三分全样》

　　国图藏蔚秀园相关样式雷图档 10 余种，包括地盘全图、前所平样、后所平样、房间统计略节等，不仅记录了该园的山水分布、建筑格局，也统计了园区建筑损毁情况等。不过这些图档中出现的园名基本是含芳园，仅有一幅题名为《咸丰五年五月廿九日查得含芳园三分全样》的图纸，其图背另有题名《蔚秀园全图》。由此推测，这批图档的绘制时间可能在含芳园收归内务府之后至赐予奕譞改名蔚秀园初期，也就是咸丰五年至咸丰八年之间（1855—1858）或之后不久，内容重在记录含芳园的重新修缮工程。

从国图藏样式雷图档 1 号《含芳园地盘画样全图》可以清楚地了解含芳园的景观布局。含芳园在畅春园以北，与畅春园仅一墙之隔。赐园除东面紧邻石路之外，其余三面均被水道环绕。园内土山和水面几乎环绕园墙一周，整个园林建筑被山水分隔，分布在四个相对独立的区域内。由南向北，第一个建筑集中分布区是含芳园宫门内外，这一区域以宫门为中心，两侧各有值守、正房、灰棚，东侧另有马棚若干。进入宫门，正对南湖。园内第二个建筑集中分布区处于南湖以北的中心岛上，即前所。主体是由中院和东西跨院组成的合院建筑。中院正房五间，正房东侧有耳房一间，西侧有顺山房两间，另有东西厢房各三间。东跨院正房三间，东房由灰棚和平台组成。西跨院同样有正房三间，另有西房三间。三跨院落由多处屏门和角门沟通，正房之北有垂花门一座，经过木板桥后，通向园中北岛。园内第三个建筑集中分布区在北岛之上，即后所。后所为前后两进合院，正门为垂花门。后所院落前正房五间，东西厢房各四间。后所后正房与前正房之间，以平台连接。后正房五间，两侧建有顺山房。后所的后院由游廊、平台连接。在后所前正房西侧，另有戏台合院一组。戏台在南，看戏房在北，均为三间。戏台东有穿堂，西有西房。园内第四组建筑在园子东墙中部，通过石板桥与前所、后所建筑区沟通。此组建筑为两进合院，正房五间，是园中饭房。此处是定郡王平日饮食和宴请的重要场所。这组建筑之北，还有四方亭一座。

从含芳园地盘画样可以看出，含芳园主体生活区分为前所、后所两个区域。由于园子由多处水面环绕，所以水景突出。进水水门设在宫门区以西的南墙。万泉河水引入，在园内环绕后，从园墙东北角流出。经样式房工匠实地勘测得知，重新修缮之前的含芳园"共大小房一百二十二间，灰梗房二十九间，平台十八间，戏台一座，

1号《含芳园地盘画样全图》

垂花门二座，游廊五十三间，四方亭一座，门楼一座，灰棚三十五间，食水井三眼"。1号《含芳园地盘画样全图》均以贴黄签的方式将勘测房屋名称及数量标注在画样上。

2号《含芳园地盘画样全图》则包含了更多重修含芳园的信息。样式房在勘测含芳园旧有建筑的基础上，将需要修缮的建筑及现存

2号《含芳园地盘画样全图》

建筑出现的问题，均以贴红签的方式标注在画样之上。从这些贴签上可以看出，咸丰五年（1855）左右，园内建筑损毁情况非常严重。无论是前后所，还是宫门和饭房，都出现了多处需要修缮的情况。建筑损毁情况及拟采取的修缮手段大致包括"歪闪，拟拨正""沉陷，拟拆盖""渗漏，拟揭瓦""大木糟朽，拟拆修""瓦片脱节，拟夹陇"等多种。建筑损毁情况复杂，重修工程规模巨大。这幅图样也有园内建筑统计，贴签记载"共大小房一百四十间，灰梗房二十九间，平台十八间，戏台一座，垂花门二座，游廊五十三间，四方亭一座，门楼一座，灰棚三十六间，食水井三眼"。这一记录与1号图样略有差异，可能因房屋塌陷、损毁情况严重而导致。

除了两幅含芳园地盘画样之外，还有两份记录含芳园房间数目的略节，两份文档在统计大小房数量上也有差异。显然，含芳园在改建成蔚秀园之前，经过多次勘察，且勘察人员可能不同，统计结果也并不完全一致。

1号《查得含芳园房间略节》记载：

查得含芳园，官门内外共大小房二十一间，灰棚三间。

马圈共大小房二十一间，大门一间，砖门楼一座，灰棚四间，食水井一眼。

东所饭房共大小房二十三间，四方亭一座，灰棚九间，食水井一眼。

前所共大小房二十四间，平台五间，垂花门一座，灰棚六间。

后所共大小房七十九间，平台十三间，垂花门一座，

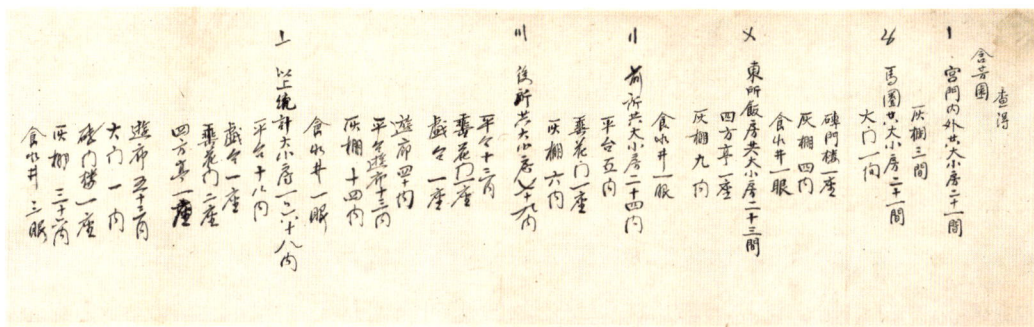

1号《查得含芳园房间略节》

戏台一座，游廊四十间，平台游廊十三间，灰棚十四间，食水井一眼。

以上统计大小房一百六十八间，平台十八间，戏台一座，垂花门二座，四方亭一座，游廊五十三间，大门一间，砖门楼一座，灰棚三十六间，食水井三眼。

2号《查得含芳园房间略节》记载：

查得含芳园内共大小房一百三十九间，灰顶房二十九间，平台十八间，戏台一座，垂花门二座，游廊五十三间，方亭一座，马圈大门一间，门楼一座，等处灰棚三十六间。

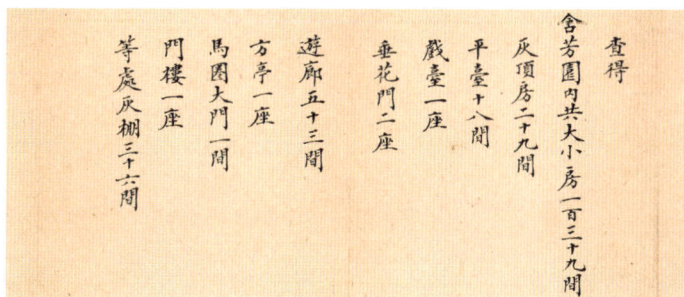

2号《查得含芳园房间略节》

样式房在调查含芳园园内建筑情况之后，还对建筑内部的室内陈设装修进行了考察。国图藏样式雷图档中有一册《含芳园内各座内里装修清册》。说明在重修建筑的同时，房屋内部装修改造也是修缮工程的重要组成部分。以含芳园前所建筑区为例，《含芳园前所地盘画样》详细绘制了前所三跨院落的室内装修平面图。其中，旧有建筑和室内格局用黑色线条绘制，需要改建增加的部分用红色线条绘制。原有室内陈设如落地罩、嵌扇、碧纱橱等，贴黄签标注；新添建室内陈设如飞罩床、屏门等，贴红签标注。重修与原有结构之间的关系一目了然。另外，《含芳园前所平样准底》将前所室内重修的详细做法都写在图纸之上，室内陈设的设计修改过程及做法都在图纸上有所反映。

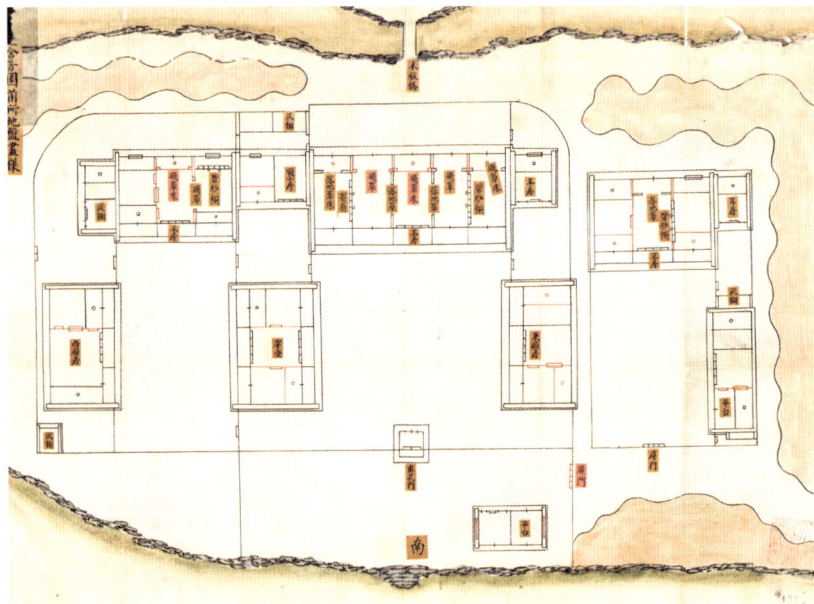

《含芳园前所地盘画样》

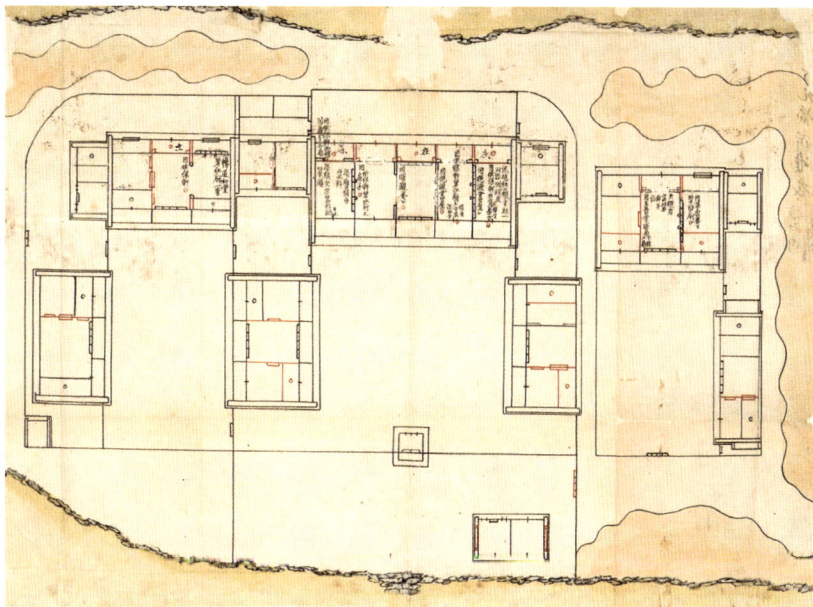

《含芳园前所平样准底》

从含芳园到蔚秀园的重修工程历时数年。从现存样式雷图档资料来看，蔚秀园基本保留了含芳园原有的建筑格局，但在室内陈设方面变化较大。再从建筑规制上看，定郡王的含芳园，无论是前所、后所，都是正殿五间，这符合清代郡王府的建筑规制。从含芳园到蔚秀园的重修工程，并没有扩大建筑规制，因此，赐予醇郡王奕譞的蔚秀园仍是一座郡王规制的园林。

咸丰八年（1858），醇郡王奕譞获得赐园。但是仅仅两年后，该园就遭到英法联军和海淀农民的洗劫。光绪年间，该园得以重修。光绪十六年十一月（1891年1月），奕譞去世。其子载沣等尚幼，仍居于园中。光绪二十六年（1900）正月，载沣"为呈缴端罩并蔚秀园事"上奏。蔚秀园收归内务府。民国五年（1916）正月，清逊帝溥仪下旨，蔚秀园成为醇亲王载沣私产。后来此园被张学良占据。1931年，燕京大学购入蔚秀。如今的北京大学校园内，蔚秀园中尚保留有三个小湖，湖中岛上存有醇亲王奕譞所建平房院落，湖西岸土丘上有方亭（南亭）一座，其北侧有歇山顶亭（北亭）一座，另有"紫琳浸月"碑和"云根"石存于园中。

第八节
承泽园

有关承泽园的始建时间及首位园主,目前未见确切的史料。多数研究认为,承泽园为果亲王允礼的赐园,始建于雍正三年(1725),因为允礼作有《承泽园诗序》一文。但是张宝章推翻了这一说法。他认为承泽园大约建于康熙四十六年(1707),与圆明园等同时建成,可能是康熙第八子允禩或第十子允䄉的花园[1]。《清圣祖仁皇帝实录》记载:"辛巳,上驻跸汤泉,因允禩卧病在畅春园路旁园内,降旨将允禩移回家中之处。"此文中的"畅春园路旁园内",可能指的就是承泽园。

雍正九年(1731),康熙二十一子允禧入住赐园,也就是后来的"承泽园",因为此园位于红桥旁,所以又称"红桥别墅"[2]。乾隆二十三

---

① 张宝章:《京西名园记盛》,开明出版社,2009年,第259页。
② 何瑜:《清代皇家赐园与北大校园》,《故宫博物院院刊》2021年第2期,第44—59页。

年（1758）允禧去世后，皇帝命弘晓从交辉园迁出，入住允禧生前居住的红桥别墅。弘晓是怡贤亲王允祥第七子。允祥去世时，弘晓八岁，袭怡亲王爵。红桥别墅的两任主人允禧与弘晓，皆擅长诗词书画。允禧著有《花间堂诗钞》和《紫琼岩诗钞》，弘晓著有《明善堂诗集》。两人也都著有关于红桥别墅的诗作。允禧作《西园十二首》《晓起登画筒楼望西山晴雪》等，弘晓作《暮春移居赐园喜而有作》《追和紫琼廿一叔红桥别墅六景诗　即呈经畲主人》六首等。从允禧与弘晓的诗作中可知，彼时园内有桐露堂、扫石堂、花间堂、画筒楼、红药院、清吟亭、平安亭、杏花庵、云渡桥、鱼乐亭、芙蓉洲、来禽坞、烟月畔等建筑和景致。乾隆四十三年（1778），弘晓病故，赐园也被收回内务府。

　　嘉庆年间，此园被赐给协办大学士英和。英和是乾隆年间进士，历任吏部、户部、礼部和理藩院侍郎，工部、户部尚书，协办大学士，军机大臣等职。英和著有诗作《依绿园十四咏》，因此推断，此园在英和居住时名为"依绿园"。关于英和何时入住依绿园，并无明确历史记载，只能根据其诗作及笔记推断。英和《八月十二日同乐园宴罢，致爽楼对月抒怀》一诗作于道光三年（1823）八月十二日。此诗应是英和在圆明园同乐园参加完道光皇帝生日庆典之后，回到依绿园致爽楼时所作。由此可知，英和在道光三年（1823）已经入住了依绿园。另有英和著《恩福堂年谱》记载："（嘉庆）十六年辛未……四月，殿试，奎照名在三甲五十六名。朝考阅卷日，桂文敏公至园居，和接见，云：今日散直较晚，何尚枉顾，答曰：'非过谈也，奉旨来为告知公子名已入选。'"这里的"园居"应该是指当时翰林们所住的澄怀园。因此，英和入住依绿园的时间应是在嘉庆十六年（1811）至道光三

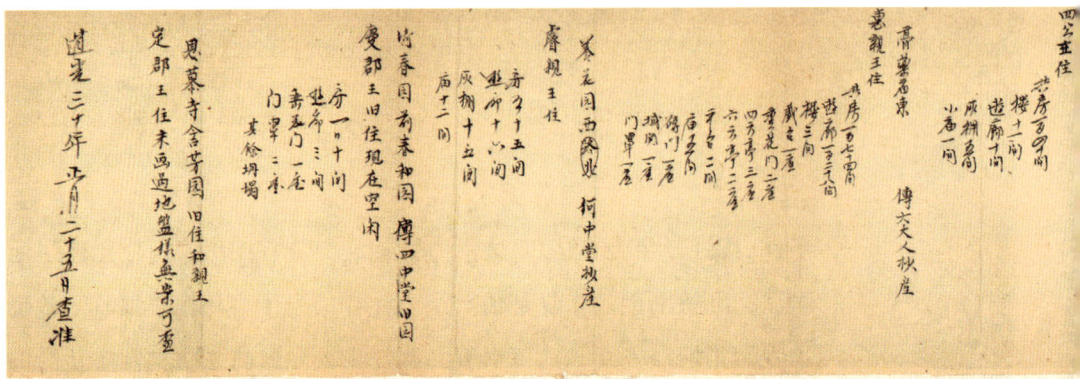

《挂甲屯前承泽园英中堂抄产等房间数目略节》

年（1823）之间。

　　道光八年（1828），清东陵宝华峪万年吉地陵寝地宫出现渗水，导致孝穆皇后的梓宫被水浸湿。道光皇帝将参与建陵的有关官员予以严惩。英和及其长子、次子都被革职流放，赐园收回。道光十一年（1831），英和被皇帝赦免还京。道光十七年（1837），英和长子奎照升迁，皇帝降旨赏还了挂甲屯的园居，英和将其改名为"承晖园"。英和《恩福堂年谱》记载："十七年丁酉七月奎照奉旨在军机大臣上学习行走，赏还挂甲屯旧园，改名承晖，因移居焉。"不过，道光十九年（1839），承晖园又被皇家收回，"缴还园居，予移居于家"。

　　道光二十五年（1845）二月，该园奉旨"安挂承泽园黑漆金字匾一面"[①]。"承泽园"这一名称首次在史料中出现。同年四月，道光皇帝第六女寿恩固伦公主下嫁一等公明瑞的曾孙景寿。承泽园成为公主的赐园，俗称"六公主园"。在《圆明园来水河道全图》中，承泽园就被标为"六公主园"。国图藏样式雷图档《挂甲屯前承泽园英中堂抄产等房间数目略节》中记载："挂甲屯前承泽园英中堂抄产，六公主住。"由此也证实，在六公主居住前，承泽园是英中堂英和的

---

　　① 何瑜：《清代皇家赐园与北大校园》，《故宫博物院院刊》2021年第2期，第44—59页。

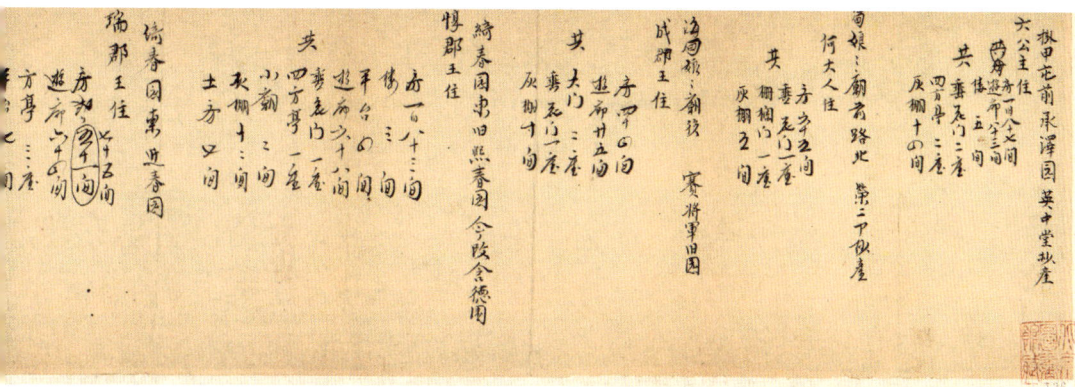

居所。

　　国图藏样式雷图档中有两幅《挂甲屯南城关内春颐园地盘全样》。图中正院大门处标注"春颐园",所绘应为改建成寿恩固伦公主赐园之前的园林图样。多位学者据此认为,寿恩固伦公主园名为"春颐园",图中标注的各处建筑名称也为公主入住时的名称。但是我们将此图与其他各幅图样进行对比后基本可以推断,"春颐园"并不是公主园名,而应该是英和入住承晖园之前的园名。

　　1号《挂甲屯南城关内春颐园地盘全样》绘制精细,贴签标注各建筑名称。从图中可以看出,春颐园呈长方形,东西长、南北短,南部以山水为屏障,北部为房屋建筑。园南侧为万泉河,园子挖土堆山,形成屏障,与万泉河隔开,园内则引万泉河水形成一大一小两湖泊。河水从西侧水闸进入,流入园内大小两湖,再由东南出水闸流出,再汇入万泉河。房屋建筑依水从东向西铺展。东部为 处较小湖泊和三处院落。西部主体为湖泊,湖泊北有一座五间两卷抱厦房和一座五间楼阁。五间阁楼为上下两层,前出月台,两侧以叠落游廊与其二楼相接。东部的三处院落中,靠西侧为正院。正院的主体是一座五间两卷抱厦房,院内有东西厢房。西厢房临水西出抱厦,形成水榭。正院东侧还有两处小院。中间的两进院落为书房。东西院落楼阁都有游廊连接。正院东和书房前有一处小园,由土山和药

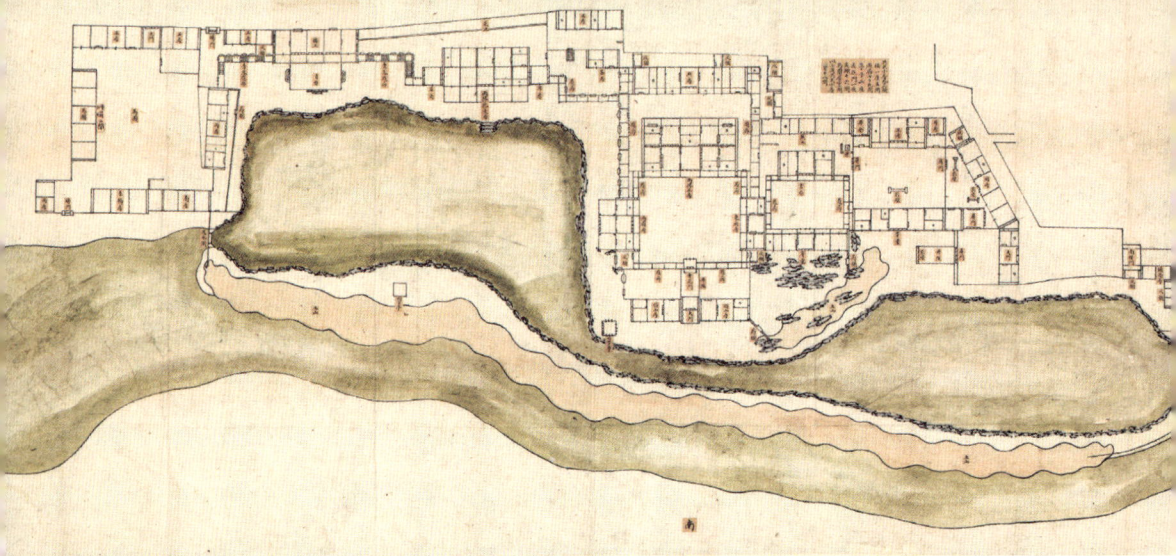

1号《挂甲屯南城关内春颐园地盘全样》

栏围起，园中堆以假山。园子大门开在东侧，与挂甲屯南城关相对。进入大门后，可通过屏门进入园中，园子北部和西部各有一小门。园子最西侧为马圈房。

2号《挂甲屯南城关内春颐园地盘全样》则详细绘制了园内各建筑的内外檐装修情况，并题注各建筑名称和各处尺寸。根据此图可知，正院内两卷殿为"平格成功"，东侧院落为书房，再东侧止房为"澹虚斋"，西部湖北抱厦房为"流烟叠树"，其西侧有叠落游廊通往二层小楼"留月楼"，出楼往西是五间西房"亭绿轩"，湖边两座四方亭分别为"挹宜"和"恰受"。图中绘出了各建筑的内外檐装修情况，甚至一一绘出了临水游廊的窗户样式，有方形、扇形、椭圆形等。根据图中用苏州码子标注的尺寸可知，园内河道宽处有八丈五尺、中间窄处仅有一丈五尺，南侧土山高一丈五尺、厚三丈六尺，万泉河宽三丈五尺。

2号图样中，需要拆除处以白色标记，需要添建处以红色标记。位于园子西北角的马圈原有五间西房，以白色涂掉两间，剩余三间。亭绿轩前的药栏也用白色标记，表示需要拆除。"流烟叠树"后的墙

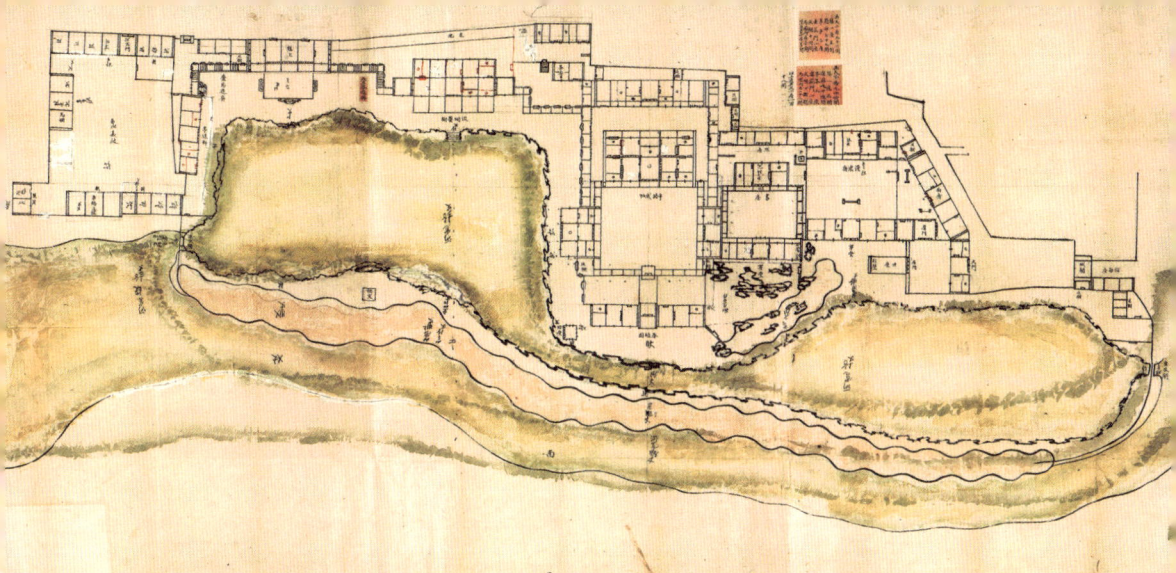

2号《挂甲屯南城关内春颐园地盘全样》

壁也有所改动。经过对比发现,删改后的图样与标注有"承晖园"的《原旧地盘样》相符。而依绿园从道光八年（1828）被收回给内务府,至道光十七年（1837）重新被赐予英和一系并更名为"承晖园",中间相隔了九年。这说明两幅样式雷图中涉及的"春颐园",有可能是道光八年（1828）至道光十七年（1837）之间的园名。

从道光年间的《(承晖园)原旧地盘画样》等图可以看出,英和所居依绿园的建筑及山水布局与春颐园时期并无太大变化,仅不起眼的局部略有变动。图中贴签标注了房屋数量,"共大小房九十六间,楼一座十间,游廊七十九间,亭子二座,垂花门一座,马圈共房二十二间"。

《(承晖园)原旧地盘画样》应该是绘制于承晖园被道光皇帝赐给第六女寿恩固伦公主后准备改建时。图中主要绘出了园内各处建筑,并贴签标注各建筑类别。与之前一些图样相比,此图的绘制范围更广一些,将园外河道南侧至畅春园北墙的区域也包括进来,并标注了河道的宽度、土山的厚度,以及河道至畅春园北墙的距离,隐含了向南扩园的意图。这部分区域大多为空地,有少量民居和"钟和乐他他房"。图中没有标注园内各房屋的名称。不过我们可以从英和所作《依绿园十四咏》中了解园内建筑名称,有卷阿承荫、信果堂、味道斋、槐荫轩、得佳亭、振秀精庐、守真堂、却雨廊、林水翳然、致爽楼、听泉榭、知乐矶等。英和《依绿园十四事》则记载了他在园中读书、习射、观画、登楼、陟山、泛舟、垂钓、移花、除草、芟竹、采莲、听雨、步月之事。诗作对园景也有描绘:南部土山"积土聊为垣,不须说九仞",湖泊"小池百步长,舟能容一叶",花园"一树竟百获,草花亦有之""锦绣铺阶墀",竹林"茁壮生孙枝,满林皆解箨",老槐树"势与青天参"。

　　道光年间寿恩固伦公主入住时,承泽园有了较大改动,体现在

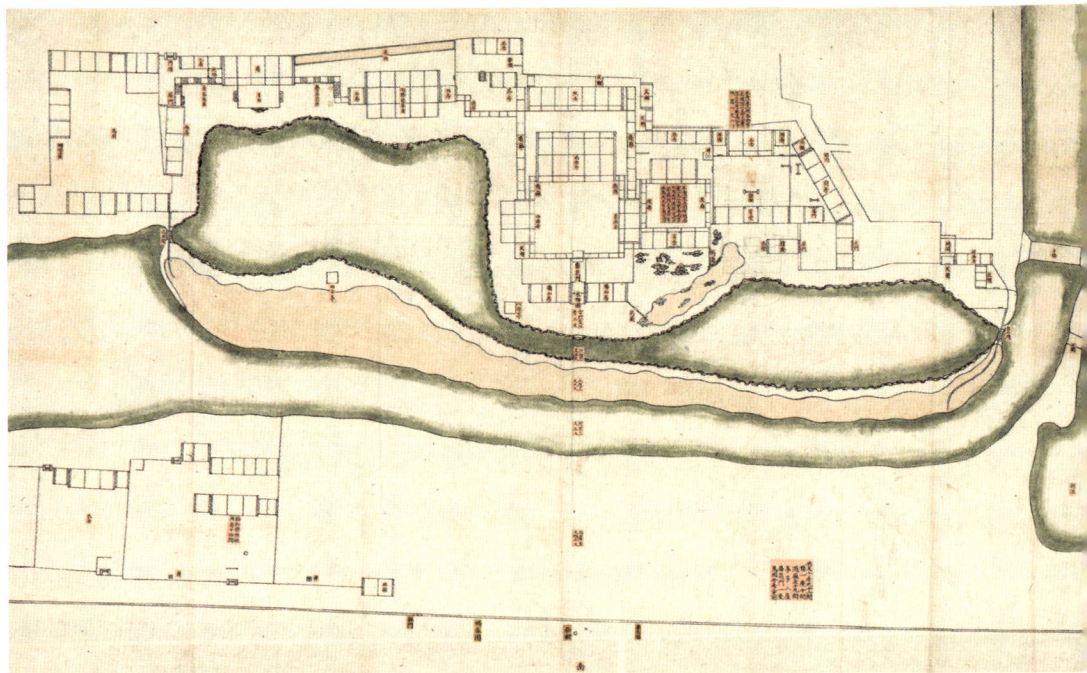

《(承晖园)原旧地盘画样》

园区布局以及室内装修等方面。样式雷图《新拟地盘画样》通过涂改、红线添绘、增加贴页等方式，表现了承泽园需要改建之处。主要的改动包括拓展园区、改建东小院以及增建宫门。原来的园区南边以万泉河为界，改建后将万泉河囊括于园内，并将园区向南扩展至近畅春园北墙。图上签注显示，园区向南延伸将近十三丈，约为原园区宽度的一半。园区大门原在东侧，改建后在南墙新建宫门三间以及若干房屋，作为办事、值班和守卫之用，又切山架桥，切剖土山建三间歇山二宫门，在万泉河上架二尺宽石平桥一座，在原园内河道上建五尺宽木板桥一座，到达正院大门。另将园区最东侧的一进院落扩建为标准的三进四合院，作为驸马的住所。原来中间的二进

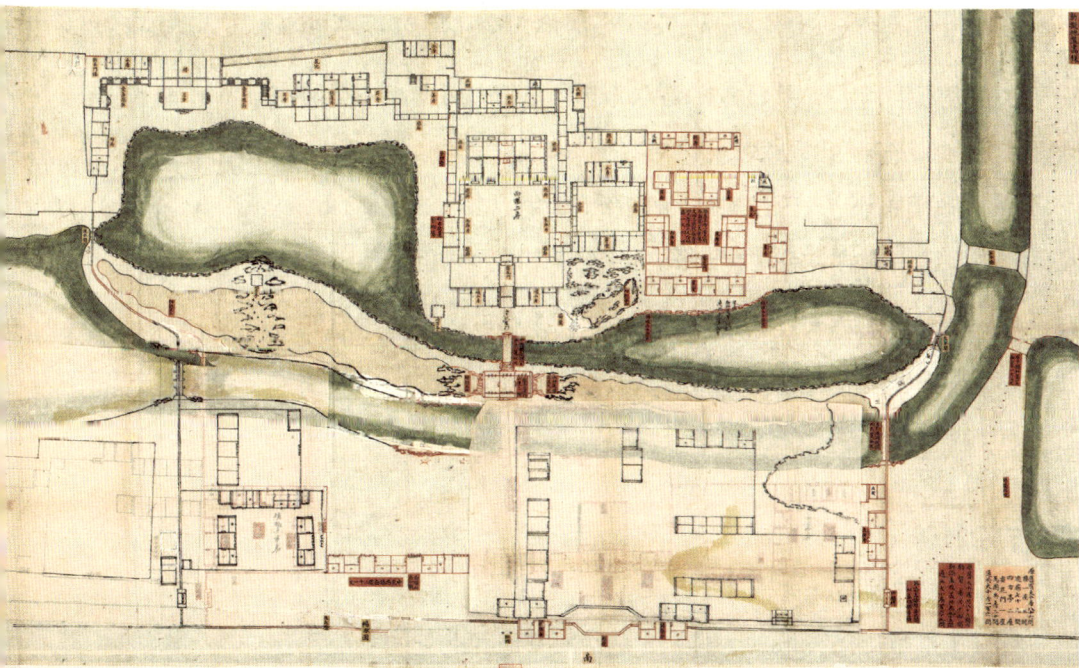

《新拟地盘画样》

院落进行了缩小简化，使得原来院落的大—中—小结构变成了现在的大—小—中结构。图中多处红签标注了改建内容，包括临水游廊"背砌墙"，主院临水西厢房"拆去抱厦，背砌墙"，"补堆山石泊岸"等。据统计，"原旧大小房共八十六间，内酌留房七十四间，新添盖改盖共房九十五间，通共大小房一百六十九间"。

在园区造景上，此次最大的改动在于将万泉河囊入园中，大大增强了水景效果。《新拟地盘画样》显示，在园外西南处，昆明湖二龙闸出水河道与万泉河汇于一处，从西墙进水闸引一流入园，为改建之前的园内水系。为了南扩，在万泉河上建一五孔涵洞，上建园墙，同样在东侧园墙处建"五孔涵洞，进深四丈，宽五尺"，万泉河从此处出园。园内因此形成两河夹一山的景致格局：北侧水系宽窄不一，形式多变，宽处形如湖泊，窄处仅一丈五尺宽，山石泊岸，景致秀雅；南侧水系为万泉河，河宽三丈五尺，气势非凡；中间土山夹于两水之间，成为洲渚，土山几处堆有山石，平添谐趣。

由于园区面积扩大，改建后的承泽园减少了原来的局促感，在空间布局上疏密相宜，在功能分区上合理有致。新建的宫门、二宫门以及正院大门形成了新的园区轴线，使得园区的空间结构由原来的东西走向变成了南北走向。园区中间两河夹一山穿园而过，将园子分为南北两部分，北侧为园主生活区，南侧为仆人居住区。南北两区通过两桥相连，使得北侧园主的生活空间更为私密，不易被打扰。北侧的空间又分为东西两部分，东部为居住区，西部为游赏区。居住区大量游廊的拆除及院落的改建，增加了各院落的独立性。

样式雷图《承泽园地盘房样》显示，原来园西北处的马圈已变为空地，现将马圈安置在宫门南侧，原畅春园址上。改建后的承泽

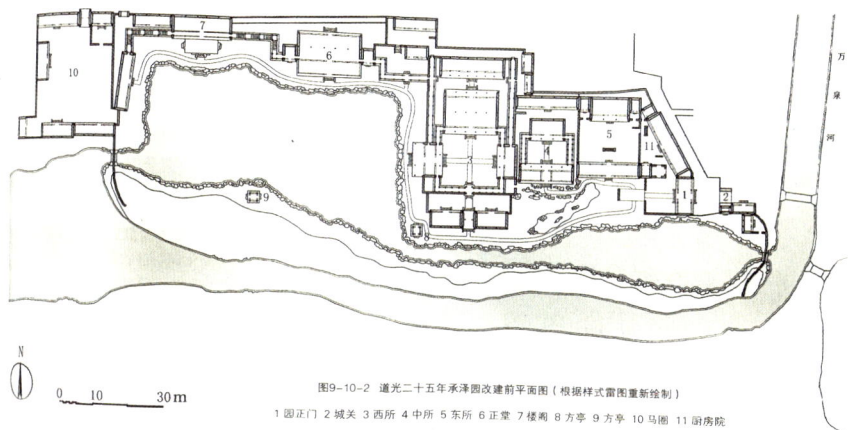

图9-10-2　道光二十五年承泽园改建前平面图（根据样式雷图重新绘制）

1 正门 2 城关 3 西所 4 中所 5 东所 6 正堂 7 楼阁 8 方亭 9 方亭 10 马圈 11 厨房院

道光二十五年（1845）承泽园改建前平面图[①]

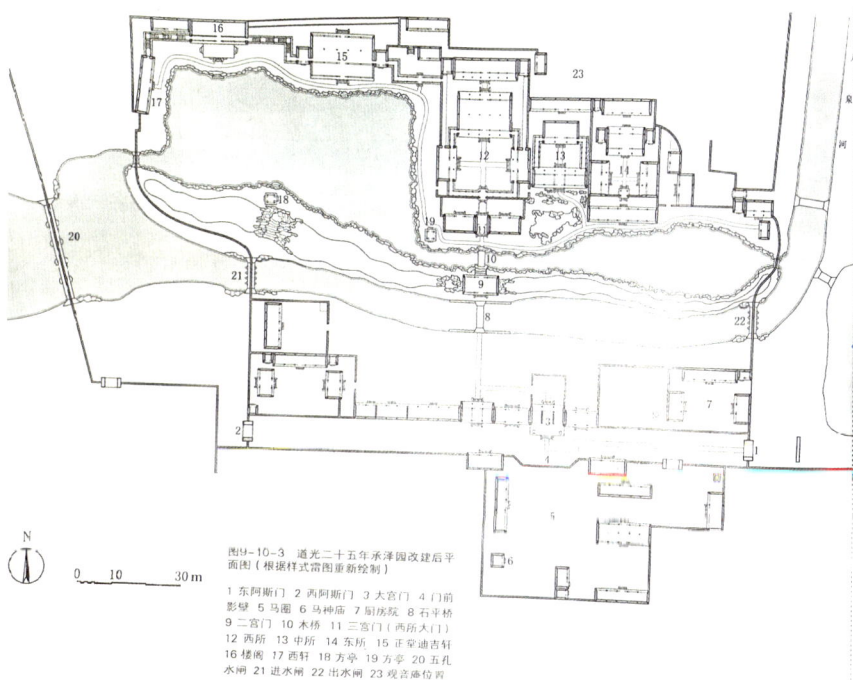

图9-10-3　道光二十五年承泽园改建后平面图（根据样式雷图重新绘制）

1 东阿斯门 2 西阿斯门 3 大宫门 4 门前影壁 5 马圈 6 马神庙 7 厨房院 8 石平桥 9 二宫门 10 木桥 11 三宫门（西所大门）12 西所 13 中所 14 东所 15 正堂迪吉轩 16 楼阁 17 西轩 18 方亭 19 方亭 20 五孔水闸 21 进水闸 22 出水闸 23 观音庵位置

道光二十五年（1845）承泽园改建后平面图[②]

① 贾珺：《北京私家园林志》，清华大学出版社，2009年。
② 同上。

园"共大小房间一百八十七间，游廊八十三间，楼一座五间，垂花门二座，四方亭二座，灰棚十四间"。图中文字标注了各种房间用途。大宫门左右两排房屋主要为回事房、长史办事房、护卫值宿房、器皿库、园户苏拉住房及茶房。西南角院落主要是钱粮库册档房、散差茶房、八品首领太监住房、值班办事房。万泉河桥南北左右房间为散差太监住房。正院两卷殿为公主住房，后罩房为女子嬷嬷住房。东侧两进院落为额附居住。图背面题注"二分全图底，道光廿五年四月准底"。寿恩固伦公主正是于道光二十五年（1845）四月下嫁景寿。从成图时间来看，承泽园在公主成婚之时确实已经修整完毕。

尽管不同于王府建筑有繁多的礼制规定，西郊赐园也有些许礼制要求。《大清会典则例》记载："诸王园居，惟彩霞园曾经皇祖驻跸，是以门前建盖东西相向朝房二座，自应仍存其旧。此外诸王公主园

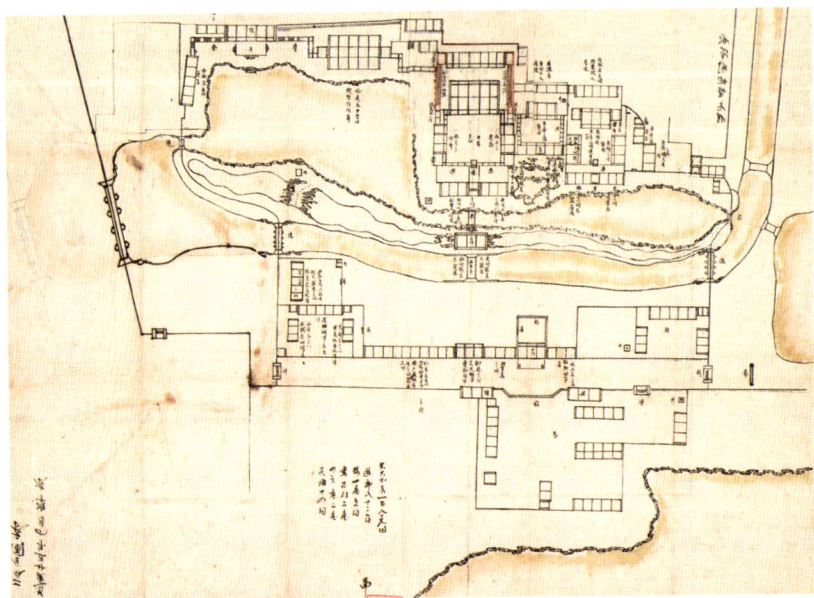

《承泽园地盘房样》

居俱不准建盖朝房,以示限制。"承泽园在英和居住时期,并没有宫门,只在东侧和北侧开设两个园门。道光二十五年（1845）改建为公主赐园时,特意增加了园南部的范围,增建了宫门、二宫门。从布局来看,承泽园也更趋于传统的王府建筑。

道光皇帝对于六公主所住承泽园的修建非常重视,不但亲自诏准规划设计图样,还于当年四月十八日、八月二十八日两次"莅寿恩固伦公主园"。咸丰九年（1859）,寿恩固伦公主病逝。承泽园并未因此收回内务府,仍由驸马景寿居住。

金勋《成府村志》记载:承泽园在光绪十四年（1888）赏庆郡王奕劻。何瑜《清代皇家赐园与北大校园》一文则认为此种说法有误。何瑜提到:光绪十五年（1889）景寿去世,次年三月,上谕醇亲王奕譞,"承泽园著赏给总理海军事务衙门作为公所"。光绪十八年（1892）,总管内务府大臣福锟面奉懿旨:"承泽园著赏给庆郡王奕劻居住。"

奕劻为乾隆皇帝第十七子永璘之孙。永璘为第一代庆亲王。到奕劻一代,奕劻在道光三十年（1850）袭辅国将军,之后一路高升,深得慈禧太后赏识。光绪十年（1884）,奕劻晋庆郡王。光绪二十年（1894）,慈禧太后六十寿诞,封奕劻为庆亲王。光绪三十四年（1908）,"庆亲王奕劻以亲王世袭罔替",成为清朝第十二位"铁帽子王"。

光绪十年（1884）,慈禧太后退居休养,以光绪帝名义下令重建清漪园,改名为颐和园,并长住于园中。为了方便奕劻上朝,她将承泽园赐予奕劻。承泽园被重新加以修葺后,成为庆郡王园。此园距颐和园不远,奕劻又是慈禧太后的重臣,掌握朝政实权,显赫一时。所以,王公大臣在赴颐和园见驾、办公后,经常在承泽园中聚会。慈禧太后和光绪皇帝也都曾临幸此园。《清实录》记载："光绪二十三年，丁酉，夏四月……奉皇太后幸承泽园。"光绪二十四年（1898）四月，德国使者亨利来华访问，庆亲王奕劻还曾在承泽园设宴招待，"上还至玉澜堂，庆邸、张公率亨利等上船游龙王寺，余等先退至听起处，少坐即退出宫门回寓，即赴承泽园候之。未正亨利到，庆邸设宴于园款待之……坐少顷上还，庆邸率一行人乘轮船小船赴龙王庙游观。出，乃赴庆邸宴"①。晚清重臣荣庆、那桐、翁同龢的日记中都曾多次记载在庆亲王园中聚餐集会。《荣庆日记》记载："光绪二十九年五月十一日……赴园，本旗值日，谒庆邸于承泽园，午初归"，"光绪三十二年八月二十日……酉初与菊、宝、慰、午四人赴承泽园，庆邸召饭"。《那桐日记》记载："光绪三十二年八月二十六日，早赴宴，带领日本博恭王觐见两宫于仁寿殿。午刻赴庆亲王承泽园之宴。"《徐世昌日记》记载："二十三日，晨起，上宫门。归，办公。午后偕宝臣谒庆邸于承泽园，又同谒子玖前辈商酌公事。"承泽园在这一时期除了作为大臣园居外，更是重要的外交场所。这也是承泽园相较于其他王府园林的特别之处。

关于庆亲王园的景色，白文贵在《闲话西郊》中写道："挂甲屯之承泽园，乃庆邸花园，特以水胜，池沼深广，可以泛舟，陂陀参差，花木繁茂，菡萏盛开，香闻园外。"由于寿恩固伦公主入住时将万泉河扩入园中，增加了水景，因此承泽园"特以水胜，池沼深广"。国图藏《承泽园地盘全样》极有可能是园子被赐给庆亲王奕劻后的修缮图样。从此图可见，庆亲王时期的承泽园与寿恩固伦公主时期的

---

① 翁同龢：《翁同龢日记》，上海远东出版社，2016年，第3173页。

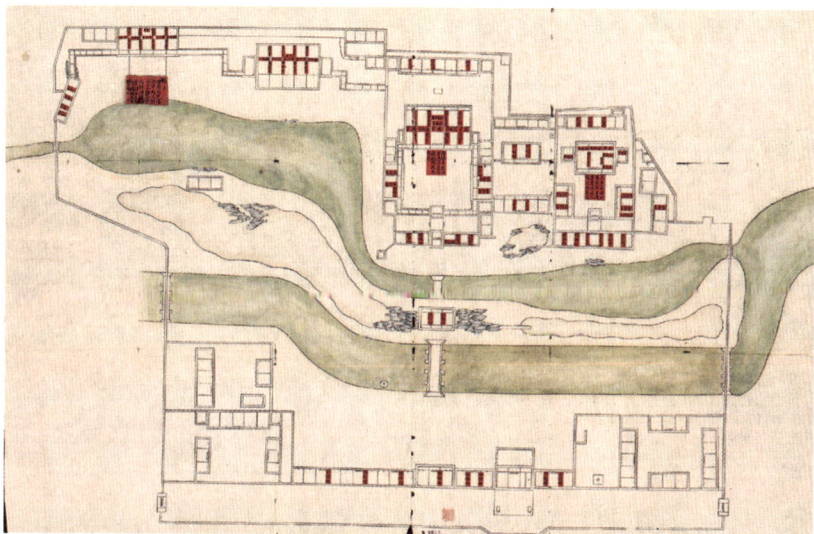

《承泽园地盘全样》

园子相比并无大规模改动，只有局部修整，包括正院增建数间房屋，正院穿堂门西顺山房与西南侧的四方亭之间增加一甬道，西侧湖泊南侧的四方亭变为三间房屋，东南角厨茶房有所拆建，万泉河石板桥南北两岸的太监住房被拆除，等等。图中红签题注"两卷正房所有内檐装修俱改做改安成造"。因此这其实是一幅内檐装修图。图中用红签标注了各处房屋内檐装修样式，例如"添安板墙""添木床""改安壁子门""等。装修范围涉及所有主体建筑，包括宫门左右房屋、正院房屋、东侧两处院落、湖北侧抱厦房和二层楼阁以及西北角的原五间更房等。

　　海外藏五园三山图中，承泽园位于挂甲屯南。挂甲屯一南一北两座城关，南城关对着承泽园原东门。挂甲屯北，路对面为圆明园前的扇面河。承泽园路南为畅春园。与畅春园相比，承泽园占地面

海外藏五园三山图中的承泽园区域

积较小，绘制也不如畅春园详细。不过，从图中仍可以看出万泉河水穿园而过，园内陂陀参差，西北角的二层楼阁耸立。承泽园东侧为蔚秀园，西侧是慈佑寺、圆明园八旗教场和阅武楼。民国年间的《西山图》中，承泽园南侧的畅春园已在咸丰年间被英法联军烧毁，后成为禁卫军司令部，承泽园虽有所损毁，但主体建筑还保存比较完整。

庆亲王奕劻于 1918 年去世，其子载振袭庆亲王。几年后，载振将承泽园卖与同仁堂乐家[1]。民国年间，同仁堂乐家将承泽园卖与张伯驹。张伯驹是张镇芳之子，袁世凯的表侄，与溥侗、袁寒云、张

---

[1] 张宝章：《京西名园记盛》，开明出版社，2009 年，第 273 页。

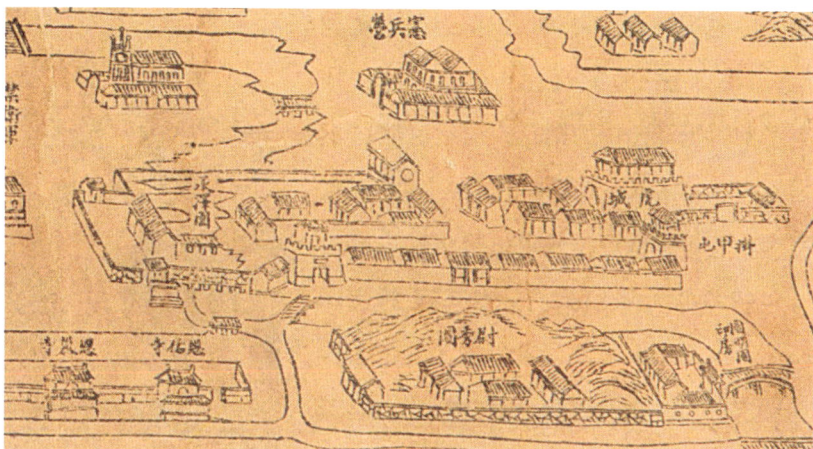

《西山图》中的承泽园区域

学良并称为"民国四公子"①。张伯驹曾入银行界，后在燕京大学任教，任北京中国书法研究社副会长、文化部文物鉴定委员会委员等职，在戏曲、诗词方面造诣非凡。为了防止国宝外流，他一直竭尽全力收购和保存中国古代珍贵书画作品。1946 年，张伯驹为了凑钱购买隋代展子虔的《游春图》，变卖了城里弓弦胡同的房产，因此从城里搬到城外的承泽园居住。张伯驹的表哥，袁世凯之子袁克定投奔张伯驹，与之一起居住在承泽园。

张伯驹非常喜爱《游春图》，自号"春游主人"，并将所居承泽园改名为"展春园"。张伯驹也是一位词学大师。入住承泽园后，他组织庚寅词社，又名展春词社，与词社成员一起填词作曲。承泽园之景自然成为他吟咏的对象之一。他在词中写过园中西北角二层小

---

　　①"民国四公子"有多个版本，此为一说。

楼，写过远眺西山之景，也写过园中溪湖
等。《小秦王·甲寅春预作春花杂咏》描
写了旧时承泽园中的梨花。词后有注："旧
居承泽园多梨花，枝枝带雨，半似啼痕。
宴客赏花，客散后，月夜每与相对。"

1953 年，张伯驹将居住多年的承泽
园出让给北京大学③。承泽园成为北京大学
的一部分后，被改建为教职工宿舍。1992
年，北京市海淀区政府将承泽园列为文物
保护单位。张恩荫在《自得园与承泽园史
实考补》中写道："原古建筑尚存西北小楼、
两卷抱厦殿，东西寝院等房屋 14 座 73 间、
游廊 24 间及垂花门、四方亭、门楼各一
座。"可见承泽园主体建筑仍然保存比较
完好。从 1994 年的北京大学校园平面图
中可以看到：承泽园位于北大西北角，园
内一大一小两湖，河道上架一小桥，桥南
侧是二宫门，二宫门南侧是原建于万泉河
上的石桥，东部原公主院和东侧原驸马院

承泽园西北二层小楼①

承泽园中万泉河上石桥及二宫门②

---

① 1933—1946 年间德国摄影师 Morrison Hedda 拍摄，哈佛大学燕京图书馆
图片资料。

② 同上。

③ 中国文物协会主编：《新中国捐献文物精品全集，张伯驹／潘素卷
（下）》，文津出版社，2015 年。

的主体建筑尚存，西部的抱厦房、二层楼以及临水五间西房也有所保存。

　　1998年，承泽园西所进行了修缮。《承泽园西所修缮记》记载："一九九八年北京大学校庆之际，马来西亚华裔人士廖宗明先生捐资，北京大学科学与社会研究中心建设，北京大学工程技术管理办公室设计，承德山庄古建装饰公司施工，承泽园西所按原貌修缮。"修缮完工后，侯仁之先生题写"承泽园"石碑，立于西所院内。修缮后的西所作为北京大学科学与社会研究中心办公场所使用。承泽园东北部也正在进行修复改造，以作为国家发展研究院教学科研用房。

承泽园西北二层小楼及叠落游廊现状（朱强于2019年摄）

第九节
澄怀园

《养吉斋丛录》记载："澄怀园在圆明园东南，康熙朝大学士索额图赐园。銮辂尝临幸焉，有圣祖御书制节谨度额。雍正三年，赐大学士张廷玉……九人居之。"康熙二十六年（1687）畅春园建成后，皇帝时常驻跸园中。为方便王公大臣上朝，朝廷在畅春园左右近处，或修复明代遗园，或另寻新址建园，形成了西郊第一批园林建筑，包括佟氏园、自怡园、索戚畹园、蓁辉园、熙春园等。此时赐园的规模均小于畅春园且相互保持距离，拱卫御园。王闿运《圆明园词》注中记载，"初园居盛时，内廷诸臣、文武侍从俱有赐居，环挂甲屯，列第向望，如乡村焉"。

索戚畹园是大学士索额图的赐园。索额图，康熙年间辅政大臣索尼之子，初任侍卫，因智擒权臣鳌拜有功，很快由侍卫升为国史院大学士，不久授保和殿大学士兼户部尚书。索额图还是康熙皇帝的孝诚仁皇后的叔父、皇太子胤礽的叔爷爷，深得皇帝信任。畅春园建成后，康熙皇帝遂将"地处畅春园北，仅有尺咫之远"的一个园子，赐给时任领侍卫内大臣的索额图居住，称"索戚畹园"。现在来看，澄怀园位于圆明园大宫门东门，福园门南，其东侧是绮春园西墙，西侧是扇面河，南侧一路之隔的是蔚秀园。

索戚畹园，又名"鸥鹭庄"。《正月四日赴澄怀园直庐有作》中题注："园故索氏赐第，旧名鸥鹭庄。"《尹相国望山用杜老游何将军山林诗，咏赐园十首》中注释道："仆寓官园，旧名鸥鹭庄，与先生园才隔红桥一水。"① 这里的"仆寓官园"指澄怀园，"先生园"指尹相国尹继善的赐园。尹继善赐园与澄怀园仅隔一座红桥和一条河。早在康熙十八年（1679），康熙皇帝指索额图"怙权贪纵"，命他自省，并御书"制节谨度"匾额给索额图。索额图入住赐园后，将"制节谨度"匾额挂于园内，时时观瞻自警，以示不忘教诲。康熙四十二年（1703），索额图因参与皇太子之争而被拘捕，同年被赐死。索额图死后，其赐园也被收回。

雍正皇帝登基后，继续贯彻康熙皇帝园居理政的理念，并开始大规模扩建圆明园。雍正三年（1725），皇帝正式驻跸圆明园，并照常处理政务。为了方便王公大臣上朝理政，皇帝在圆明园附近设置了多处直庐，还将附近宅第赐给重臣。正是在这一年，皇帝将圆明园大宫门东南的索戚畹园赐给在南书房和上书房当值的张廷玉等九位翰林官员居住。《养吉斋丛录》记载："雍正三年，赐大学士张廷玉、朱轼，尚书蔡珽，翰林吴世玉、蔡士远、励宗万、于振、戴瀚、杨炳九人居之，盖皆直书房者。此两书房词臣得居之始，俗称翰林花园。"

---

① 陈兆仑：《紫竹山房诗集》卷十一，清嘉庆间刻本。

雍正六年（1728），张廷玉为之取名为"澄怀园"。他在《以澄怀名所居之园恭纪二首序》中，记述了取名过程，"廷玉蒙恩赐居戚畹旧园，于今三年矣。园初未署名，因追忆康熙癸巳[1]秋扈从塞外，蒙先帝御书'澄怀'二大字以赐，玉虽不敏，愿奉洗心浴德之训终其身。兹所居之地，碧水潆洄，不染尘滓，于澄怀之义有会心焉。敬以二字名园，佩圣诲，志景光，两朝圣主知遇之恩，微臣戴高履厚之恫，与此水俱长也"。在澄怀园居住的翰林们也会给自己所居寓所命名，"澄怀园无恙时，二三儒臣，倦直多暇，各就园中寓庐，移花种竹，叠石疏泉，随意自命所居，题之户册，以志雪泥鸿爪，亦佳话也"[2]。根据在此居住翰林的诗书可知，园内住所 10 余处，其名有近光楼、砚斋、丽景轩、古藤书屋、食笋斋、藤阴书屋、凿翠山房、钜室等，园中景致有乐泉、药堤、竹径、叶亭、东峰、洗砚池、翠云峰、荷影桥、见山台等。

国图收藏有几幅题名同为《翰林花园地盘糙底》的样式雷图，以及题名同为《澄怀园房间数目略节》的样式雷文档。从 1 号《翰林花园地盘糙底》中可见，澄怀园南北长、东西窄，东、西、北建有围墙，南侧堆以土山为垣，东西各有宫门三间，园内各处山环水绕，几处房屋缀于其中，水从园西南流入，在园内随意漫开，各处大小不一、宽窄各异。张廷玉写园内"奇石如林，清溪若带，兰桡桂楫宛转皆通，而曲榭长廊、凉台燠馆，位置结构，极天然之趣。苍藤嘉木皆种植于数十年前，轮囷扶疏，饶有古致，尤负郭诸名园所未

---

① 1713 年。
② 吴振棫：《养吉斋丛录》卷十八，北京古籍出版社，1983 年。

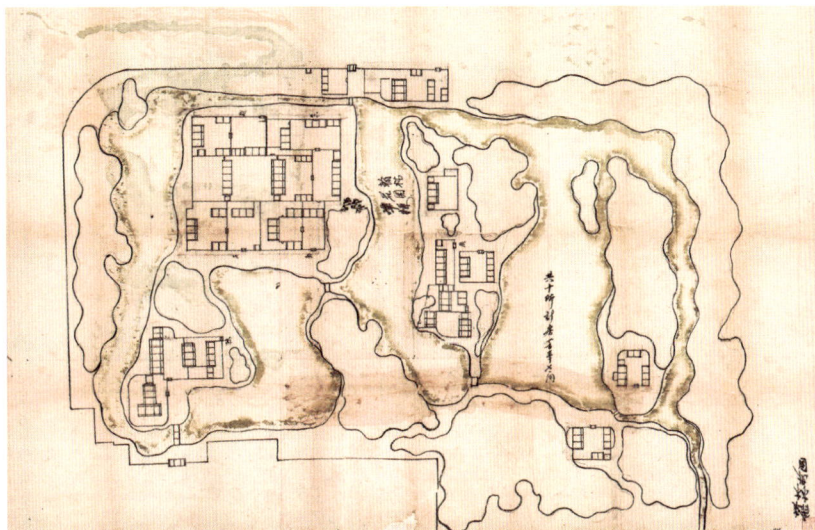

1号《翰林花园地盘糙底》

有也①"。图中各处岛上分布着多所住宅，各住宅处标注有居于此宅的翰林姓氏，题注"共十所，计房一百五十七间"。据此推断，此图为乾隆年间"给帑修葺"后，赐予上书房各位翰林居住时的情形。

从西宫门进入，往东过河，有一所院落。院落内一座丁字楼，三楹两层，名为"近光楼"。楼上悬康熙御题"青翠霄汉"匾额。楼南、西、北三面有河湖环绕，又被称为"湖上楼"。近光楼为园内名楼，多位翰林均有相关诗作。张廷玉诗曰："揽胜凭高望，层楼上半空。西山来爽气，北户纳清风。"楼东为一处住所，旁边题"陈"字，应该是指乾隆年间的陈德发。向东绕过土山为五处住所。两边四所题"万""彭""赵""朱"，应是指万承风、彭元瑞、赵翼等。中间一所为澄怀园正屋，张廷玉原就居于此处。"澄怀园中，居室五楹，轩豁

———————————
① 张廷玉：《张廷玉全集》，安徽大学出版社，2015年。

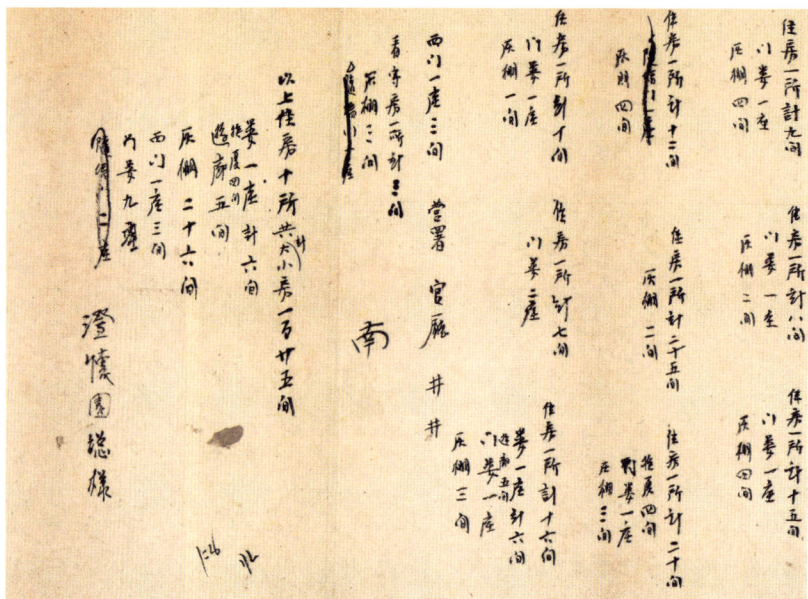

1号《澄怀园房间数目略节》

爽垲，北户临清池一曲。"与之一河之隔的南边山水环绕之地有四所院落。中间有一土山，土山西侧三所院落其中一所题"周"字，应是指周长发或周仁发。三所院落中最西侧即为著名的"食笋斋"。再南有两处较小院落。东宫门处建有值房数间。1号《澄怀园房间数目略节》统计："以上住房十所共计大小房一百廿五间，娄①一座计六间，抱厦四间，游廊五间，灰棚二十六间，西门一座三间，门娄九座。"

澄怀园是一座水景园，引圆明园宫门外扇面河水入园。与其他皇家园林造景方法类似，筑山理水，溪池交错，假山环绕。与别的王公大臣赐园不同之处在于，各建筑群不分主次，零散建在湖心岛上，四周以土山环绕，一方面营造蓬莱仙岛的意境，一方面也增加

---

① 应为"楼"，后同。

了各处居所的独立性与私密性。咸丰年间入值上书房的孙衣言记载："园之为庐凡七，而皆临于池之上。予之居，水独前后汇，故同居园中者与予皆隔水相望。"关于澄怀园的景致，虽无影像留存，却可以从诸多翰林大量诗作中窥见一斑。张廷玉在《赐园纪事诗》中写道："烟波随处好，绕屋是春溪。有石皆临水，无窗不见山。林峦皆入画，亭馆若相望。"此诗描绘出澄怀园内的山水建筑布局，山水环绕，亭阁相望。另有一首"拂地三眠柳，参天百尺梧。棣棠红组绣，芍药玉盘盂"，则描写出园内古木参天，百花吐艳。"前人种莲其中，至今岁开花始极盛，翠盖红衣，烂如云锦。适有友朋数人，以建兰见贻，遂得十数本罗列南廊，与菡萏相望。薄暮退直，摊书啜茗于众芳之间"，描写湖中莲花烂如云锦，廊中建兰与菡萏芳香宜人。"池中多芙蕖，多芰，慈姑，鲤鱼大者二三尺。其山多樗，多柳，多柏，多高榆，多赤棘。"①

从雍正至咸丰年间，澄怀园一直被作为两书房直庐使用，园内居住过几十位翰林官员。除了以张廷玉为首的九位翰林，以及1号《翰林花园地盘糙底》中标注的"陈、万、彭、赵、朱、周"几位大人，2号《澄怀园房间数目略节》中也记载了居于此园的齐大人、程大人、黄大人、许大人、汪大人等，记录其住处及房间数目等。根据史料推断，文档中所指应是齐召南、程恩泽、黄钺、许乃普和汪廷珍。2号和3号《翰林花园地盘糙底》草绘了这几位大人各处住所的图样，并用苏州码标注尺寸。从图中可以看出，汪廷珍住近光楼，齐召南和龚文焕住东门二所，黄钺和程恩泽住中部二所，许乃普住西南所；

---

① 李少林主编：《中华散文》，山东电子音像出版社，2008年。

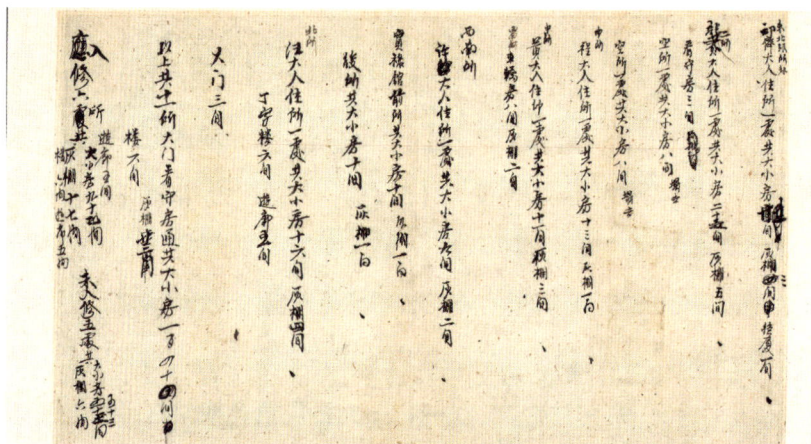

2号《澄怀园房间数目略节》

黄钺所居即为著名的食笋斋，后为祁寯藻、孙衣言等居住。

咸丰十年（1860），郭嵩焘日记中记载："澄怀园直庐凡十处。沈朗亭前辈倚园东门，为澄怀园正屋，极宏敞。向有澄怀园匾，今无存。朗翁构新屋数楹，颜曰：总翠轩。间壁为古藤书屋，张子卿寓。后有长廊，吴谷人名之曰诗廊。径东为碧鲜馆，殷补卿前辈寓。倚园西门为近光楼。园中旧胜惟近光楼独存，胜爽为园寓之冠，上有英煦斋相国记。东间壁为翠竹山房，钟伯平前辈寓。又东为六间房，匡鹤泉前辈寓此时，加筑两间，种竹一丛，今为张啸眉寓宅。恭亲王为题曰：小琅玕馆。园之中，东曰食笋斋，鲍花潭寓。西曰乐泉西舫，黄恕皆前辈寓。前有池，种荷万柄。南曰池南老屋，引水流阶下，后有平台，园中之一胜地也。西曰莲叶西斋，潘伯寅寓，修饰甚精洁。伯寅新筑屋三楹，邀予居之。予以火食不能便，就恕皆前辈觅屋两楹，极湫隘。"[1]然而，同年十月，英法联军攻占北京城，火烧西郊五园三山，

---

[1] 郭嵩焘：《郭嵩焘诗文集》，岳麓书社，1984年。

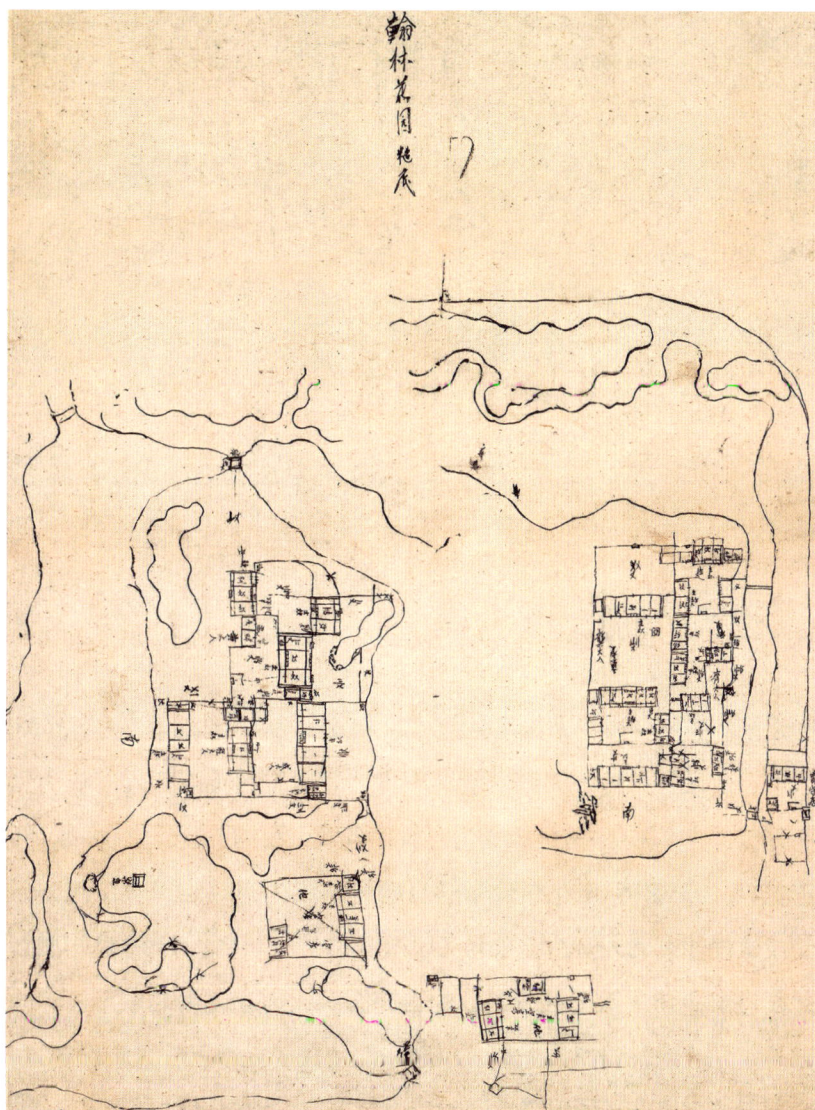

2号《翰林花园地盘糙底》

同样焚毁了澄怀园。总管内务府大臣明善在《查得圆明园内外被焚情况折》中写道，"澄怀园内近光楼六间、值房八间"等处，"均被焚烧"。光绪二十六年（1900），八国联军入侵北京后，再次洗劫圆明园及其

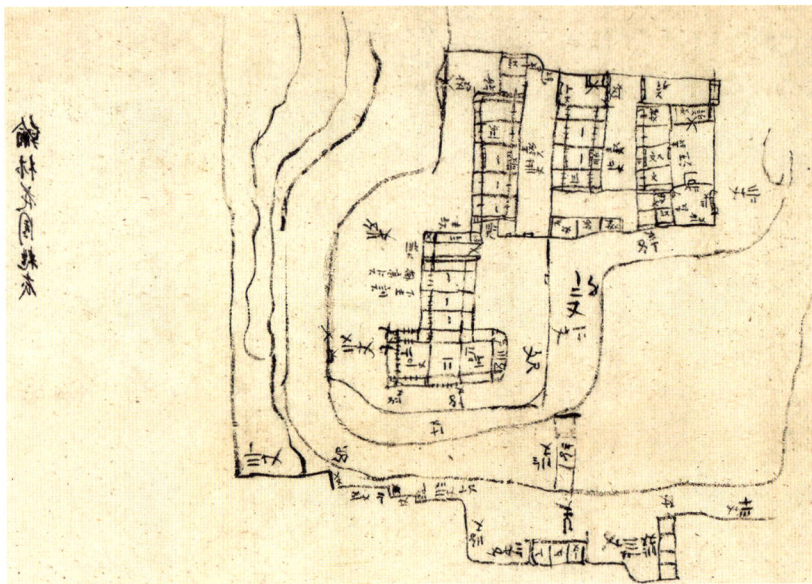

3号《翰林花园地盘糙底》

附近园林，澄怀园也未能幸免。

　　"丙辰年二月……进内钦奉渝肯，蒙恩赏绍英澄怀园着作为私产等因。"[1]1916年，澄怀园成为总管内务府大臣绍英赐园，被称为"绍英花园"。1935年，此园被张学良购得，成为东北难民救济院，后又成为埋葬东北人士的"东北义园"，园内广植桃树。新中国成立后，此园被北京市民政局接管，成为西苑公墓，后改名为北京市西静园公墓。如今澄怀园遗迹无存，仅园东北角还耸立着三株参天白杨树。金勋所绘《圆明园所属澄怀园》图中提到这三株白杨，"树高八九丈，青枝绿叶，又称为姐妹树""光绪二十六年庚子二次遭八国联军洗劫，拆匪亦聚泉拆园斩伐树木，附近有胡姓老人设法保护三棵树，夜挂红灯一盏，拆匪以为此树有神，不敢斩伐，故此至今尚存"。

---

① 绍英：《绍英日记》，国家图书馆出版社，2009年。

246

第十节
自得园

  自得园位于圆明园以西，颐和园以北。在雍正三年（1725）正式驻跸圆明园同年，雍正皇帝将圆明园以西的"山环水汇"之地赐予其十七弟允礼，并御赐园名"自得园"。

  允礼是康熙皇帝第十七子，生于康熙三十六年（1697），雍正元年（1723）被晋封为果郡王，雍正六年（1728）晋封亲王。允礼在《御赐自得园记》中写道："圣上驻跸圆明园，臣允礼扈从。蒙恩于园西南隅赐地一区，山环水汇，因地势之自然以为丘壑，正方定位，儿材鸠工，皆出内帑，而官监之。"允礼的自得园与圆明园仅一墙之隔，随时可以到达御园内参与政务。雍正皇帝十分倚仗这位十七弟，也对幼弟的生活倍加关心。为营建允礼赐园，内务府拨付专项资金，并由样式房掌案——第二代样式雷代表人物雷金玉负责设计建造。雷金玉此前因畅春园工程得到皇家认可，成为皇家工程建造的御用工匠。自得园工程交付给雷金玉，也足见雍正皇帝对允礼的重视程度。从雍正三年（1725）三月赐园，至同年八月雍正皇帝御笔题写"自得园"，大约经历了半年时间。从这两个时间推算，自得园营建工程应该历时六个月左右。除题写园名之外，雍正皇帝还题写了园内春和堂、静观楼、心旷神怡、逊志时敏四个主体建筑匾额。自得园的园名取意自宋代大儒程颢的诗句，"万物静观皆自得，四时佳兴与人同"。乾隆三年（1738）允礼去世后，自得园由雍正皇帝六子弘曕继承。

雍正皇帝御笔题写的"自得园"

　　乾隆后期，临近圆明园的自得园部分区域改为御园的御马圈。国图藏样式雷图档《圆明园来水河道全图》清晰地标注了御马圈的位置。这为我们推测雍正年间自得园的位置提供了重要参考。从图中圆明园、清漪园等建筑信息来看，这幅样式雷图的绘制年代大约在道光年间。御马圈位于圆明园大宫门正西方向，御马圈北墙大致相当于圆明园南墙的位置，南墙以南紧邻阅武楼，东墙与圆明园仅有一条河道之隔，西墙靠近清漪园文昌阁。御马圈的东北角紧邻圆明园西南角的西砖门，另外，御马圈的正东方，经过石桥、马厂车门，可直抵圆明园大宫门外。

　　国图藏《颐和园外自得园地盘样》展现了一部分自得园的山水建筑分布情况。根据图样上恒顺、天利、德和、元丰等木厂的信息标注，

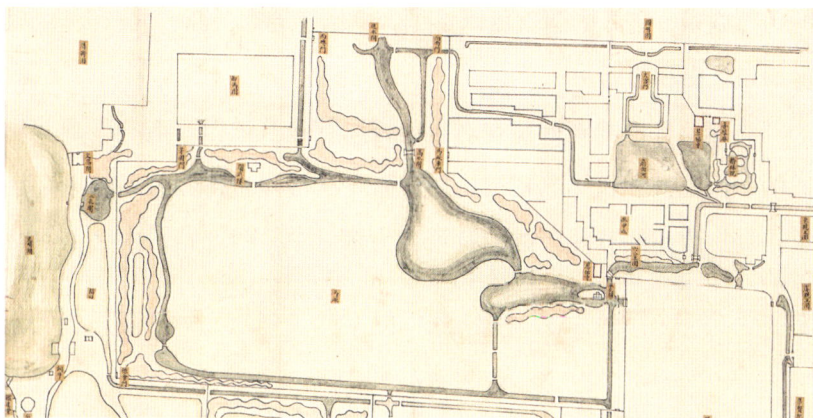

《圆明园来水河道全图》中的御马圈区域

大致推断这幅地盘图样的绘制年代是光绪年间。光绪十四年（1888），慈禧太后将第二次鸦片战争中被毁的清漪园重修改建，并改称颐和园。乾隆年间的自得园因位于颐和园的东北方向，也被改建为颐和园的附属设施。这里成为养花园和升平署的办公地点。虽然绘制于光绪年间，这幅养花园平面图仍被命名为"颐和园外自得园地盘样"，这说明自得园与养花园一脉相承，也说明"自得园"一名更为时人所熟悉。

　　光绪年间的养花园并没有改变自得园的山水格局。从《颐和园外自得园地盘样》来看，改建为养花园的自得园，应该是整体呈东西长、南北宽的长方形，占地面积约 200 亩。整个赐园由园墙环绕；园墙西墙和南墙之外，紧邻河道。自得园原有山水格局及相关尺寸，以红色贴签标注。园内建筑及土山以黄签标注。改建养花园、车库和园墙的说明以粉色贴签标注。自得园的赐园正门在南墙东南角，经过跨越河道的石桥，便可见三间园门。园内主体建筑区位于园林的中部偏东，进入园门就可以看见。主体建筑东、西、北三面环水，南面是土山和园墙。

光绪年间的养花园是在对自得园原有建筑进行改造的基础上建成的，但是目前只知养花园格局，而无法得知自得园时期的原有建筑布局。改建成养花园的建筑可分为东、中、西三路，中路正中贴

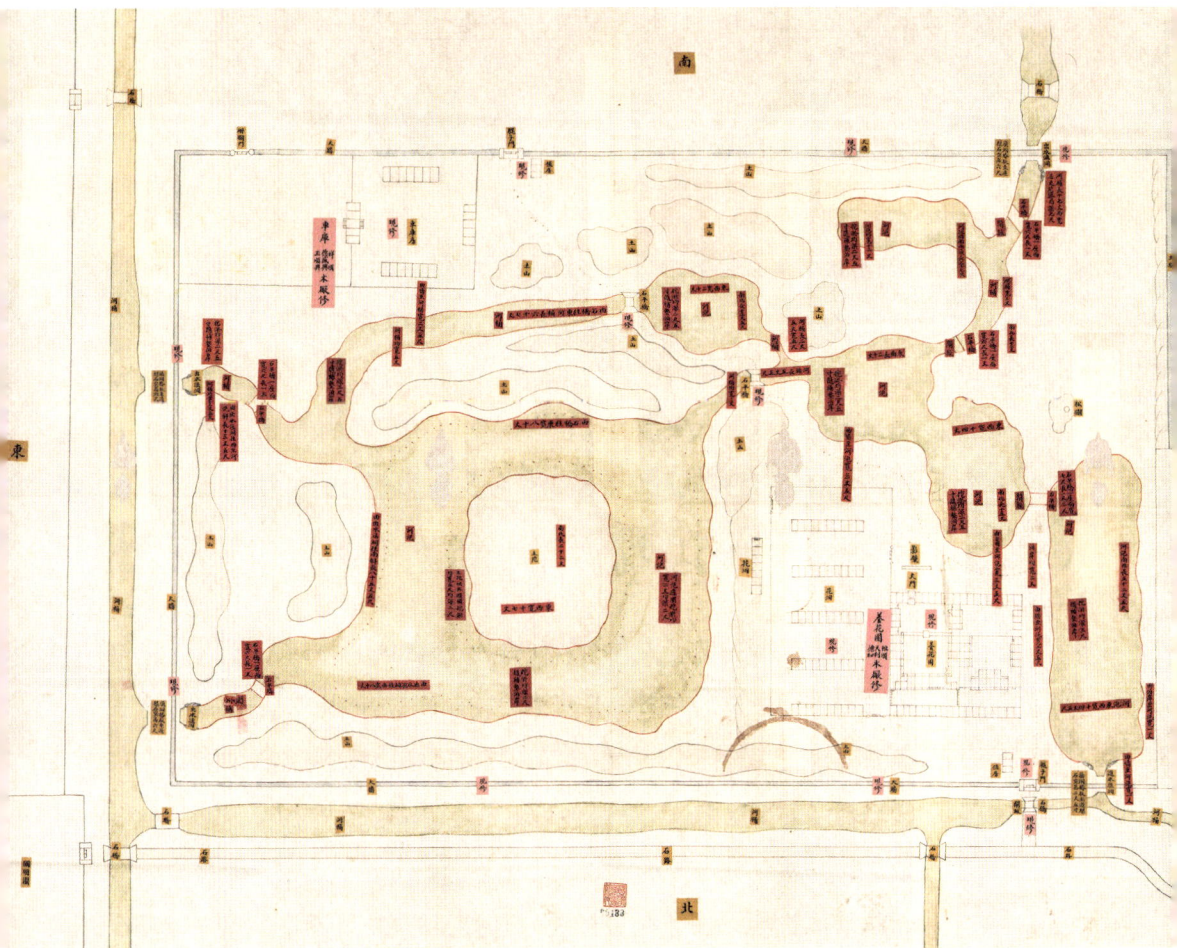

《颐和园外自得园地盘样》

签"养花园"。受到山水格局限制，西路建筑占地面积最大。东路和中路建筑应该是前后两进的合院，正房均为五间，合院由廊道相连。西路建筑为五排十间连房。园内另一组建筑位于园林的西北角，贴签标注"车库房"，为四合院式连房。从图上贴签的"现修"字样来看，这组建筑应该属光绪年间添建。除了养花园和车库建筑之外，园墙和园门前石桥也是添修而成。所以光绪年间的养花园与雍正、乾隆年间的自得园，在园林范围上应该还是有较大区别。《颐和园外自得园地盘样》标绘出从园门到养花园、车库，再北出腿子门的常用路线。出腿子门就是大有村。

允礼得到赐园后，曾作《御赐自得园记》，并留有多首描写赐园的诗词。从这些文献中可知，雍正年间自得园的主体建筑是春和堂。这里是园主处理政务、日常生活的主要活动区。允礼的个人文集命名为《春和堂集》就与此有关。湖心岛上建有"心旷神怡"，另有允礼书房"逊志时敏"。由于现存图样中没有找到可以表现雍正年间建筑位置的材料，所以我们并不了解这些建筑在园林中的准确位置。

从《颐和园外自得园河道全图》上看，自得园以水景为主、山景为辅，建筑穿插在水间空地。园内水源引自玉泉山，经过昆明湖东流，由赐园东墙引入园林。园林西部大部分区域被水面占据，主体建筑东侧、北侧小湖与西侧水域相连。西侧和东侧湖面中心各有中心岛。土山大部分位于园林的北部，作为湖池之间的间隔景观而存在。允礼在《御赐自得园记》中对园中景致有着精彩的描述：兹园之中，高者，洼者，奥者，旷者，台榭亭厦，桥梁磴瀑，曲得其面势；竹树葩卉，随在而旁罗；温凉朝暮，风雨晦明，物象时光，无不与人相惬，对之常心旷神怡。足见自得园山水形势的优美。

乾隆后期，邻近圆明园的自得园部分园区功能上发生了彻底的改变，成了驯养御马的场所，规模很是可观。根据《内务府奏销档》记载，乾隆后期自得园内有马圈、茶房数百间。清帝驻跸圆明园时，经常从位于圆明园西南角的藻园门出发，沿御道去往西郊诸御园。他们一般喜欢骑马前往，于是，御马圈就成了圆明园与西郊诸御园的中转站。圆明园周边有许多驯养乘御用马匹的皇家马厩。从《圆明园来水河道全图》上看，与改建御马圈南墙相距不远处就是大规模的马厂。显然，在道光年间，这一区域仍是圆明园驯养御马的主要场所。国图藏样式雷图档中，有清晚期自得园改建御马圈之后的建筑图样——《自得园御马圈画样》。从图样上可以看出，改建御马圈后，园内建筑分为前、

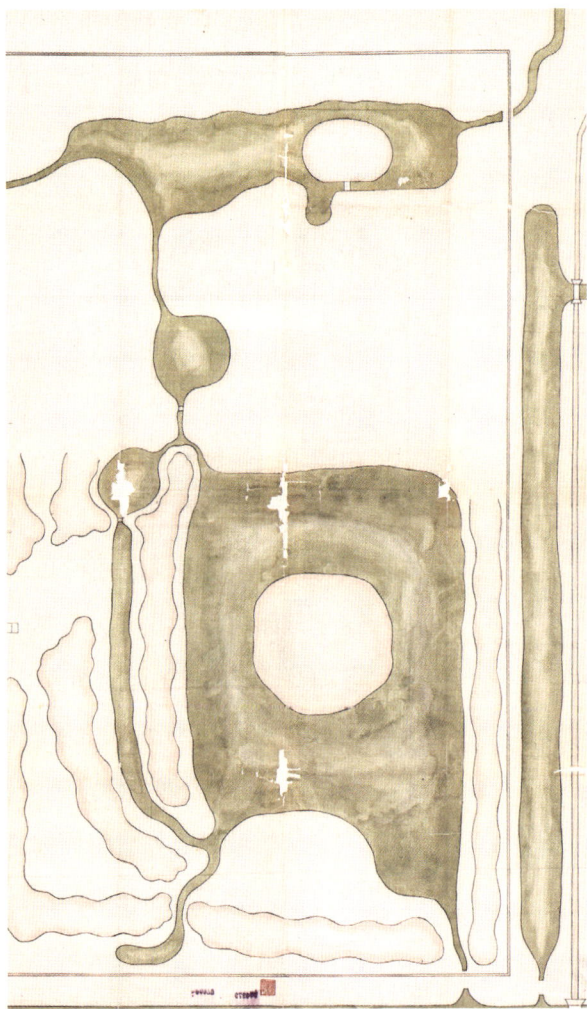

《颐和园外自得园河道全图》

中、后三组。前所正门三间，两侧各有配房三间。进门后，正房为面阔三间的马神庙，左右两侧为五间马厩。后所分为三排，最前面仍为正门三间，两侧有配房。中间为一组五间马厩，最后排为三组五间马厩。在前后所之后，另有鞍韂库五间，作为御马圈的附属设施。

　　咸丰十年（1860），英法联军火烧京西园林，御马圈被毁。光绪年间，在清漪园改建成颐和园的过程中，自得园经历了从圆明园附属园林向颐和园附属园林转变的过程。自得园西部被改建成养花园，与颐和园内的德和园仅一墙之隔。从《五园图》中可以看见，颐和园东墙外有一组前后四进院落。养花园在光绪年间经历的二次改建是，在其西墙之内修建了沿革升平署衙门，作为德和园大戏台的附

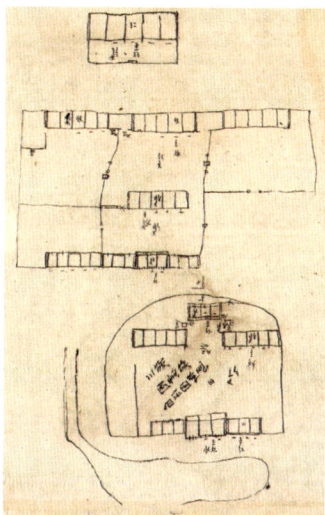

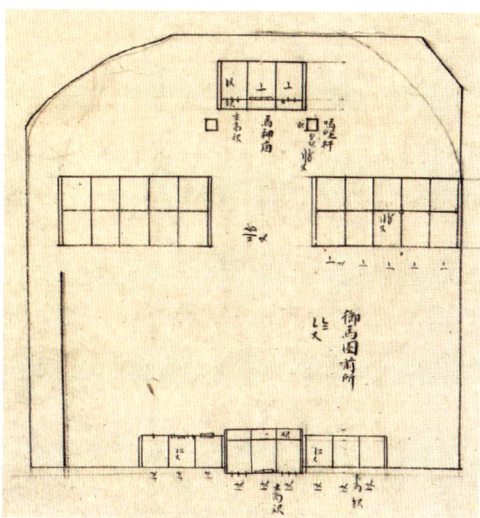

《自得园御马圈画样》　　　　　《御马圈前所地盘平样》

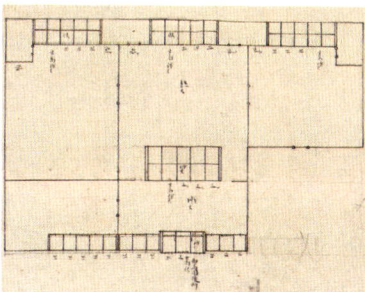

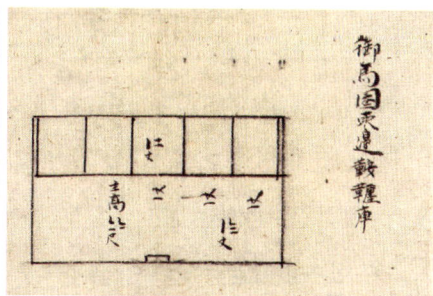

《自得园御马圈后所地盘糙底》　《御马圈东边鞍鞯库地盘样》

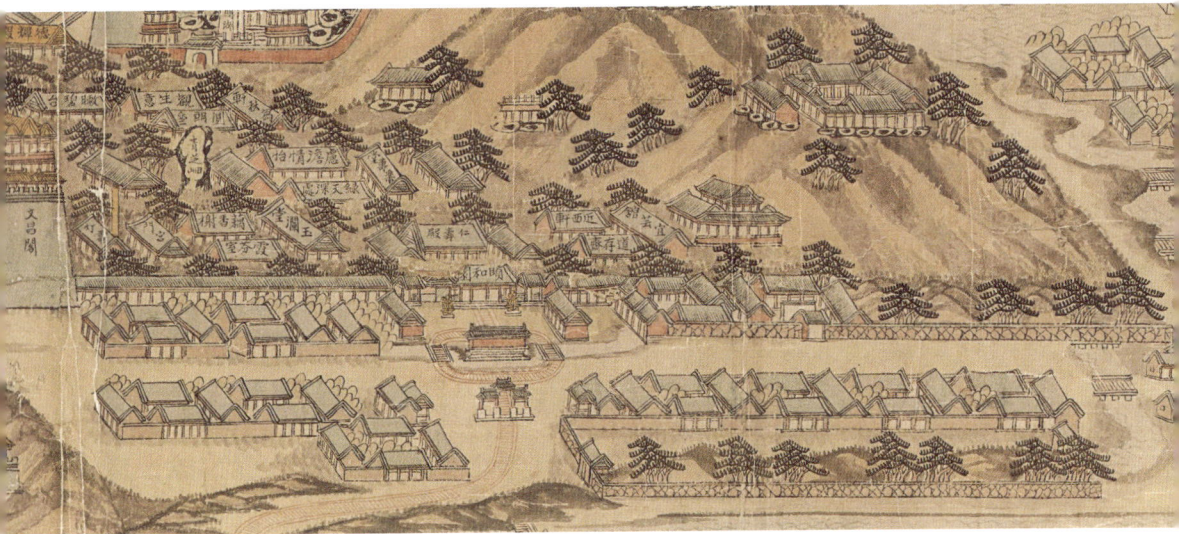

《五园图》之颐和园东宫门附近区域

属办公区。这组建筑同时也成为守卫颐和园东宫门的步军统领衙门的办公区。升平署是清代掌管宫廷戏曲演出活动的机构。宣统二年(1910)《内务府档》记载："升平署为报堂事，本署建堂地址在京西颐和园东宫门外迤东偏北，东向，前后凡二十三重，其廨舍之数共房间二百十二间，设立沿革升平署衙门，于光绪十七年奉旨赏住。"这段文献明确将升平署与自得园旧址联系起来。

1936年，二十九军驻扎在原有自得园以南，并在畅春园原址练兵。二十九军副军长佟麟阁在兵营以北修建了自有宅院——佟园。1940年，伪华北政务委员会建设署署长殷同拆毁佟园，在自得园旧址创建了建设总署土木工程专科学校。抗日战争胜利后，清华大学农学院于1946年接收了建设总署土木工程专科学校全部校园。1950年10月，清华大学农学院将该处移交给中央党校的前身马列学院。20世纪60年代，这里成为中央党校的职工宿舍。如今，中央党校南院是党校研究生院所在地。光绪年间的升平署和步军统领衙门办公区域建筑留存至今。

第十一节
熙春园

康熙四十六年（1707）三月二十日，康熙三皇子胤祉上奏，大意为"窃于今年正月十八日，臣等奏请在畅春园周围建造房屋，皇父御赐北新花园迤东空地，令臣等建房。臣等同勘，若建七人房屋，地方似觉窄狭，故四阿哥、八阿哥、九阿哥、十阿哥具奏皇父，在此地修建房屋。时臣等曾言另寻地再行具奏。今臣胤祉我买得水磨闸东南明珠子奎芳家邻接空地一块。看此地方，距四阿哥建房一带近，且地处现开濬新河南岸，系皇父游逛之路，地亦清净，无一坟冢。臣望将此建房之地，亦交付佛保，绘制图样，呈皇父阅览。再目下正值砖瓦木石雇工价贱之时，预备诸物较易。故臣及时谨奏。请旨。朱批：好"[①]。依据此奏章，可以分析出当年熙春园的选址情况。"水

---

① 中国第一历史档案馆编：《康熙朝满文朱批奏折全译》，中国社会科学出版社，1996年。

磨闸"即今清华大学西门以北的水磨村。明珠指康熙朝大学士纳兰明珠,曾是康熙最重要的大臣之一。明珠第三子奎芳所居住的自怡园就修建在水磨村。"四阿哥建房一带"即圆明园。按地理方位分析,胤祉选址之地恰是现在清华校园内工字厅、近春园一带。康熙年间,此处是古清河故道向北转弯处,地处清河故道和海淀台地、万泉河水系之间,一直被视为建造园林的理想之地。择此地建园,应该说占尽了自然山水地利。

《清实录·圣祖仁皇帝实录》中有两条信息:(康熙四十六年)"乙未,皇四子多罗贝勒(胤禛)恭请上幸花园进宴","戊辰,皇三子多罗贝勒胤祉恭请上幸花园进宴"。苗日新据此认为,熙春园的具体建成时间是康熙四十六年(1707)。如果此时园林尚未建成,无法邀请皇帝进宴。康熙四十六年(1707),胤祉获得赐园;次年,胤祉增扩其赐园;康熙四十八年(1709),胤祉老师陈梦雷的书房"松鹤山房"在园中建成。自康熙四十九年(1710)春起,陈梦雷举家居于松鹤山房,共计13年,其间完成了巨著《古今图书集成》的编校。

胤祉赐园原名并非"熙春",而是"水村别墅"。康熙五十年(1711),陈梦雷在《送武彝铁铧和尚序》中提到,他与诚亲王胤祉、铁铧和尚在"水村别墅"会面。康熙五十一年(1712)以前,陈梦雷有数十篇文章和诗词在这里写成,他称之为"水村"或"水村别墅",如《水村纪事》《水村十二景》等。关于水村别墅最初的情况,陈梦雷在其《水村纪事》引言中进行了介绍:

> 村在城西北,河流环绕,榆柳千株。旧有监司建楼,其地俗呼一间楼。后入于贵戚,而台榭增设矣。吾王殿下

购得，命余居之，赐河西田二顷，俾得遂农圃之愿也。续
建斗阁三楹，晨夕祝圣，命余典其事。有亭供蓬岛诸仙像，
知余素学内视，赐榻一，亦愿犬马之稍延残喘也。余兼置
琴一张，旧曲皆忘，抚弦适意而已。钓竿一具，不必皆得
鱼也。其下书室三楹，贮所著《汇编》三千余卷。校阅之暇，
泛艇渡河西与田夫野老量晴较雨乃归……

在熙春园建园之前，除了陈梦雷所谓"旧有监司建楼"外，此
地还有永恩寺。永恩寺并非胤祉家庙，这一点在胤祉《拟永恩寺碑文》
中能够得到印证："偶过其（畅春园）东，有旧寺题永恩……余因奏
请于皇父，既得谕旨，乃拓寺之规制。仍旧其名。"

康熙五十二年（1713），皇帝在胤祉园林过六十大寿，御题"熙
春"园匾，胤祉赐园才正式更名为"熙春园"。陈梦雷《松鹤山房诗
集》中有七言诗《癸巳年六十万寿驾幸熙春园诸工侍宴恭纪》，即康
熙五十二年（1713）四月七日，十三位皇子为康熙皇帝过六十大寿，
设宴于熙春园。说明此时已有"熙春园"之名。

康熙五十五年（1716），皇帝下旨扩建熙春园西部为"古今图书
集成馆"，命皇三子胤祉及其老师陈梦雷在此共同编纂《古今图书集
成》。当时的熙春园分为东西两部分。东部以工字殿为中心，轴线贯
穿中央，左右殿宇略有差异，但格局平衡。四周山水环绕，山形水
势呈环抱之态，且左右河道流向几乎完全对称。西部为后扩建之"古
今图书集成馆"，整体格局为一方形大院，内部由两个小岛构成。前
岛称"前所"，后岛称"后所"。整体建筑错落有致，高低搭配，开
门皆可见景。近可观榆柳环绕、花繁枝茂，远可瞰西山夕照、苍山

叠翠。园林左右碧波荡漾，水天空明，一派清朗俊秀景象。陈梦雷有诗赞熙春园："花枝烂漫，柳线飘潇，天空晴霞如绮，遥掩映西山诸峰深翠。"

熙春园景色优美，康熙皇帝曾多次到园进宴游览。据统计，康熙皇帝到熙春园的次数为 20 次，到四子胤禛花园——圆明园的次数仅为 5 次①。在庆寿观景的同时，康熙皇帝还多次题匾，题写了制节谨度、竹轩、谦受益、主善斋等处。由此可见康熙皇帝对熙春园的喜爱之情。

国图藏样式雷图档中有一幅《熙春园周围大墙地盘样》，虽作于道光年间，但是从该图所反映的情况来看，基本符合胤祉与陈梦雷的说法。该图方向为上北下南，绘制范围是近春园、熙春园地盘，只是简单绘出了二园的大体轮廓，也只标注了近春园、熙春园和永恩寺三处地名。图上有橙、红、黄三种颜色的浮签，橙色、红色浮签标注出道光十三年至十四年（1833—1834）对大墙的培补、添修等工以及数量尺寸；黄签标注各处建筑名称，如木厂、出水闸等。该图虽未详注二园内各处建筑，但却清楚描绘出了二园特别是熙春园的轮廓以及周围水道、出水闸情况。

雍正皇帝即位后，允祉（胤祉）被罗织罪名囚禁至死。熙春园也于雍正八年（1730）收归内务府。据苗日新考证，熙春园接下来的主人可能是雍正皇帝的"股肱和耳目"——庄亲王允禄。允禄是康熙皇帝的十六皇子，曾经为雍正皇帝坐稳皇位立下汗马功劳，后又位居乾隆初期四位辅政大臣之首。乾隆二年(1737)，熙春园因弘历题"云

---

① 苗日新：《熙春园·清华园考：清华园三百年记忆》2 版，清华大学出版社，2013 年，第 55 页。

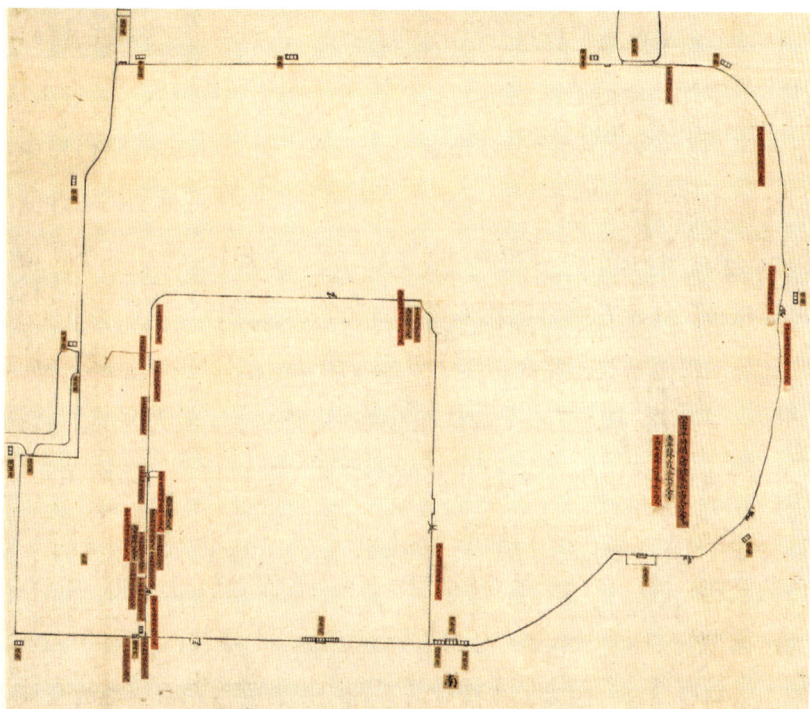

《熙春园周围大墙地盘样》

锦"而更名为"云锦园"。乾隆三十二年（1767），允禄去世后，云锦园即收归内务府，恢复了熙春园旧名，并且按照御园规格，在乾隆皇帝的直接指挥下得以扩建和大修。扩建完成后，熙春园被并入圆明园，从皇家赐园转为皇家御园，成为鼎盛时期的圆明五园之一。

　　乾隆皇帝改熙春园为御园，其目的主要在于观景，正如其诗所言："藉用验农功，讵止资游玩。"观景中他最留心的就是观麦。所以，熙春园改为御园后的第一项工程就是在园区东北、方塘正东土坡上修建观畴楼。观畴楼建在现清华大学自清亭处。此处是乾隆、嘉庆等皇帝的观麦之处，皇帝们留下了数十首观麦诗。扩建还包括新建东所以及后来作为乾隆皇帝书房的古月堂，扩建了工字殿前的宫门，并在工字厅北侧荷塘东北角土坡上新建"流泉"瀑布景观。泉水自上而下流经板石山涧，呈瀑布状汇入方塘。此处水景虽面积略小，但动静相宜，跌落生趣，颇受园主人喜爱。同时还进行了砌墙开门、劈山修路、填河凿井、架桥浚河等工程①。为了倡导农耕、体察苗情，乾隆皇帝还钦定在熙春园北部设立百亩农田实验区，因此形成了颇为壮观的田园景观。此次扩建主要涉及熙春园东部区域的建筑格局，共新增房屋 84 所。至此，熙春园的景观格局发生了较大改变。

就建筑格局而言，乾隆年间的大规模扩建，打破了康熙年间熙春园以工字厅为中轴的对称格局，形成了共 11 个大小不一、间次错落的庭院。园区东北角的观畴楼打破了熙春园之前的平面格局，成为全园制高点，既是园区内部的视觉焦点，也是园内的观景之处。就山水格局而言，因为原来熙春园垂花门以西的水系被填埋为平地，上面修建了新的院墙和庭院，所以原先四面山水环绕的结构变成了四面环山、三面环水。在植物景观方面，内庭中重新进行绿化规划，种植了药兰，丰富了庭院景观，同时外部则依托百亩麦田，形成了壮阔的田园风景。此时的熙春园作为皇家御园，达到了其自身风貌的鼎盛时期。

乾隆皇帝多次巡幸熙春园，并御笔题匾和作诗。据统计，乾隆御制诗中涉及熙春园的就有 85 首，其中题主善斋 4 首、镜烟斋 4 首、莹得堂 5 首、观畴楼 7 首。嘉庆皇帝在独立亲政的第三年，即 1801 年，

---

① 苗日新：《熙春园·清华园考：清华园三百年记忆》2 版，清华大学出版社，2013 年。

首次来到熙春园并题诗，并决定在次年扩大院内前朝已有的麦田并
建小型园林——省耕别墅，其中包括陇香馆、含润斋等殿宇。苗日
新认为，省耕别墅就在今清华大学化学馆北侧。嘉庆皇帝建省耕别墅，
除了观景外，意在"省耕"，即继承乾隆皇帝重视农耕之风。这一点
在其作于嘉庆八年（1803）的诗中就能体现出来：

昔我皇考时，常莅兹观麦。小子衷敬承，择暇问阡陌。
教稼重田功，往训著简册。黜华为众先，守朴终受益。

国图藏样式雷图《近春园熙春园改修添修房底样》尽管作于道
光时期，但反映了乾嘉时期的修建成果。该图方向为上北下南，纸

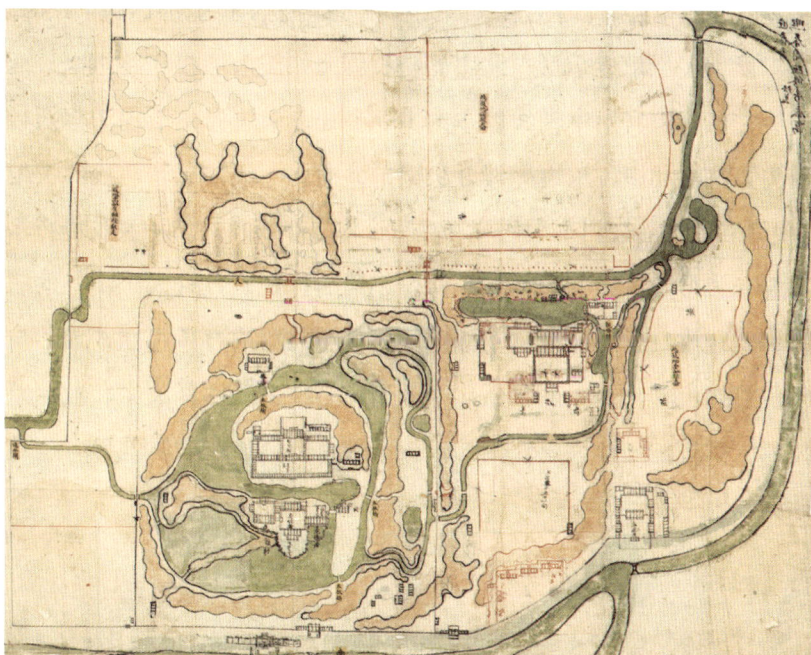

《近春园熙春园改修添修房底样》

上有"□□正月二十七日灰线□底"字样。图中标注出环园的水道、闸桥。图的左半部分（西部）为近春园，园内建筑标注甚详，有临漪榭、嘉董斋、涵春书屋、环碧堂、花韵轩等。图的右半部分（东部）为熙春园，园内建筑标注甚简，只有永恩寺、观畴楼。图上用墨笔绘出已有房屋，朱笔绘出需要改修、添修的房屋。改修、添修房屋多在熙春园内，因此也可以说此图是熙春园的"扩建规划图"。

苗日新根据《近春园熙春园改修添修房底样》以及国图藏其他熙春园相关样式雷图，如1号《熙春园地盘画样》、《近春园准底样》、《熙春园二宫门外添盖宫门等地盘样》、2号《熙春园地盘画样》等，再结合史料，委托绘制了《乾隆三十五年（1770）御园熙春园平面图》。此图全面揭示了乾隆三十五年（1770）熙春园的全貌，其格局与康熙年间大部相近。此时的熙春园，造园水准与艺术价值都达到了顶峰。

熙春园原址近矩形，北边界与长春园如园南墙仅一路之隔，西边界在长春园宫门中轴线以东约150米处，南边界位于现清华西校门内万泉渠北岸，东边界即万泉渠折而向北一线，总体面积约占地770余亩。熙春园西部园区中心由大、中、小三座岛与一条长堤将水面划分为形态各异的湖泊和小河。小河曲折蜿蜒，将大小不一的三座岛屿连成一体。熙春园东部园区，自东北角引万泉河水入园，自东侧蜿蜒流转，至中部转而向西，后经暗渠汇入西部园区。此水路将园区又进一步分为南北两部，核心建筑群皆位于园区北侧，建筑四面环山[1]。

① 萨娜：《清华大学历史园林熙春园研究》，北京林业大学，2012年硕士论文。

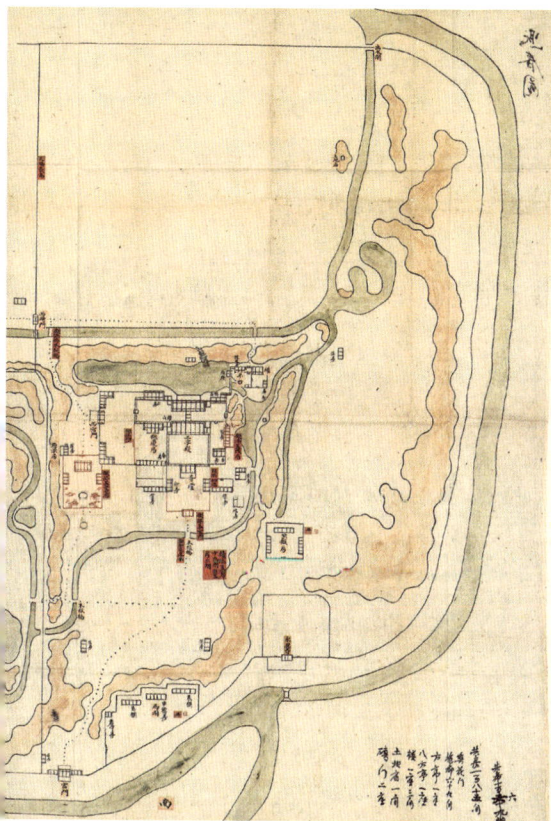

1号《熙春园地盘画样》

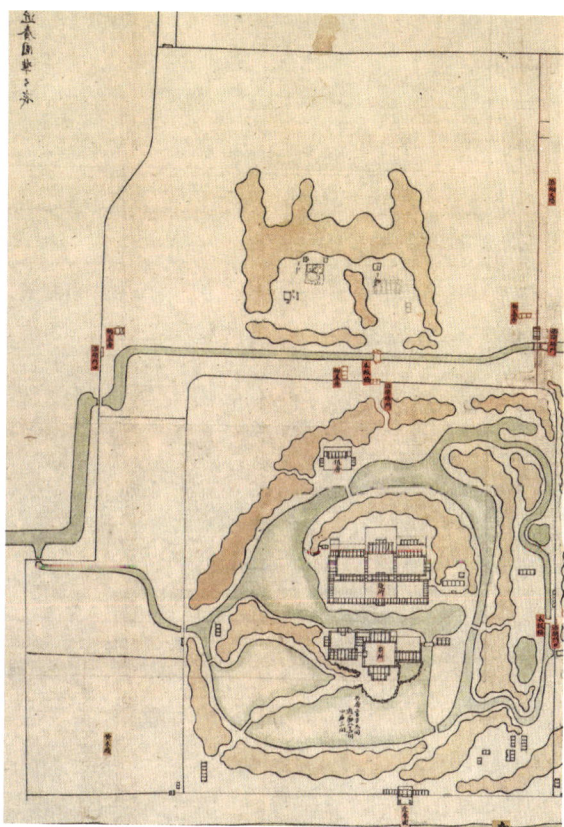

《近春园准底样》

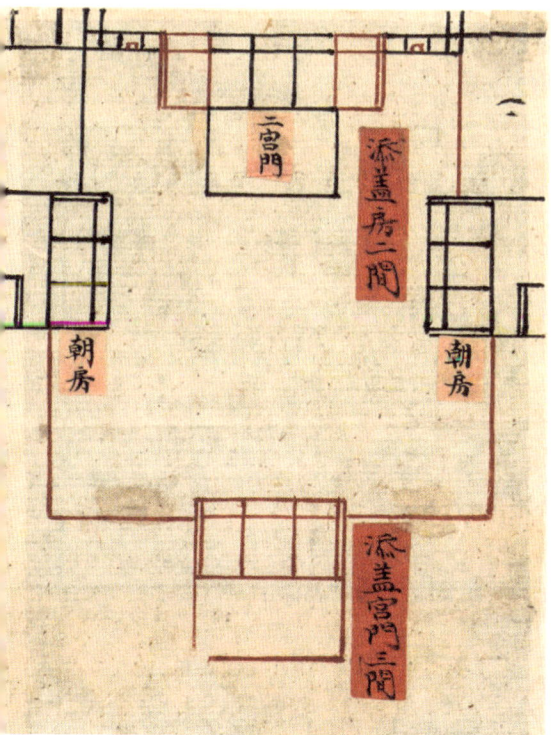

《熙春园二宫门外添盖宫门等地盘样》

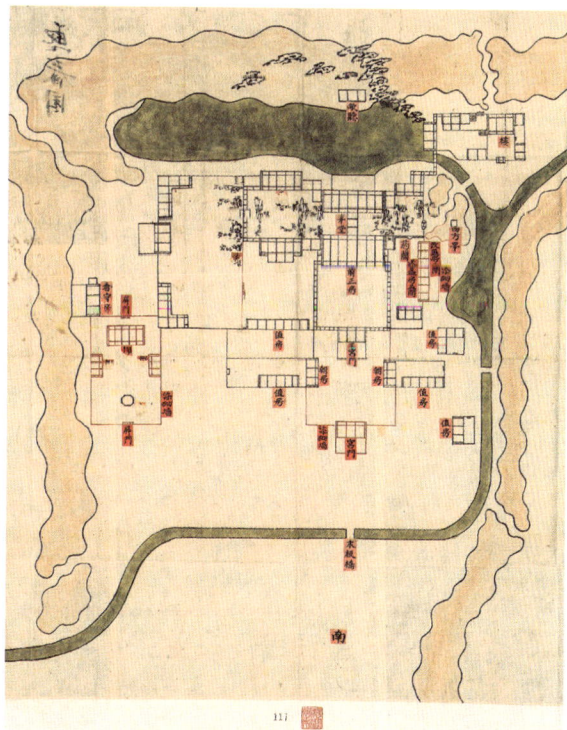

2号《熙春园地盘画样》

263

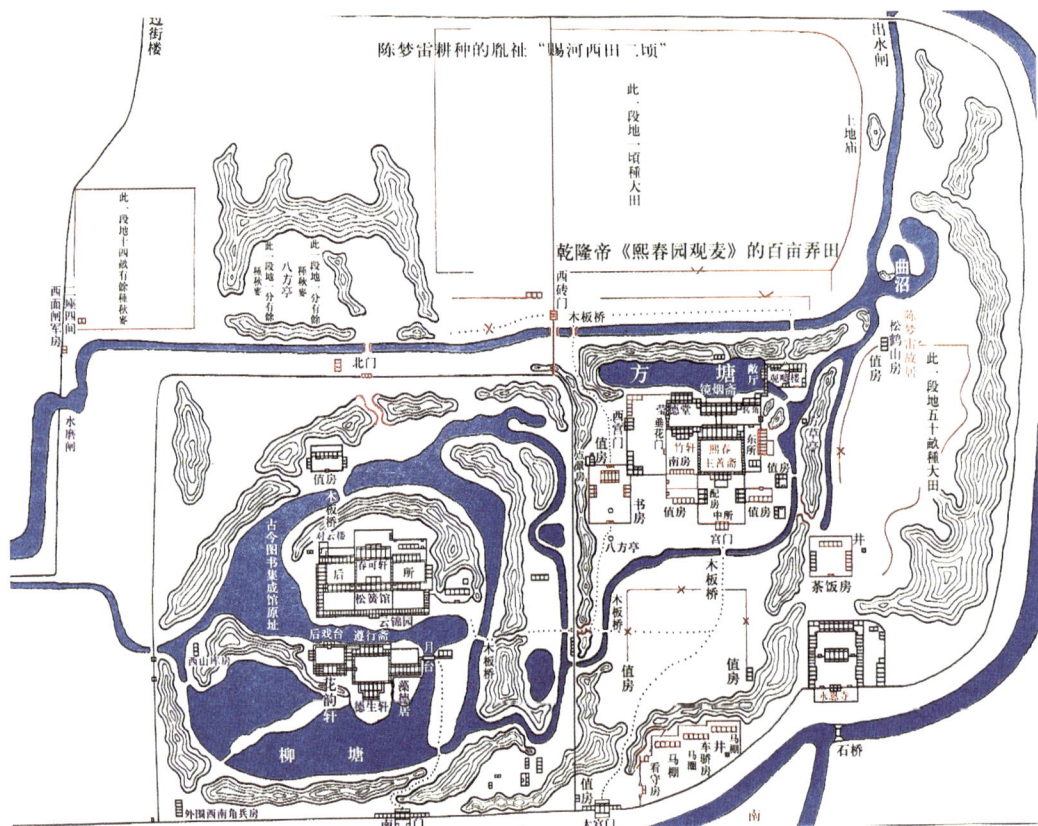

《乾隆三十五年（1770）御园熙春园平面图》① （局部）

　　熙春园的建筑，也明确体现了清代建筑礼制的要求。其第一任园主为康熙朝皇三子允祉贝勒，因此园子符合贝勒府形制。在允祉居住时期，园内建筑数量较少，也没有周遭院墙，其核心区入口大门为三间的穿堂，后经康熙皇帝御笔题名"主善斋"。至乾隆时

---

　　① 苗日新：《熙春园·清华园考：清华园三百年记忆》2 版，清华大学出版社，2013 年，第 171 页。

期，主善斋扩建为五间房。现在的主善斋作为清华大学校长办公室使用。值得一提的是，在主善斋以南，有两座东西相向的朝房。朝房本是在皇帝所居住的大型皇家建筑中，留备给文武百官上朝前休息候旨的地方，属于皇帝建筑形制中才有的建筑。而熙春园中的朝房，虽无特别说明，但是从史料中康熙皇帝多次临幸熙春园的记录来看，必然是由康熙特批建立的。至乾隆时期，熙春园收归入皇家御园，因此宫门显得更为必要。为了体现院内皇家威仪，强调其东部建筑的轴线性，熙春园在建筑的中路再次设置了一重新的宫门。乾隆三十三年（1768），熙春园中部宫门建成，宫门三间，前抱厦三间，此宫门即为后来所称的清华门。

熙春园里留下了乾隆御制诗 85 首、嘉庆御制诗 41 首、陈梦雷诗词昆曲 30 余首，这里还诞生了我国现存最重要、规模最大的类书《古今图书集成》。《古今图书集成》与明朝的《永乐大典》、乾隆朝的"四库全书"齐名，并称为我国历代王朝规模最大的三部古书。这些文化财富奠定了熙春园不同于一般皇家园林的文化地位。道光二年（1822），熙春园奉旨解除御园身份，重新成为皇家赐园，并且一分为二，分赐皇室宗亲。熙春园东部被赐予惇亲王绵恺，称"涵德园"，西部被赐予睿亲王绵忻，称"春泽园"。

第十二节
涵德园（清华园）

　　道光二年（1822）《钦定总管内务府现行则例》记载："是年，熙春园奉旨赏给惇亲王绵恺。"①"涵德园"一名由来不清，目前发现的记载这一园名的史料也很少。道光二十四年（1844）夏秋之际，奕誌题诗《游涵德园有感》，诗题注曰："伯父惇恪亲王赐园。"我们只能猜测，"涵德园"一名或由道光皇帝御赐，或由园主人绵恺自拟。道光十八年（1838）十二月，绵恺去世。涵德园收归内务府。道光二十六年（1846），道光皇帝将皇五子奕誴过继给绵恺，袭郡王。奕誴成为涵德园新的主人。奕誴别号"东园主人"，著有《藏修斋诗稿》四卷和《东园诗集》。"东园"本是乾隆皇帝给熙春园起的别名。《藏修斋诗稿》收录其200余首诗，内容大多描写涵德园园景，例如"荷

---

　　① 中国第一历史档案馆编：《圆明园》（下），上海古籍出版社，1991年，"圆明园大事记"部分，第1674页。

花池"咏诗约有 20 首。

与乾隆时期相比，绵恺并没有在涵德园内新建任何建筑。奕誴成为新主人时，涵德园才进行了一定范围的修整。国图藏有几幅同题名的《熙春园地盘画样》，前文已述两幅，3 号《熙春园地盘画样》右侧标注"小五爷住用修理此园，廿六正月初九日查得"。这就是说，道光二十六年（1846）涵德园在赐予奕誴之前，已经交由样式房进行修缮。图中标注"熙春元（园）"。4 号图与3 号图十分相似，只不过前者贴有红、黄签，已是准底图样。图中以黄签标注建筑名称，红签标注拟改建处，另有园内各类房间统计："现有共大小房一百八十三间，楼三间，平台四间，游廊六十八间，垂花门

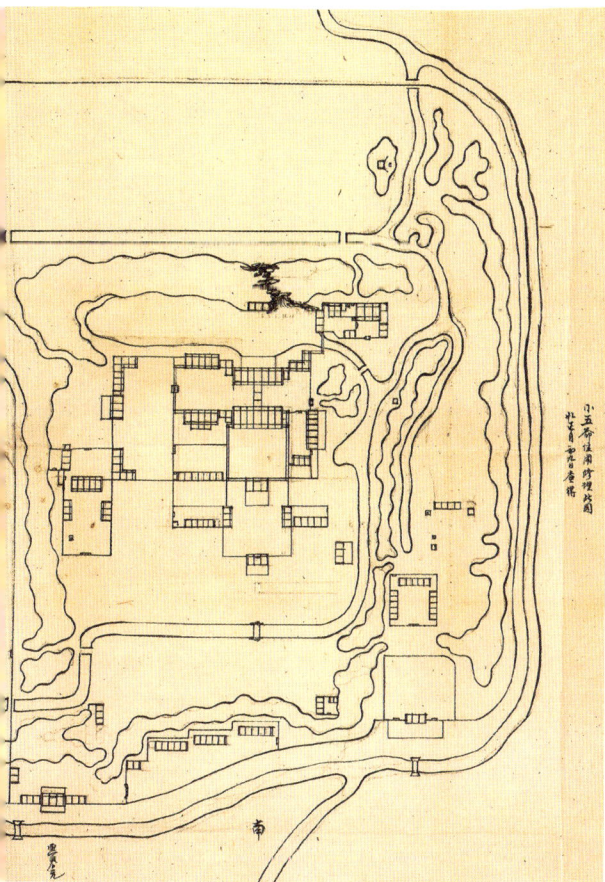

号《熙春园地盘画样》

一座，四方亭一座，庙二间，土房三间，门楼三座。"从统计来看，道光二十六年（1846）的涵德园与道光十八年（1838）的熙春园相比，几乎一样，只有"灰棚十二间"改成了"土房三间"。5 号《熙春园地盘画样》也用红色浮签标示各处建筑名称以及添改房间情况。

涵德园相关样式雷图档中有一个值得一提的现象，那就是，涵德园出现过，又似乎没出现过。"涵德园"时有被简写为"涵德元"，

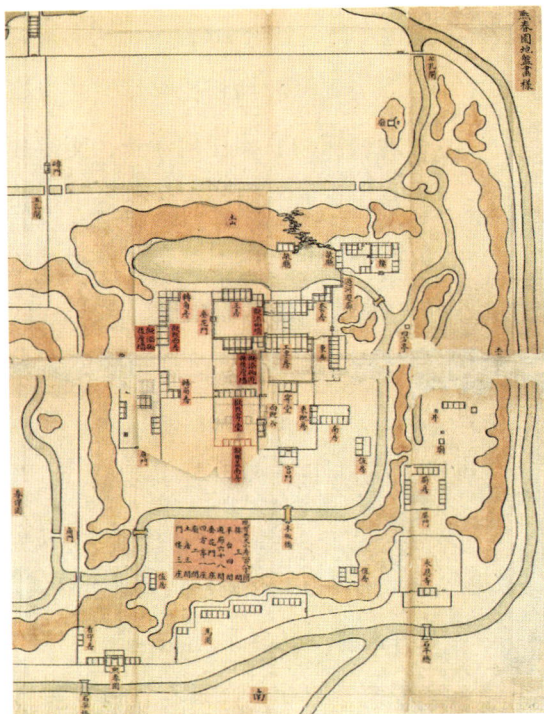

4号《熙春园地盘画样》

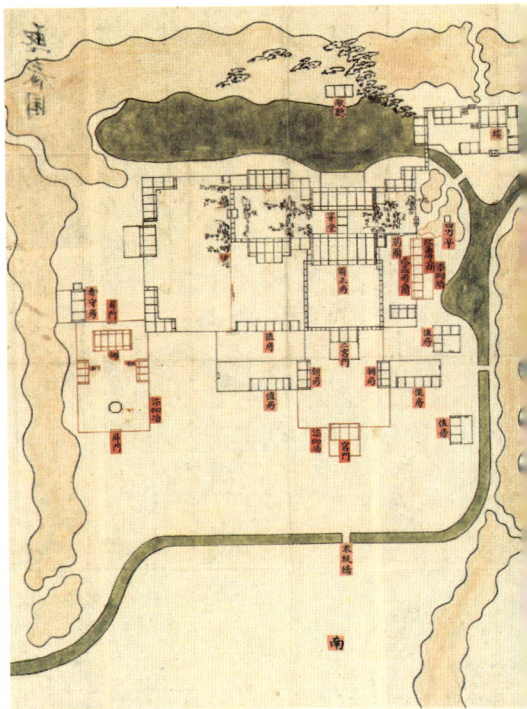

5号《熙春园地盘画样》

二者仅作为建筑名称出现在图档中，未曾出现在图名中。有时，"涵德园/元"被划掉，重新改为"熙春园"，样式雷图档《熙春园查收房间略节》中就有这种现象。《熙春园查收房间略节》内容如下：

道光十八年六月二十二日查得准底

熙春园查收房间略节

查得熙春园内现存大小房共计一百八十三间，内有自盖灰梗房五间，楼房三间，平台四间，内有自盖一间，游廊六十八间，垂花门一座，四方亭一座，小庙二间，自盖一间，灰棚十二间，内有自盖五间，西洋砖门楼三座，自盖秫秸房七间，原旧下人房因坍塌业经拆去八间，已拆去八方亭一座，东配房后院内现存旧柁梁十二件，糟烂望板一堆。拆去内言（檐）装修二十三槽，床二十二铺，改安内言（檐）装修十槽，床三铺。

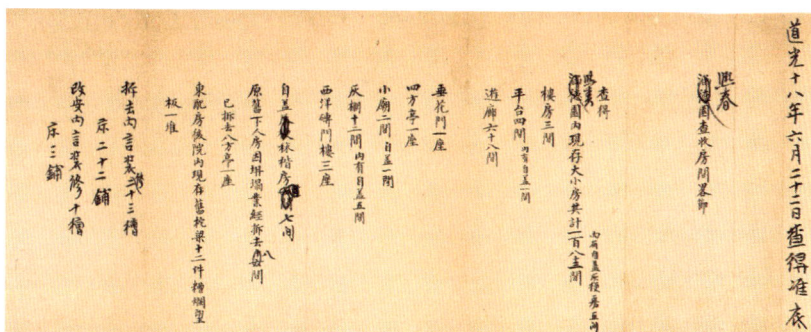

《熙春园查收房间略节》

即便在这一时期，涵德园实际也并无太大改动。工字厅的西侧修建了若干砖墙，将原来的内庭划分为若干小庭院。除此之外只有一些小规模的修缮和添建，对其建筑格局和景观结构并无太大影响。《涵德园内檐装修地盘样》上标注"廿六年八月廿日画"，展示了工字房，也就是现在清华园工字厅的内檐装修情况。

咸丰皇帝即位后，开始本朝的按爵位封赏。大约在咸丰二年（1852），皇帝给奕誴赐园赐名题匾"清华园"，此名沿用至今。这也是北京西郊历史上第二座清华园。奕誴时期的"清华园"俗称"小五爷园"。当时的"五爷园"是惠亲王的鸣鹤园。咸丰皇帝曾于咸丰二年（1852）四月初九日驾幸清华园。

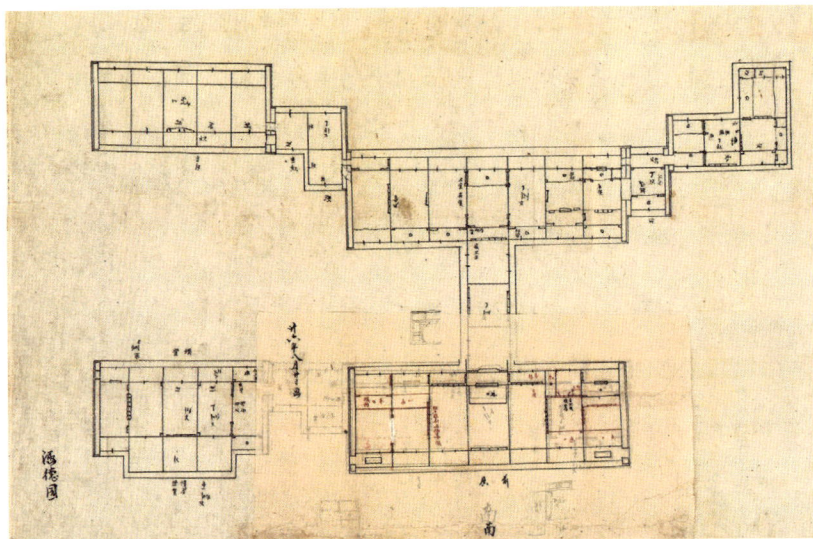

《涵德园内檐装修地盘样》

奕誴其人，历史上说法不一。但在咸丰十年（1860）英法联军攻入北京城时，奕誴的表现颇有性格。在以其为主的三次"哭谏"，甚至"以死谏"下，咸丰皇帝才暂时留京不动。不过，如我们现在所知，最终奕誴还是携家带口随着咸丰皇帝一起逃往承德避暑山庄避难。据殷兆镛年谱记载，西郊大火并未烧到清华园和近春园附近，但是土匪等人大肆掠夺了这些空无主人的宅园[①]。

光绪十五年（1889）正月，奕誴去世。清华园被内务府收回，后又被赐予奕誴长子载濂。按光绪二十六年（1900）闰八月初二日上谕，载濂因义和团事件被革去爵位，奕誴四子载瀛袭贝勒爵位。

---

① 苗日新：《熙春园·清华园考：清华园三百年记忆》2版，清华大学出版社，2013年，第299—303页。

宣统元年九月十三日（1909年10月26日）
内务府官房租库报送外务部《清华园房间册》：
　　现存灰瓦房土房共计131间，
　　园内熟地1顷70余亩，
　　南面墙122丈5尺，北面墙140丈，
　　东面墙175丈，西面墙210丈。

土地庙

荷花池

佛堂

西穿堂

西跨院

西所

工字厅过厅房

东所

②④

中所

古月堂

龙王庙井房

二宫门①

石桥

饭房院

饭房院井

永恩寺

黄花院

车房

马圈

永恩寺大桥

大宫门

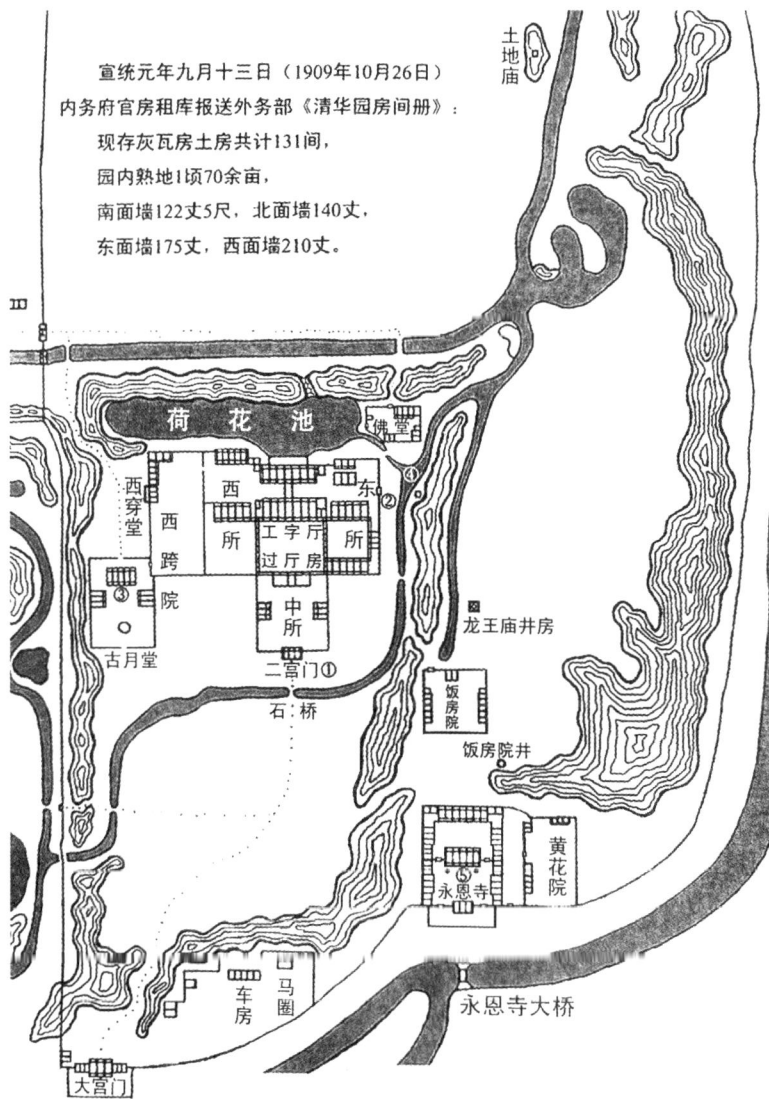

《内务府和外务部交接时的清华园平面图》①

———————

　　① 苗日新：《熙春园·清华园考：清华园三百年记忆》2版，清华大学
出版社，2013年，第393页。

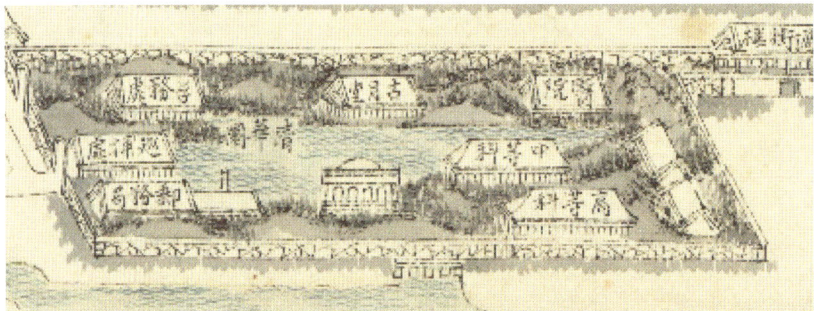

《五园三山及外三营图》上的清华园区域

载瀛成为清华园的新主人。但是根据光绪二十八年（1902）九月十五日总管内务府奏折记载，当时载瀛已交回清华园。

宣统元年（1909），中美两国达成退还庚子赔款办校协议。清外务部与学部共同奏请收还美国超索庚子赔款退款部分，同时开办遣派学生赴美留学事宜，并于同年八月奏请划拨清华园旧址兴筑游美肄业馆获准。九月十二日，内务府和外务部即完成清华园的接收工作。宣统二年十二月初五日（1911 年 1 月 5 日），游美肄业馆更名为清华学堂。宣统三年三月初一日(1911 年 3 月 30 日)学校开学时,高等科、中等科教室等皆已竣工启用。这一情况清楚地反映在民国年间的《五园三山及外三营图》中。"清华园"内标注的建筑名，除古月堂为旧有名称外，其他都是新式名称，例如中等科、高等科、医院、学务处、邮务局等。园外南侧还有清华园车站。1913 年，近春园也划入刚刚建立的清华学堂。早期以清华园及近春园旧址为基础，并因之取以清华校名的清华大学，从此展开了其水清木华、桃李天下的全新篇章。

从保存现状来看，目前清华园仍保留了熙春园时期山形水系的脉络，周围矗立着各个时期不同风格的建筑，成为康熙年间所建皇家宗室赐园中唯一的幸存者。熙春园是康熙年间北京西郊的七皇子花园中保存较为完整、原始结构较为清晰、最能反映当时风貌的一座园林。在其历史沿革中，历经游美肄业馆、清华学堂、国立清华大学等多个阶段，遍历沧桑。但是园内的主体建筑大多保留了下来，如工字厅、古月堂、怡春院等现状依然较为完好。具体来说，清华园内目前的遗存建筑有工字厅、工字厅前游廊、藤影荷声之馆、主善斋（今校长办公室）、六檩垂花门（今古月堂院内）、二宫门、古月堂院、永恩寺大桥（今二校门桥）、自清亭、荷花池等。

工字厅前游廊现状

第十三节
春泽园（近春园）

道光二年（1822）八月，熙春园被一分为二，西部赐予道光皇帝四弟瑞亲王绵忻。绵忻赐园称"春泽园"。同"涵德园"一样，春泽园的得名缘由目前尚不可知，相关史料也不多见。但是绵忻之子奕誌有诗作《春泽园十二首》，又有为园中殿宇题诗《镜水斋四首》，当中有诗注"此园为先怀王赐邸"。"先怀王"即其已故的父亲瑞怀亲王绵忻。同时期孙家鼐、奕谟等人的题词也都有提及"春泽园"。

绵忻在世时，曾对春泽园做过小规模整修，在园内增建了妙香亭、万籁亭、对云亭三座亭子。妙香亭在前所北侧临湖岸，面向鉴湖，水面开阔，波光荡漾。湖中荷花万盏，时有清香徐来，是一处绝佳的观景场所。万籁亭建于工字厅东北土山下湖岸边，四周种植密竹，以塑造其静谧之感，迎合其"万籁俱寂之意"。对云亭则建于土山西北侧岸边，与对云楼隔湖相望，互为对景。

绵忻任园主时，春泽园又称"四爷园"。"四爷"指绵忻，排行第四。

《四爷园地盘画样》中有题注"四爷园,绮春园东路北,四爷旧住,瑞郡王住"字样。"瑞郡王"指绵忻之子奕誌,袭郡王爵。由此可推断,此图应当绘制于奕誌再次居住于春泽园期间,即道光十五年至道光三十年(1835—1850)之间。

道光八年(1828),绵忻病卒于园中,其独子奕誌尚在襁褓中。于是春泽园一度收归内务府。直至道光十五年(1835),其子奕誌重又被赐予春泽园。奕誌别号"西园主人",著有《乐循理斋诗稿》和《古欢堂集》,其中有不少园居生活的描述。道光三十年(1850)五月,奕誌卒。奕誌去世时只有23岁,写过数千篇诗词,是皇族中最有为的青年诗人。从道光三十年(1850)开始,春泽园就一直没有新主人,这种状况一直持续了10年,其间可能被收归内务府。直到咸丰十年(1860),奕誴次子载漪被过继给奕誌为嗣,袭贝勒,成为此园的新主人。而道光年间的"春泽园"已经在咸丰年间更名为"近春园"。至于是何年何人做的更改,目前尚未找到明确的史料记载。不过,同时期的清华园、朗润园、蔚秀园都是由皇帝命名题匾,近春园有可能也是这种情况。

与涵德园一样,"春泽园"一名在目前存世的样式雷图档中有出现,但很少,例如前文提及的4号《熙春园地盘画样》中出现过"春泽园"。绝大部分相关图档都使用"近春园"一名。国图收藏的数幅近春园相关样式雷图档中,记录了道光、咸丰年间针对这一区域的新建、添建工程。例如《近春园前所内檐装修画样》和《近春园后所内檐装修画样》,就分别描绘了道咸之际对近春园前所、后所内檐进行整修的情况。《近春园前所内檐装修画样》为近春园南部细画样,反映了遵行斋、涵德书屋、藻德居、环碧堂、花韵轩等处的内檐装

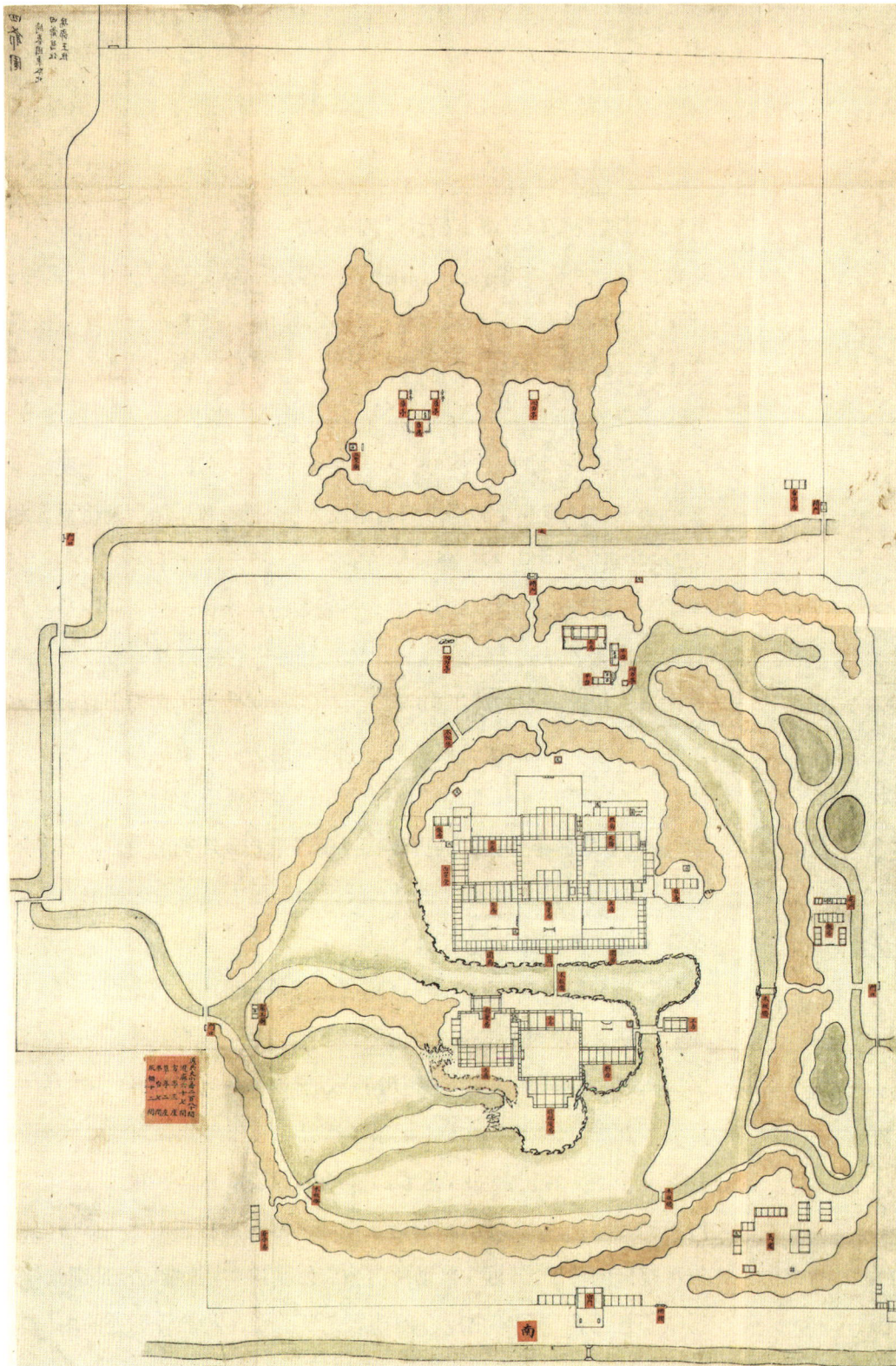

《四爷园地盘画样》

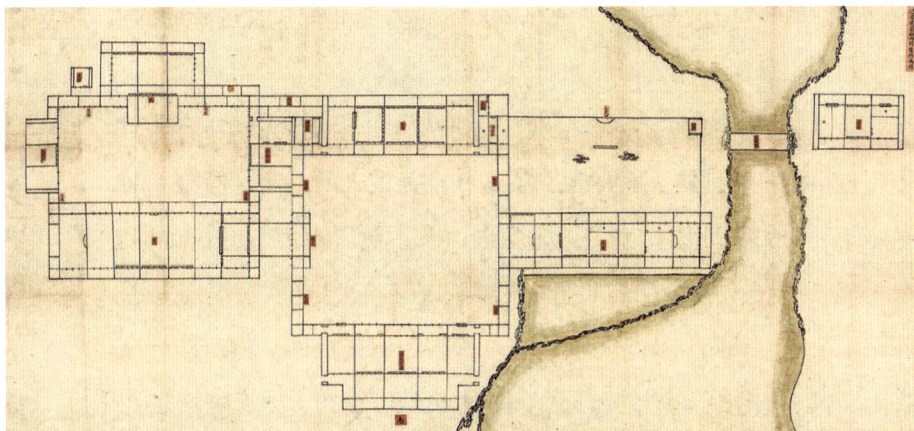

《近春园前所内檐装修画样》

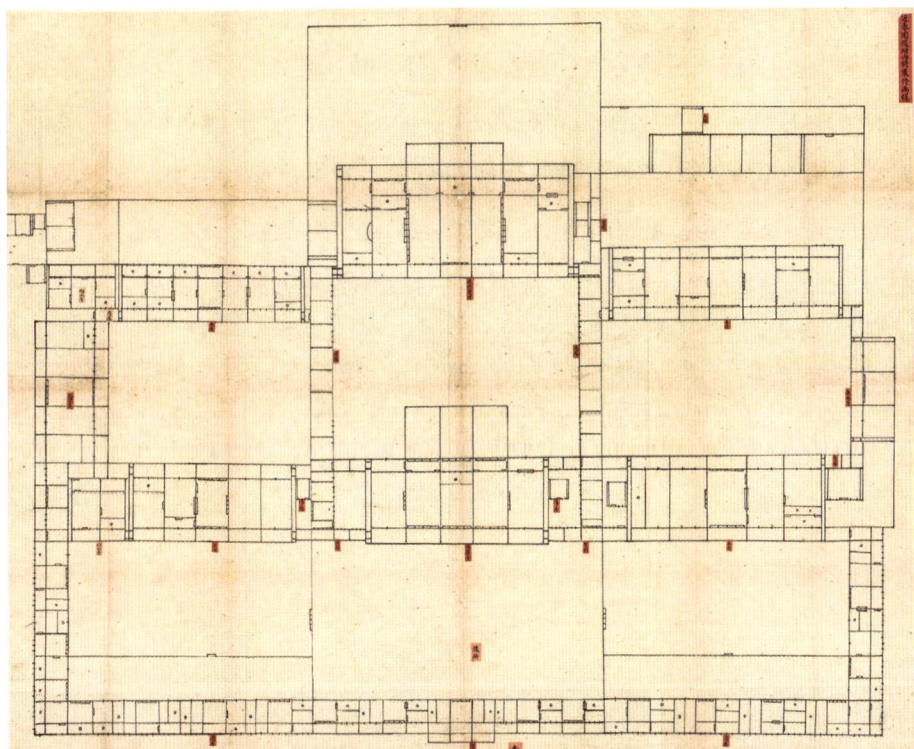

《近春园后所内檐装修画样》

修情况。《近春园后所内檐装修画样》为近春园北部建筑细画样，主要反映了临漪榭、嘉董斋等处的内檐装修情况。

上文提及，殷兆镛年谱记载，西郊大火并未烧到清华园和近春园附近，但是土匪等人大肆掠夺了这些空无主人的宅园。同治年间，皇室下令重修圆明园。其时国库空虚，入不敷出，为节约开支与建造时间，时任内务大臣的明善提出拆卸近春园建筑以解燃眉之急。同治十二年（1873）十一月二十日总管内务府奏折称："查有近春园空闲园寓，房间、游廊约二百余间，木植间有糟朽，并有坍塌之处，酌拟拆卸，挑选堪用木植，亦可改作正梁，其余木植，以备修理各处值房。"同治皇帝回"依议"。同治十三年（1874）正月十四日内务府又奏："将圆明园藏舟坞并近春园空闲房间游廊均已拆卸。"[①]据记载，当时近春园被拆除的建筑檐柱达 300 余根、金柱近 300 根、大小梁托 500 余根，还有大量的瓦件与石料，基本被彻底拆毁。这些记录也说明，近春园在同治十二年（1873）之前已经收归内务府，不再是载漪赐园。至 1913 年，近春园也划入刚刚建立的清华学堂。

---

① 中国第一历史档案馆编：《圆明园》（上），上海古籍出版社，1991 年，同治十二年十一月二十日、十三年正月十四日内务府档，第 643、667 页。

第十四节
民国地图上的西郊园林

　　民国年间的北京地图上仍然可以看到部分园林。清宣统三年
（1911）四月，禁卫军刷印所绘印的《万寿山图》上，标注了"花
园""蔚秀园""承泽园""治贝园""瑞亲王园""四爷园""五爷园""六

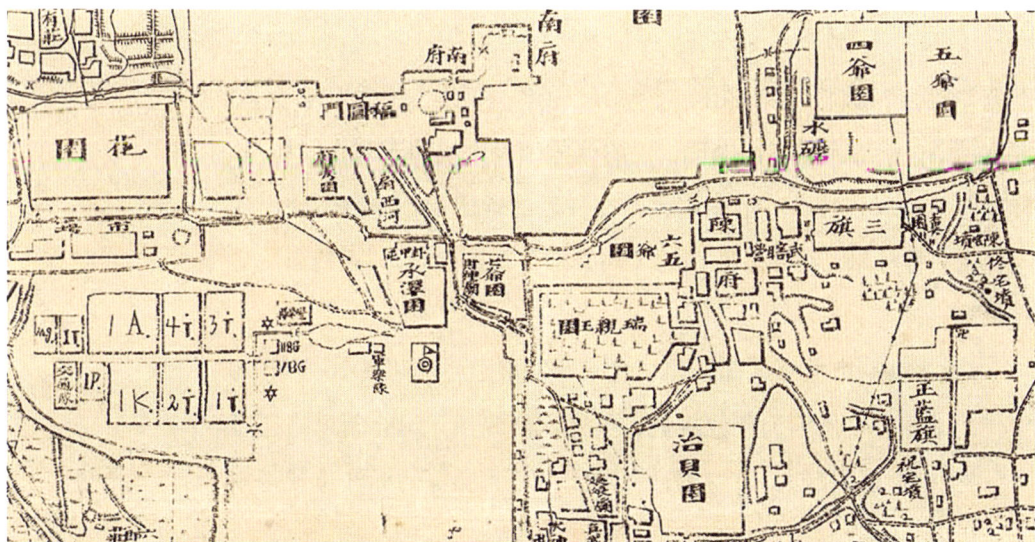

《万寿山图》中的王府园林区域

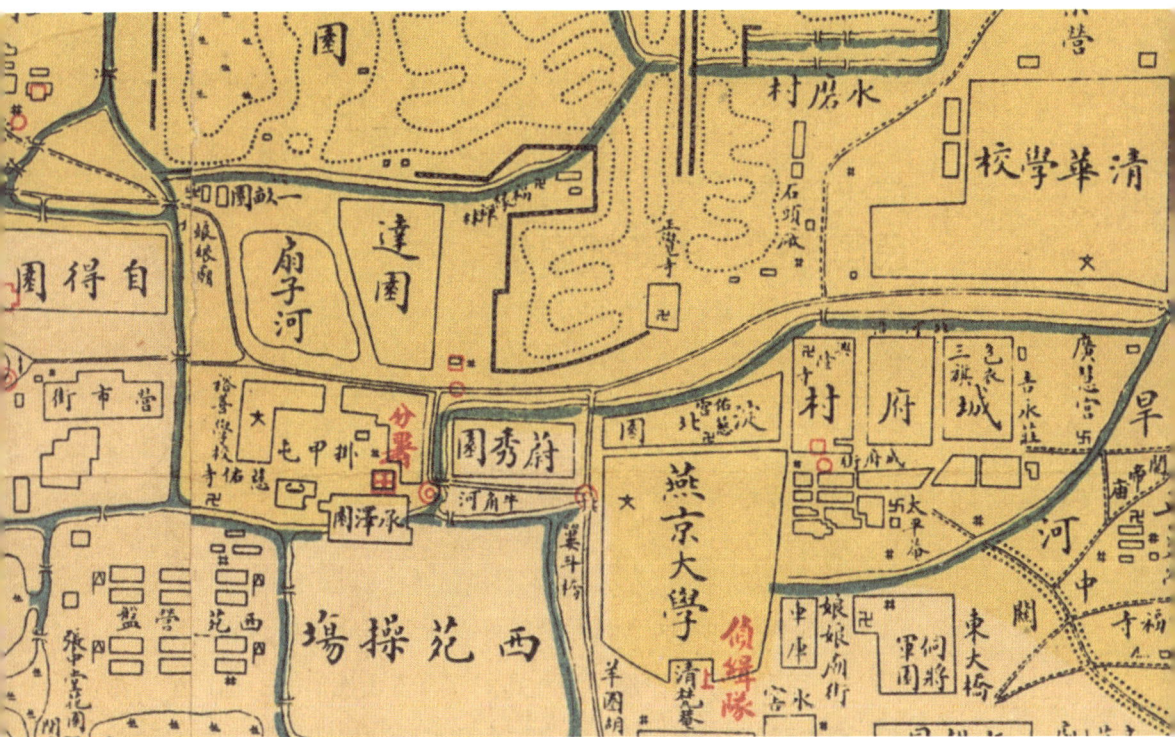

《北平特别市城郊地图》中的王府园林区域

爷园"等。"花园"即养花园。"瑞亲王园"应为"睿亲王园",即
淑春园。"×爷园"多次出现,说明这的确是一幅清末制作的地图,
带有明显的时代特征、清朝印记。在往后的地图上,一般不会出现
这种密集性标示。其中东北角的"四爷园"即近春园,"五爷园"为
清华园。

《北平特别市城郊地图》和《北平特别市图》是两幅20世纪30
年代的地图。可能因为年代接近,所以这两幅图无论绘制风格还是
文字标注都比较相似。自得园、承泽园、蔚秀园等的标注位置基本

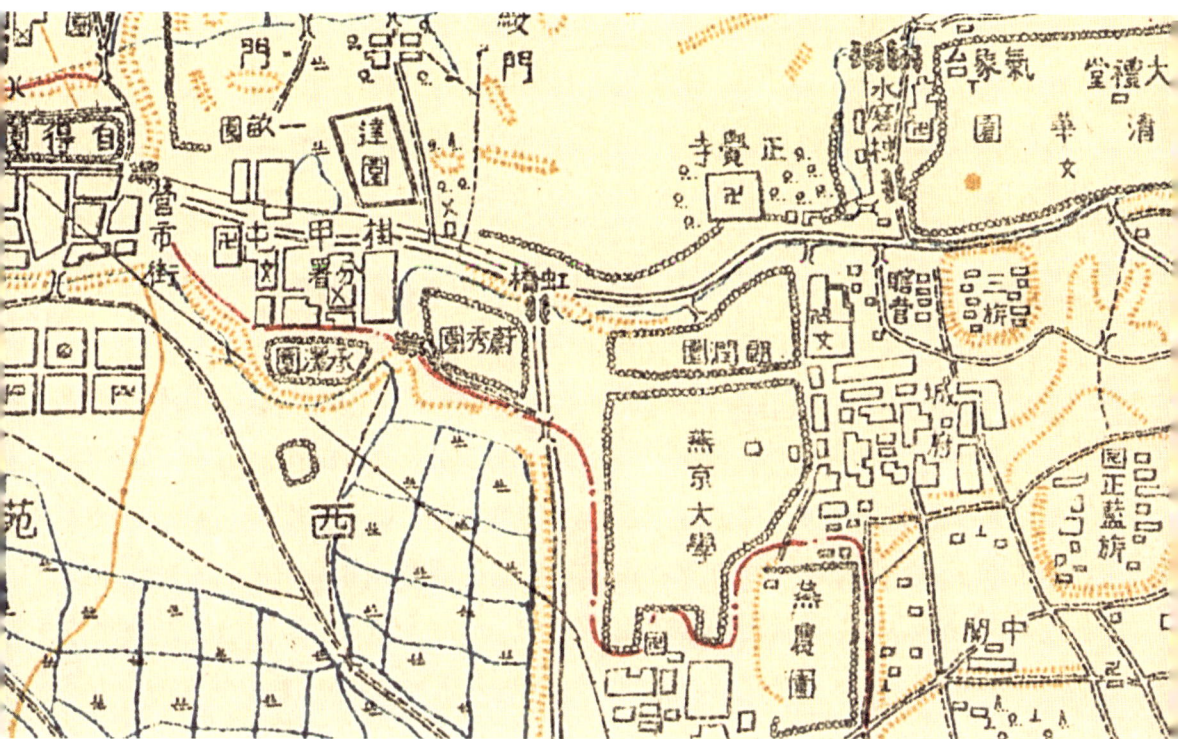

《北平特别市图》中的王府园林区域

相同。但是和《万寿山图》比较有明显不同，尤其"蔚秀园"的位置明显不同。显然，年代较晚的这两幅图的标注更接近实际。

　　清代北京西郊赐园以及御园附园的修建，主要是从康熙皇帝经常驻跸畅春园开始的。康熙四十六年（1707），皇帝诏准七位24岁以上的年长皇子在畅春园周围同时建造房屋[①]。这个时间基本可以视为西郊赐园建造的开端。这些园林的选址也随着皇帝常驻御园的变

---

　　① 中国第一历史档案馆编：《康熙朝满文朱批奏折全译》，中国社会科学出版社，1996年，第495页。

化而变化。康熙年间，畅春园是当之无愧的西郊中心，所以环绕畅春园修建起西花园、圣化寺、泉宗庙、北新花园等。至乾隆年间，皇帝的重心转移至圆明园，于是圆明园周边兴建的赐园等增加。至晚清时期，尽管皇家活动中心在颐和园，但是新建赐园基本没有。究其原因，一方面是已有园林数量已经很多，基本可以循环利用；另一方面自然是朝廷财力不足，皇家御园尚且无法重修，更勿论皇家赐园。从清代后期园林不断被进行分割、占地日益缩小也可以看出，朝廷已经明显囿于财政困境。

由于年代久远且屡经转变交叉，加以史料缺乏，这些园林的始建年代、园域变化状况、园林概貌及传承关系等，今人很难给出详细准确的描述。所以学术界历来存在很多歧见。我们现在能做的，只有不断挖掘史料，尽量找出更多佐证。

第四章

结　语

北京西郊皇家园林区域从清代开始经历了几个发展时期。康熙时期是兴起阶段，随着畅春园的兴建，周边无论是大型皇家园林，还是皇家赐园都迎来了第一次建设时期。乾隆、嘉庆时期是鼎盛阶段，随着圆明五园的建成，周边园林的建设也达到高潮，奠定了整个区域的格局。道光、咸丰时期是衰落阶段，随着国力式微，许多园林也经营无力，至第二次鸦片战争期间达到低点，许多园林几近全毁。同治、光绪时期是回光返照阶段，主要是颐和园得到了较大恢复，其他大部分园林继续衰败。清末至民国时期是改建阶段，许多园林废墟被改作农田、高校、军营等。尽管许多园林已经不复存在或改作他用，但是五园三山整个区域的山水田园风貌被一直保存到20世纪80年代的城市化之前。

五园三山地区是北京历史文化名城保护体系的两大重点区域之一，是西山永定河文化带和大运河文化带交会的重要文化资源富集地，是传统历史文化与新兴文化交融的复合型地区，是全国政治中心、文化中心、国际交往中心和科技创新中心功能相叠加的重点地区，也是古都文化和京味文化培根固土、涵养文脉的重要承载地。近几十年来，围绕五园三山历史文化的研究与活化利用日渐丰富，一批老中青专家学者深入发掘五园三山历史文脉，推出一系列研究成果，将五园三山的前世今生勾勒得日益清晰，不断为其文化金名片的定位提供充足论据和细节故事。

进入21世纪，文物保护和传承中华民族传统文化也成为新时代的主题。2011年10月，中共十七届六中全会做出了《中共中央关于深化文化体制改革，推动社会主义文化大发展大繁荣若干重大问题的决定》。2012年7月，北京市第十一次党代会首次将"三山五园"

历史文化景区建设作为首都历史文化名城保护项目写入报告。2021年4月，北京市海淀区人民政府发布了《北京海淀三山五园国家文物保护利用示范区建设实施方案》。具体方案包括恢复颐和园西侧京西稻景观，建三山五园艺术中心，实施功德寺、颐和园西侧三角地、东西红门、西水磨等地区历史景观恢复，建设京张铁路遗址公园一期工程，等等。2021年12月，北京市重点工程"海淀区三山五园艺术中心"项目正式开工建设，预计于2023年上半年完工。三山五园艺术中心位于海淀公园内西北角，畅春园西花园旧址。可以想见，历史上的五园三山又将焕发出新的时代光彩。

附 录

附录一全附录五中出现的所
有地名均按图上文字照录。若对
地名有补充说明，在后附圆括号
内标注；若图中有字缺失，地名
后附方括号标出可能的字。

附录一　国图藏五园三山系列地图四至范围对照表

图名	东
《三山五园外三营地理全图》	正白旗小教场—圆明园正白旗营房—厢白旗小教场—圆明园厢白旗北营房—长春园东宫门—圆明园厢白旗南营房—花园—内务府包衣三旗营房—成府—圆明园正蓝旗营房—中营畅春园泛守备署—觉生寺（大钟寺）—寿安寺—慈献寺—玄圣观—都城西直门
《五园图》	圆明园正白旗—圆明园厢白北营—圆明园厢白旗南营—花园—内务府三旗营—成府—圆明园正蓝旗—觉生寺—曾家庄—慈献寺—寿安寺—玄圣观—西直门
《西山图》	圆明园正白旗—圆明园厢白旗北营—圆明园厢白南营—包衣三旗营房—成府村—圆明园正蓝—畅春园泛守署—中营副将署—觉生寺—西直门火车站—西直门
《西郊图》	圆明园厢白—圆明园厢白小营—清华园—包衣三旗—城府村—三才堂—西宝福寺—老虎庙—白塔庵—关帝庙—觉生寺—青塔寺—仁寿庵—净土寺—玄圣观—西直门
《五园三山及外三营图》	厢白北营—圆明园厢白—清华园—三才堂—清华园车站—圆明园正蓝—西宝福寺—老虎庙—白塔庵—关帝庙—觉生寺—青塔寺—仁寿庵—净土寺—玄圣观—北京西直门
图名	南
《三山五园外三营地理全图》	都城西直门—乐善园—紫竹院—昌运宫—高庄—南平坡庄—黑塔—齐家村—南辛庄—聚山—昌化寺—青龙山
《五园图》	西直门—乐善园—紫竹院—（长河）—广仁宫—蓝靛厂—圆明园厢蓝旗—南坞—魏家村—健锐营厢红南营—青龙山
《西山图》	西直门—（长河）船坞—试验场西门—紫竹院—昌运宫—长春桥—蓝靛厂—圆明园厢蓝旗—魏家村—健锐营厢红旗南营—教堂
《西郊图》	西直门—试验场—紫竹院—昌运宫—板井—金庄—长春桥—广仁宫—圆明园厢蓝—西冉家村—平坡庄—黑塔村—杏子口—嘉禧寺—石景山
《五园三山及外三营图》	北京西直门—农事试验场—紫竹院—昌运宫—板井—金庄—长春桥—西顶（广仁宫）—蓝靛厂—圆明园厢蓝—冉家村—西冉家村—黑塔村—聚山村—聚山—嘉喜寺—磨石口—石景山

图名	西
《三山五园外三营地理全图》	青龙山—青龙山福惠寺—万安山—小白塔—万安山法海寺—静宜园—过街塔—山神庙　碧云寺　玉皇顶—寿安山—五华寺
《五园图》	青龙山—福惠寺—万安山—法海寺—地藏庵—香山南峰—香山—静宜园—过街塔—山神庙—天宝山—碧云寺—玉皇顶—寿安山—五华寺
《西山图》	教堂—青龙山—狮子窝—福慧寺—万安山—法海寺—地藏庵—静宜园—香山中峰—天宝山过街塔—碧云寺—玉皇顶—尖子岭—白梨坪—北大尖—燕儿岭—大洼—寿安山北峰
《西郊图》	石景山—宝珠洞—福惠寺—法海寺—地藏庵—静宜园—山神庙—碧云寺—玉皇顶—白梨坪—大洼—成子山
《五园三山及外三营图》	石景山—翠微山—宝珠洞—狮子窝—福惠寺—法海寺—地藏庵—静宜园—过街塔—碧云寺—玉皇顶—白梨坪—大洼—承子山—温泉
图名	北
《三山五园外三营地理全图》	寿安山—五华寺—普觉寺（卧佛寺）—金山宝藏寺—圆明正红旗小教场—上河沿—正黄旗小教场—[厢黄]旗小教场—中营树村泛守备署—正白旗小教场
《五园图》	寿安山—五华寺—普觉寺—鞍子岭—宝藏寺—红山口—圆明园正红旗—安河桥—萧家河桥—精捷营厢黄旗—圆明园正黄旗—圆明园厢黄旗—树村—圆明园正白旗
《西山图》	寿安山北峰—北大昭—红山口—禁卫军武库—圆明园正红旗—圆明园正黄旗—圆明园厢黄旗—树村—树村泛守备署—圆明园正白旗
《西郊图》	成子山—蛛蜘山—黑龙潭—宝藏寺—圆明园正红—圆明园止黄—圆明园厢黄—树村—圆明园正白—圆明园厢白
《五园三山及外三营图》	温泉—白家疃—蜘蛛山—黑龙潭—宝藏寺—湖山一览（牌楼）—圆明园正红—圆明园正黄—圆明园厢黄—树村—圆明园正白—厢白北营

附录二　国图藏五园三山系列地图之圆明园区域标注地名对照表

《三山五园外三营地理全图》	《五园图》	《西山图》	《西郊图》	《五园三山及外三营图》
正大光明	正大光明	正大光明	正大光明	正大光明
九州清晏	九州清宴	九州清宴	九州清宴	九州清宴
—	—	—	—	天地一家春
勤政亲贤	勤政亲贤	勤政亲贤	勤政亲贤	勤政亲贤
—	楼月开云	镂月开云	镂月开云	镂月开云
—	天然图画	天然图画	天然图画	天然图画
—	碧桐书院	碧桐书院	碧桐书院	碧桐书院
—	曲院风荷	—	—	曲院风荷
—	武陵春色	—	—	武陵春色
—	慈云普护	—	慈云普护	慈云普护
—	长春仙馆	长春仙馆	长春仙馆	长春仙馆
—	茹古涵今	茹古涵今	—	茹古涵今
坦坦荡荡	坦坦荡荡	—	—	坦坦荡荡
—	上下天光	—	上下天光	上下天光
—	杏花春馆	—	杏花春馆	杏花春馆
—	—	—	—	春雨轩
—	山高水长	山高水长	山高水长	山高水长
万方安和	万方安和	万方安和	万方安和	万方安和
—	月地云居	月地云居	月地云居	月地云居
涵虚朗鉴	涵虚朗镜	涵虚朗鉴	涵虚朗镜	涵虚朗鉴
夹镜明琴	夹镜鸣琴	夹镜鸣琴	峡镜明琴	峡镜鸣琴
别有洞天	别有洞天	别有洞天	别有洞天	别有洞天
—	接秀山房	接秀山房	接秀山房	接秀山房
—	方壶胜境	方壶胜景	方壶胜境	方壶胜境
—	鱼跃鸢飞	鱼跃鸢飞	—	鱼跃鸢飞

（续表）

《三山五园外三营地理全图》	《五园图》	《西山图》	《西郊图》	《五园三山及外三营图》
—	廓然大公	廓然大公	廓然大公	廓然大公
—	蓬岛瑶台	蓬岛瑶台	蓬岛瑶台	蓬岛瑶台
—	—	—	—	瀛海仙山
—	—	—	—	北岛正宇
—	四宜书屋	四宜书屋	—	四宜书屋
—	—	—	—	安澜园
北远山村	北远山村	—	北远山村	北远山村
多稼如云	多稼如云	多稼如云	多稼如云	多稼如云
—	洞天深处	洞天深处	洞天深处	—
—	澡身浴德	澡身浴德	澡身浴德	澡身浴德
—	平湖秋月	梦湖秋月	平湖秋月	平湖秋月
—	西峰秀色	西峰秀色	西峰秀色	西峰秀色
—	水木明琴	—	水木明瑟	水木明琴
—	坐寺临流	—	坐石临流	坐石临流
澹泊宁静	澹泊宁静	—	—	澹泊宁静
—	日天琳宇	日天琳宇	—	日天琳宇
汇芳书院	汇芳书院	汇芳书院	汇芳书院	汇芳书院
映水兰香	映水兰香	映水兰香	—	映水兰香
鸿慈水祜	鸿慈永祜	鸿慈永祜	鸿慈永祜	鸿慈永祜
—	濂溪乐处	濂溪乐处	濂溪乐处	—
—	—	舍卫城	舍卫城	舍卫城
—	—	寿国寿民殿	—	寿国寿民
—	—	—	仁慈殿	仁慈殿
—	—	—	普福宫	普福宫
—	—	文源阁	文源阁	文源阁
—	—	—	玲峰	玲峰
—	—	—	—	紫碧山房

(续表)

《三山五园外三营地理全图》	《五园图》	《西山图》	《西郊图》	《五园三山及外三营图》
—	—	—	—	寒山
—	—	—	—	断桥残雪
—	—	—	—	柳浪闻莺
正觉寺	正觉寺	正觉寺	正觉寺	正觉寺
—	—	澹怀堂	—	—
—	—	众翠亭	—	—
—	—	云容水态	—	—
—	—	含经堂	—	—
—	—	淳化轩	—	—
—	—	海岳开襟	海岳开襟	海岳开襟
—	—	法慧寺	—	—
—	—	宝相寺	—	—
—	—	敦素堂	—	—
—	—	如园	—	—
—	—	鉴园	—	—
—	—	玉玲珑	—	—
—	—	正谊明道	—	—
—	—	狮子林	—	狮子林
—	—	纳景堂	—	—
—	—	占峰亭	—	—
—	—	—	熙春洞	熙春洞

附录三　国图藏五园三山系列地图之静明园区域标注地名对照表

《三山五园外三营地理全图》	《五园图》	《西山图》	《西郊图》	《五园三山及外三营图》
静明园南宫门	静明园	静明园	玉泉饭店	玉泉旅馆
水城关	—	—	—	—
廓然大公	廓然大公	廓然大公	勤政殿	廓然大公
芙蓉晴照	芙蓉晴照	芙蓉晴照	芙蓉晴照	芙蓉晴照
溪田课耕				
绣壁诗态	—	绣壁诗态	—	
—	虚受堂		虚受堂	受虚堂
		真武殿	真武庙	真武庙
—		吕祖洞	吕祖洞	吕祖洞
		观音洞	观音洞	观音洞
—	—	澄照	—	—
			竹炉山房	竹炉山房
—	—	—	—	开锦斋
龙王庙	龙王庙	—	龙王庙	龙王庙
天下第一泉	—	—	第一泉	—
玉泉趵突	—	玉泉趵突	—	
裂帛湖	—			
华滋馆	华滋馆	华滋馆	华滋馆	华滋馆
含晖堂	含辉堂	—	含辉堂	含辉堂
华岩寺	华岩寺	华岩祠	华岩洞	华岩洞
云外钟声	云外钟声	—	云外钟声	云外钟声
香岩寺	香岩寺	香岩寺	香岩寺	香岩寺
第一梁	第一梁		第一凉	第一凉
玉峰塔影	—	玉峰塔影	—	—
峡雪琴音	峡雪琴音	峡雪琴音	峡雪琴音	峡雪琴音

（续表）

《三山五园外三营地理全图》	《五园图》	《西山图》	《西郊图》	《五园三山及外三营图》
—	—	—	招鹤	招鹤
—	—	写琴廊	写琴廊	写琴廊
含经堂	—	—	含经堂	含经堂
—	—	—	翠云嘉荫	翠云嘉荫
—	—	—	资生洞	资生洞
—	—	—	镜影涵虚	镜影涵虚
—	—	水月洞	水月洞	水月洞
—	—	坚固林	—	—
—	—	伏魔洞	伏魔祠	伏魔祠
—	—	华严洞	华严洞	华严洞
静明园东宫门	—	东宫门	静明园	静明园
小东门	—	—	—	—
妙高寺	妙高寺	妙高寺	妙高寺	妙高寺
妙高塔	—	妙高塔	—	—
—	—	小飞来	小飞来	小飞来
—	—	楞伽洞	楞伽洞	楞伽洞
—	—	临溪书屋	—	—
—	—	—	—	普安店
—	妙云寺	—	—	妙云寺
炮厂	—	工厂	枪厂	第五工厂
分水广润祠	—	广润庙	广润庙	广润庙

附录四　国图藏五园三山系列地图之静宜园区域标注地名对照表

《三山五园外三营地理全图》	《五园图》	《西山图》	《西郊图》	《五园三山及外三营图》
—	—	静宜女学校	静宜女学校	静宜女学校
—	—	—	—	电话局
静宜园东宫门	静宜园	静宜园	静宜园	静宜园
勤政殿	勤政殿	勤政殿	勤政殿	—
		清寄轩		
致远斋	致远斋	志远斋	致远斋	—
	丽瞩楼	丽瞩楼	丽瞩楼	丽瞩楼
	多云亭	多云亭	多云	多云
		—	—	紫霞天
				绿云舫
—	绚秋林	绚秋林	绚秋林	绚秋林
—	雨香馆	雨香馆	雨香馆	雨香馆
玉华寺	玉华寺	—	玉华寺	玉华山庄
			玉华岫	—
超然堂	超然堂	超然堂	超然堂	—
森玉笏	森玉笏	森玉笏	—	森玉笏
—	带水屏山	带水屏山	带水屏山	带水屏山
	中宫	—	—	—
学古堂	学古堂	学古堂	学古堂	—
—	—	虚朗斋	虚朗斋	—
—	—	霞标磴		
		观音阁	—	
		妙高堂	妙高堂	
	画禅室	—	—	
—	来青轩	来青轩	来青轩	—

（续表）

《三山五园外三营地理全图》	《五园图》	《西山图》	《西郊图》	《五园三山及外三营图》
—	无量殿	无量殿	无量殿	—
—	听雪轩	—	—	—
—	韵琴斋	—	韵琴斋	韵琴斋
松坞云庄	松坞云庄	—	—	—
双井	—	双井	双井	双井
—	—	双清	双清	双清
—	—	—	—	双清别墅
—	—	—	—	看云起
—	—	—	—	璎珞岩
欢喜园	欢喜园	—	—	—
香山永安寺	永安寺	香山寺	永安寺	—
—	—	慈恩殿	—	—
—	—	抱云挂月	抱云挂月	抱云挂月
太虚室	—	太虚室	—	—
洪光寺	洪光寺	洪光寺	洪光寺	洪光寺
宗镜大昭之庙	昭庙	昭庙	昭庙	—
芙蓉坪	芙蓉坪	芙蓉坪	芙蓉坪	芙蓉坪
重翠庵	重翠庵	重翠庵	重翠庵	重翠庵
静室	静室	—	静室	静室
镜烟楼	镜烟楼	烟镜楼	镜烟楼	镜烟楼
见心斋	见心斋	见心斋	见心斋	见心斋
正凝堂	正凝堂	正凝堂	正凝堂	正凝堂
梯云山馆	梯云山馆	梯云山馆	梯云山馆	梯云山馆
西山晴雪	西山晴雪	西山晴雪	西山晴雪	西山晴雪
—	—	—	静如太古	静如太古
—	—	—	栖月崖	栖月崖
—	—	—	—	朝阳洞
—	—	—	—	延月

《三山五园外三营地理全图》	《五园图》	《西山图》	《西郊图》	《五园三山及外三营图》
—	畅风楼	畅风楼	畅风楼	畅风楼
—	—	—	就松舍	就松舍
—	—	约白门	—	—
—	—	—	—	唳霜皋
—	—	玉乳泉	—	玉乳泉
—	—	仙掌	仙掌	仙掌
—	—	卓笔	卓笔	卓笔
—	—	一拳石	一拳石	一拳石
—	—	削玉	削玉	削玉
—	—	聚云堆	聚云堆	聚云堆
—	—	萝屏	萝屏	萝屏
—	—	阆风	阆风	阆风
—	—	—	—	飞秀
—	—	—	—	涌鳌
—	—	—	—	蔚秀
—	—	—	—	浮玉
—	—	—	—	知时
和顺门	—	—	—	—
豫泰门	—	—	—	—
桑椹树	—	—	—	—
—	布达拉	布达拉	—	—

附录五　国图藏五园三山系列地图之颐和园区域标注地名对照表

《三山五园外三营地理全图》	《五园图》	《西山图》	《西郊图》	《五园三山及外三营图》
绣绮桥	绣绮桥	绣绮桥	绣绮桥	绣绮桥
界湖桥	界湖桥	界湖桥	界湖桥	界湖
景明楼	景明楼	景明楼	景明楼	景明楼
练桥	练桥	练桥	练桥	练桥
镜桥	镜桥	镜桥	镜桥	镜桥
玉带桥	玉带桥	玉带桥	玉带桥	玉带桥
桑苎桥（豳风桥）	桑苎桥	桑苎桥	桑苎桥	桑苎
柳桥	—	柳桥	柳桥	柳桥
凤凰墩	凤凰墩	凤凰墩	—	—
畅观堂	畅观堂	畅观堂	畅观堂	畅观堂
藻鉴堂	藻鉴堂	藻鉴堂	藻鉴堂	藻鉴堂
治镜阁	治镜阁	治镜阁	治镜阁	治镜阁
延赏斋				
耕织图	耕织图	耕织图	耕织图	耕织图
船坞	船坞	船坞	—	—
昆明湖龙神祠	龙王堂	龙王堂	龙王庙	龙王堂
十七孔桥	十七空桥	十七空桥	—	—
廓如亭	廓如亭	廓如亭	廓如亭	廓如亭
—	铜牛	铜牛	—	—
颐和园东宫门	颐和园	颐和园	颐和园	颐和园
文昌阁	文昌阁	文昌阁	文昌阁	文昌阁
—	—	智春亭	智春亭	知春
—	—			耶律楚材祠
仁寿殿	仁寿殿	仁寿殿	仁寿殿	仁寿殿

（续表）

《三山五园外三营地理全图》	《五园图》	《西山图》	《西郊图》	《五园三山及外三营图》
玉兰堂	玉澜堂	玉澜堂	玉澜堂	玉澜堂
—	霞芬室	—	霞芬室	霞芬室
—	藕香榭	—	藕香榭	藕香榭
—	—	夕佳楼	夕佳楼	夕佳楼
—	宫门			
	屯灯			—
宜春馆	宜芸馆	宜芸馆	宜芸馆	宜芸馆
	近西轩			
	道存斋			
			恩风长扇	恩风长扇
			藻绘呈瑞	藻绘呈瑞
水木自亲	水木自亲	—	水木自亲	水木自亲
乐寿堂	乐寿堂	乐寿堂	乐寿堂	乐寿堂
	绿天深处	舒华布实	舒华布实	舒华布实
	虑澹情怡	仁以山悦	仁以山悦	仁以山悦
				云和庆韵
青芝岫	青芝岫	—	青芝岫	青芝岫
—		扇面房	扇面房	扇面房
宜春堂	—	德和园	德和园	德和园
—	—	颐乐殿	颐乐殿	颐乐殿
—		—	焕焯珍符	焕焯珍符
—		邀月门	邀月门	邀月门
		留佳亭	留佳	留佳
—	对鸥舫	对鸥舫	对鸥舫	对鸥舫
		寄澜亭	寄澜	寄澜
		秋月亭	秋水	秋月
—	鱼藻轩	鱼藻轩	鱼藻轩	鱼藻轩
		清遥亭	清遥	清遥

（续表）

《三山五园外三营地理全图》	《五园图》	《西山图》	《西郊图》	《五园三山及外三营图》
—	—	—	凌云杭势	凌云杭势
—	—	含新亭	含新	含新
—	—	养云轩	养云轩	养云轩
—	—	福荫轩	福荫轩	福荫轩
—	—	景福阁	景福阁	景福阁
—	—	千峰彩翠	—	千峰彩翠
—	—	重翠亭	重翠亭	重翠亭
—	写秋轩	写秋轩	写秋轩	写秋轩
—	—	寻云亭	寻云	寻云
—	观生意	观生意	观生意	观生意
—	圆朗斋	圆朗斋	圆朗斋	圆朗斋
—	瞰碧台	瞰碧台	瞰碧台	瞰碧台
—	—	无尽意轩	无尽意轩	无尽意轩
—	—	意迟云在	意迟云在	意迟云在
—	—	谐趣园	谐趣园	谐趣园
—	—	—	知春亭	知春
—	—	澄爽斋	澄爽斋	澄爽斋
—	—	瞩新楼	瞩新楼	瞩新楼
—	—	涵远堂	涵远堂	涵远堂
—	—	—	湛清华	湛清华
—	—	—	寻诗径	寻诗径
—	—	知春堂	知春堂	知春堂
—	—	知鱼桥	—	—
—	—	—	澹碧	澹碧
—	—	洗秋	洗秋	洗秋
—	—	饮绿	饮绿	饮绿
—	—	引镜	引镜	引镜
—	—	霁青轩	霁青轩	霁青轩

（续表）

《三山五园外三营地理全图》	《五园图》	《西山图》	《西郊图》	《五园三山及外三营图》
—	—	青翠峡（清琴峡）	青翠峡	青翠峡
—	—	眺远斋	眺远斋	眺远斋
延寿寺	延寿寺	—	—	—
—	—	排云门	排云门	排云门
排云殿	排云殿	排云殿	排云殿	排云殿
德辉殿	德辉殿	德辉殿	德辉殿	德辉殿
—	芬晖	—	—	—
—	紫霄	—	—	—
—	—	导养正性	导养正性	导养正性
			云外天香	
—	—	—	气象昭回	—
			式扬风教	
佛香阁	佛香阁	佛香阁	佛香阁	佛香阁
—	众香界			
智慧海	智慧海	智慧海	智慧海	智慧海
转轮藏	转轮藏	转轮藏	转轮藏	转轮藏
—	五方阁	—	五方阁	五方阁
—	—	宝云阁	—	—
—	—	—	浮岚暖翠	浮岚暖翠
画中游	画中游	—	画中游	画中游
借秋楼	借秋楼	借秋楼	借秋楼	借秋楼
爱山楼	爱山阁	爱山楼	爱山楼	爱山楼
湖山真意	湖山真意	湖山真意	湖山真意	湖山真意
—	—	—	邵窝正殿	邵窝正殿
—	—	云松巢	云松巢	云松巢
听鹂馆	听鹂馆	—	听鹂馆	听鹂馆
—	—	—	金支秀华	金枝秀华

（续表）

《三山五园外三营地理全图》	《五园图》	《西山图》	《西郊图》	《五园三山及外三营图》
—	—	—	斜门殿	斜门殿
山色湖光共一楼	—	山色湖光共一楼	—	山色湖光共一楼
五圣祠	五圣祠	五圣祠	五圣祠	五圣祠
—	—	迎旭堂	迎旭堂	迎旭堂
—	—	澄怀楼	澄怀楼	澄怀楼
—	—	小有天	小有天	小有天
—	—	寄澜堂	寄澜堂	寄澜堂
石舫	—	石舫	—	—
颐和园北楼门	—	—	—	—

附录六　《北京海淀三山五园国家文物保护利用示范区建设实施方案》

为深入贯彻习近平总书记关于首都城市战略定位的重要指示精神，落实好中共中央办公厅、国务院办公厅《关于加强文物保护利用改革的若干意见》，根据国家文物局印发的《国家文物保护利用示范区建设方案》《国家文物保护利用示范区创建管理办法（试行）》以及《关于同意创建北京海淀三山五园国家文物保护利用示范区的函》（文物政函〔2021〕235号）等要求，结合三山五园实际情况，特编制本方案。

一、指导思想和建设原则

（一）指导思想

以习近平新时代中国特色社会主义思想为指导，全面贯彻党的十九大和十九届二中、三中、四中、五中全会精神，深入贯彻落实习近平总书记关于文物工作的重要论述和对北京重要讲话精神。坚持"保护为主、抢救第一、合理利用、加强管理"工作方针，切实加大文物保护工作力度，广泛动员社会力量参与，积极拓展思路、创新方法，探索具有首都特色的文物保护与利用新机制。不断推进文物治理体系和治理能力现代化，促进科学保护、深入研究、世代传承、创新利用，将三山五园地区打造成为传统文化与现代文明交相辉映的亮丽"金名片"，使文物保护成果更多惠及人民群众，彰显文化自信，增强人民精神力量，推动文物赋能经济社会发展，努力走出一条符合国情的文物保护利用之路，为建设全国文化中心、建设社会主义文化强国贡献更大力量。

（二）建设原则

——坚持应保尽保。树立正确历史文化遗产资源观，以全国文化中心的首善标准，全方位筑牢文物安全底线，严格保护文物本体及其自然环境、文化生态，确保真实完整保护传承文物蕴含的历史信息和文化精髓。

——坚持系统观念。贯彻落实《北京城市总体规划（2016年—2035年）》，实现文物保护与国土空间规划、区域经济社会发展规划"多规合一"。系统保护、展示三山五园各类历史文化遗产，以文物为核心，以山水形胜的整体格局为基底，以天人合一和谐秩序为灵魂，将各类历史文化要素"串珠成链"，呈现有机融合的文化景观、古今和谐的城市风貌。

——坚持创新发展。加大对历史文化研究的支持力度，开门做研究，深入挖掘阐释文物蕴含的中华民族文化精神、文化胸怀和文化自信。发挥海淀区科技优势、文化优势，创新文物合理利用的技术手段、模式业态、工作机制，更高水平让文物"活"起来。

——坚持合作共赢。秉持以人民为中心的发展思想，构建三山五园文物保护利用创新合伙人机制，纵深拓展社会力量参与文物保护利用的渠道方法，不求所有、但求对社会开放，让三山五园文物保护利用成果更加深入人心、更好服务经济社会发展。

二、总体安排

(一)建设范围

三山五园是对位于北京西北郊、以清代皇家园林为代表的各历史时期文化遗产的统称。"三山"指香山、玉泉山、万寿山,"五园"指静宜园、静明园、颐和园、圆明园、畅春园。三山五园地区是北京历史文化名城保护体系的两大重点区域之一,是西山永定河文化带和大运河文化带交汇的重要文化资源富集地,是传统历史文化与新兴文化交融的复合型地区,是全国政治中心、文化中心、国际交往中心和科技创新中心功能叠加的重点地区。

北京海淀三山五园国家文物保护利用示范区(以下简称示范区)创建范围东至地铁 13 号线(荷清路段),西至海淀区区界,北起西山山脊线和北五环,南至北四环和闵庄路,总面积约 68.5 平方公里。此外,将三山五园与北京老城之间的联系廊道作为延伸区域。未来示范区创建经验将逐步向北京历史文化名城全域辐射。

(二)建设目标

将示范区建设成为国家历史文化传承典范区。全面挖掘、系统保护各类文化遗存,加大文化内涵研究阐释力度,丰富文化遗产展示利用的科技手段,彰显三山五园地区的文化魅力和影响力,充分发挥其传承中华优秀传统文化、继承革命文化、弘扬社会主义先进文化的独特优势,铸就中华文化新辉煌,为实现中华民族伟大复兴中国梦提供精神力量。

（三）进度安排

1. 方案制定报批阶段（2020 年 10 月—2021 年 2 月）

组织召开各级各界创建工作座谈会，广泛听取各方意见建议，修订完善本方案报审稿，按程序上报。

2. 动员部署阶段（2021 年 2 月—4 月）

按照国家文物局批复要求，召开全区创建工作动员部署会，下发实施方案及配套文件，明确工作目标，落实责任部门，压实创建任务，同时加大社会面宣传，形成举市区之力、聚万众之智创建示范区的浓厚氛围。

3. 全面推进阶段（2021 年 4 月—2023 年 6 月）

坚持以研究为基础、以规划为引领、以项目为抓手、以人才为支撑、以机制为保障，按年度计划压茬推进各项任务落地落实，形成一批可复制推广的成果经验。

4. 考核验收阶段（2023 年 6 月—10 月）

对照本方案要求，组织开展自评，并按时向国家文物局提交示范区建设验收报告。结合《三山五园地区整体保护规划（2019 年—2035 年)》，制定示范区面向 2035 年的建设计划，持续推进，巩固提升创建成果。

三、主要任务和示范项目

（一）深入学习贯彻落实习近平总书记关于文物工作的重要论述和重要指示批示精神

深入学习贯彻落实习近平总书记关于文物工作的重要论述和重

要指示批示精神，深入学习领会核心要义和精神实质，树牢保护文物也是政绩的科学理念、保护历史文化遗产责任重大的观念，全面推进新时代海淀区文物工作高质量发展，把示范区建设作为海淀区增强"四个意识"、坚定"四个自信"、做到"两个维护"的重大实践检验，有力推动习近平新时代中国特色社会主义思想在海淀落地生根、开花结果，形成生动实践。

示范项目：将深入学习贯彻落实习近平总书记关于文物工作的重要论述和重要指示批示精神纳入区委理论学习中心组学习计划和区政府常务会会前学习计划，在区委党校（区行政学院）开展专题讲座，通过多形式、分层次、全覆盖的学习培训活动，形成全面系统学、及时跟进学、深入思考学、联系实际学的良好风气。

（二）保护类型丰富的文化遗产

依法加强对各类各级文物及历史建筑的梳理、研究和保护，全面摸清管理使用情况，完善不可移动文物资源管理制度，落实尚未核定公布为文物保护单位的不可移动文物保护管理措施，开展田野考古调查和勘探工作，补充、调整文物保护单位，实现保护对象应保尽保。加强对文物周边环境的保护管理，实现对三山五园地区建筑高度、体量、色彩、风格等的全要素管控。加强对非物质文化遗产资源的挖掘、保护和传承。

示范项目：率先全面开展全域文物资源专项调查，开展文物资源定期评估，持续完善不可移动文物资源报告制度，定期向区人大常委会报告文物资源资产管理情况。建设三山五园文化遗产数据资料中心（含不可移动文物、古树名木、非遗项目、史料档案数据库等）。全面掌握不可移动文物基本情况，分类施策，从以抢救为主的被动式保护转为以预防为主的科学保护。进一步开展对非物质文化遗产资源的调查梳理，完善海淀区非物质文化遗产保护名录。

（三）保护山水形胜的整体格局

落实《北京历史文化名城保护条例》，编制实施《三山五园地区整体保护规划（2019年—2035年)》，将三山五园地区文化遗产保护利用融入区域国土空间规划，一张蓝图绘到底，保障本建设实施方案有效落地。系统性保护以山水环境为本底、以西山为屏障、以皇家园林为核心、以水系御道相互串联、各类要素有机交织的整体山水格局与传统风貌。恢复重要历史水系和部分稻田景观，大尺度拓展绿色空间。实现地区整体生态文化环境融合发展。

示范项目：持续开展三山五园生态环境提升工程。深入挖掘三山五园历史水文化内涵，开展万泉河、金河河道治理工程，部分恢复历史水系脉络。实施功德寺、颐和园西侧三角地、东西红门、西水磨等地区历史景观恢复，恢复颐和园西侧京西稻景观，逐步重现三山五园田园风光、重现皇家园林水系整体风貌。开展圆明园大宫门遗址区保护展示工程。

（四）保护三山五园与北京老城的联系

保护三山五园与老城之间的视线通廊，严格控制建设高度，塑造明晰的山水城市格局，重点保护香山香炉峰望城市视廊和银锭桥、太和殿经玉渊潭望西山视廊。保护长河遗产廊道和御道遗产廊道，控制沿途景观风貌，完善遗产标识、阐释、展示体系。

示范项目：沿长河遗产廊道和御道遗产廊道，统一设置遗产标识，在视觉上强化水上游览和陆地慢行系统的串联，对三山五园与北京老城之间的密切关系在沿途合适地点和场所进行阐释和展示，修改提升长河水上游船的导游解说词，丰富游客的文化体验，增强文化获得感。建设京张铁路遗址公园一期工程。

（五）构建文物保护的责任体系

针对三山五园地区部队、高校、中央单位多，文物隶属关系复杂，管理权责分散等情况，落实文物保护责任清单要求，强化各级政府的主体责任，规范文物管理部门的行业监管责任，强化管理使用单位的直接责任。深化与驻区文物管理使用单位的战略对接、项目对接、机制对接，积极推进文物协同保护、融入发展、共建共享等，形成中央、地方、军队"央地军"文物保护利用合作新机制。推进文物保护利用试点工作，打造"央地军"合作保护利用文物的示范项目。

示范项目：建立文物巡查员制度，通过政府购买服务等方式，强化文物保护巡查管理。探索"央地军"文物保护利用合作新机制。突出首都特点，充分发挥首都规划建设委员会平台功能和北京市推进全国文化中心建设领导小组（以下简称市建设领导小组）统筹作用，定期协调推进示范区的重点和难点任务。打造法国圣母会遗迹群（309医院天主堂）等"央地军"合作保护利用文物的典型示范项目。

（六）构建文物价值研究阐释体系

发挥海淀区高校和研究院所众多、智力资源富集优势，搭建开放学术研究平台，完善创新合伙人机制，整合各方研究力量和各类智库资源，聚焦三山五园研究，深入挖掘阐述文物的历史、文化、科学价值，进一步优化三山五园的整体价值评估体系，实现三山五园地区历史文脉传承有序、发展有源。发挥好高端智库和国际组织交流渠道作用，开好三山五园国际学术研讨会。

示范项目：围绕三山五园相关学科逻辑与理论框架、三山五园在中华民族文化发展中的地位、三山五园与城市发展的关系等关键问题，主动设置软课题研究方向，公开吸引、统筹组织有关机构和专家参与，深入开展调研、及时形成成果。搭建三山五园研究平台，聚合三山五园地区历史文化发掘和文物保护利用资源和学术力量，整合出版三山五园地区各类研究成果。鼓励以北京市习近平新时代中国特色社会主义思想研究中心的名义在人民日报、光明日报、经济日报和《求是》上发表有关三山五园的理论文章，在各种学术刊物上刊发有关三山五园的研究文章，策划各类有传播力、影响力的新媒体产品。

（七）构建文物展示交流传播体系

发挥三山五园在举旗帜、聚民心、育新人、兴文化、展形象等方面的独特作用，运用多种手段开展三山五园文物展示、交流和传播，组织各类媒体持续讲好三山五园文物故事。建设三山五园艺术中心，运用新技术手段、融媒体手段，集中呈现三山五园整体风貌、完整形象。利用好颐和园国家级文化展示与对外交流场所，彰显辉煌灿烂的中华优秀传统文化。持续提升建设圆明园国家考古遗址公园，建设圆明园国家级历史纪念地和教育基地，激发广大人民群众的爱国热情。完善香山革命纪念地各项设施，继承不忘初心、继续奋斗的革命精神。在国家文物局指导下，吸引三山五园流散文物回归原属地。利用冬奥会冬残奥会、服贸会、文博会等大型会展与活动平台，加强文物保护利用国际交流与合作，办好三山五园巡展，持续扩大三山五园的传播力和影响力。

示范项目：将三山五园艺术中心建设成为集三山五园地区文化遗产保护研究、艺术展览交流、科技创新展示于一体的综合性公共文化新地标。以正觉寺为核心建设圆明园博物馆、文物修复中心，以马首归藏为新起点，促进圆明园流失文物回归。提升颐和园博物馆的综合能力，推出颐和园益寿堂"古都春晓——寻访中国共产党进京赶考之路"红色文化主题展览。持续提升建立新中国（香山革命纪念地）爱国主义主题片区质量水平。以北大、清华、人大等高校的博物馆，以及颐和园博物馆、圆明园博物馆、海淀博物馆构建三山五园博物馆群，进一步提升中关村博物馆和艺术品交易联盟的影响力。

（八）构建文物资源活化利用体系

鼓励社会力量参与三山五园文物保护研究展示。完善文物腾退、征收相关政策。以确保文物安全为前提，遵循不求所有、但求对社会开放的原则，探索社会力量参与文物保护与利用新模式，盘活用好文物资源，制定文物资源合理利用导则。以文化创意为引领，探索文物资源利用转型新路径。

示范项目：面向社会公众开展创意竞赛和交流活动，征集隐修庵、慈恩寺、六郎庄真武庙等一批文物保护单位的活化利用方案。激励和支持基于文物元素开展文化创意、设计文化产品、发展文化产业，推出圆明园数字化沉浸式体验项目。

（九）构建文物保护利用科技支撑体系

充分发挥中关村科学城的科技创新优势，开展文化遗产保护利用的关键技术研究，运用互联网、大数据、云计算、人工智能等现代信息技术，创新文物数字化应用场景建设。依托海淀数字贸易港建设和数字经济高地优势，用好国家服务业扩大开放综合示范区和中国（北京）自由贸易试验区科技创新片区政策，推动适合三山五园整体发展定位的文化科技融合类项目落地，建设"智慧三山五园"，提高传统文物空间牵手数字经济对地方经济社会的贡献度。

示范项目：加强三山五园地区数字基础设施建设，建设文物数据库管理平台，将文物资源动态管理平台嵌入海淀城市大脑，努力实现文物管理的精准化、数据化、智能化。建设提升三山五园官方网站、微信公众号和数字云平台，对文物资源进行数字化展示。在三山五园艺术中心建设三山五园数字展厅。拓展数字圆明园、数字畅春园应用场景。

四、保障措施

（一）加强组织领导

发挥首都规划建设委员会平台功能，突破"央地军"壁垒，为文物赋能经济社会发展提供资源供给和配置服务。构建在市建设领导小组统筹下的工作格局，依托其西山永定河文化带建设组，做实市级层面的统筹协调工作机制，确保示范区建设扎实有力推进，取得预期成果。市文物局牵头建立示范区联席会机制，定期调度重大事项，督促推动示范区建设。海淀区成立相应领导小组和专门工作机构，承担示范区建设各项具体任务，形成党委领导、政府负责、部门协同、社会参与的工作格局。建立文物保护利用创新合伙人机制，汇聚各类驻地单位力量，并赋予街镇及社区新时代文明实践所（站）、街镇规划师文物保护职能。

（二）加强政策保障

统筹利用各部门资源，强化政策支持的整体性、系统性、协同性、可持续性，发挥政策综合效应，激发全社会参与示范区建设的创新创造活力。落实好《北京历史文化名城保护条例》、北京市级考古权限下放后海淀区配套制度设计和政策制定内容。健全示范区建设法治保障。

（三）加强队伍建设

充分利用首都智力资源优势，探索高层次文博人才服务三山五园文物保护利用的体制机制。加大对文化遗产领域领军人才、中青年创新人才的培养力度。加强海淀区级文物管理机构和文物执法队伍建设，加强对三山五园地区文物工作者的培训，增强其从事文物保护利用工作的文化情怀和业务能力。完善社会力量参与文物保护利用的工作机制，引导更多投身文物事业、有专业能力的社团组织、个人参与示范区建设。

（四）强化督促落实

市文物局加强谋划指导、专业指导、督促检查，强化对本方案落实的动态监测、节点管理、协调调度、进度评估。海淀区切实履行主体责任，细化分解实施方案重点工作任务，明确时间表和路线图；做好组织实施工作，及时请示报告重大事项；把示范区创建任务纳入相关街镇、委办局年度综合考核工作，摸清困难和问题，总结好经验做法，大力宣传示范区建设的重要意义、丰富内涵和进展成效，营造浓厚舆论氛围，保障本方案有序高效实施。

后　记

前些年，北京人可能都听过这么一句话，"上风上水上海淀"。这其实是 21 世纪初期海淀区政府的一句广告招商用语。海淀区位于北京市区西北，之所以有底气用"上风上水"来形容自己，也有充足的现实基础和历史依据。就近来说，这里有全国领先的科技园区——中关村，有全国最著名的两所高等学府——清华大学和北京大学。稍远一些，这里是著名的清代五园三山皇家园林区，是清朝几代皇帝亲自选定的离宫御苑。

"五园三山"有狭义、广义两说。狭义的五园一般指颐和园（清漪园）、静宜园、静明园、畅春园和圆明园，三山指万寿山、香山和玉泉山。广义的"五园三山"是对北京西北郊以清代皇家园林为代表的历史文化遗产的统称。清代、皇家园林，这些词看似与现代人的生活毫无关联，实际却有着千丝万缕的联系。例如，昔日泉宗庙行宫是现在住宅云集的海淀万柳地区，昔日鸣鹤园、镜春园、蔚秀园、朗润园、承泽园等是今天北京大学校园的一部分。所以，了解历史上的五园三山也就是了解我们今天学习、生活、工作之所。

五园三山皇家园林区域的许多建筑已经只存遗迹，或者完全消失。幸好还有地图、样式雷图档及其他文献资料，可以帮助我们形象、具体地了解这片区域的历史。受国家古籍整理出版专项经费资助，国家图书馆古籍馆从 2015 年正式开始整理并出版馆藏样式雷图档。2016 年 3 月，《国家图书馆藏样式雷图档·圆明园卷初编（全十函）》正式面世。此后又陆续出版了《国家图书馆藏样式雷图档·圆明园卷续编（全十二函）》《国家图书馆藏样式雷图档·颐和园卷（全十四函）》《国家图书馆藏样式雷图档·香山玉泉山卷（全二函）》《国家图书馆藏样式雷图档·畅春园卷》。2020 年 10 月，《国家图书馆藏样式雷图档·王公府第卷（全十四函）》出版，其中涵盖西郊众多王府附属园林。前后历时五年，国家图书馆收藏的有关北京西郊清代五园三山皇家园林的样式雷图档全部出版完毕。

在此基础上，我们酝酿了这本《图说北京五园三山》的出版。书中精选了部分样式雷图档，又选择了国家图书馆古籍馆舆图组收藏的明、清至民国时期的部分地图，辅以老照片等图文资料，力图形象直观地展现五园三山在三百多年间的兴衰史。这既是对我们过去十余年间相关工作的总结，也是对当前传统文化传承与文化创新的回应。我们也看到国家对五园三山地区发展的重视，因此在附录六收录了《北京海淀三山五园国家文物保护利用示范区建设实施方案》。

在《图说北京五园三山》一书的初期编撰过程中，翁莹芳负责第一章第四节，第二章第五节，第三章第一、五、十二、十三、十四节，第四章；任昳霏负责第一章第一至三节，第二章第一节，第三章第二、

七、十节，附录一至五；白鸿叶负责第二章第二节和第三章第十一节；易弘扬负责第二章第三、四节；吴寒负责第三章第三、四、六节；成二丽负责第三章第八、九节。在后期编撰过程中，翁莹芳、白鸿叶负责全书的统稿和修订工作。